W0346051

QUI SUIS-JE ?

1000 QUESTIONS PSYCHO POUR S'AUTO-ÉVALUER AVEC SCIENCE&VIE

FIRST Editions

© Éditions First, un département d'Édi8, 2016.

Le contenu de cet ouvrage a fait l'objet de précédentes publications au sein de magazines *Science & Vie*.

Le Code de la propriété intellectuelle interdit les copies ou reproductions destinées à une utilisation collective. Toute représentation ou reproduction intégrale ou partielle faite par quelque procédé que ce soit, sans le consentement de l'auteur, de ses ayants droit ou de ses ayants cause est illicite et constitue une contrefaçon sanctionnée par les articles L 335-2 et suivants du Code de la propriété intellectuelle.

ISBN : 978-2-7540-8690-5
Dépôt légal : mai 2016
Imprimé en France

Édition : Lisa Marie
Couverture et création graphique : Guillaume Lab
Mise en page : Sophie Boscardin

Éditions First, un département d'Édi8
12, avenue d'Italie
75013 Paris – France
Tél. : 01 44 16 09 00
Fax : 01 44 16 09 01
E-mail : firstinfo@efirst.com
Site internet : www.editionsfirst.fr

SOMMAIRE

TEST N° 1

AVEZ-VOUS LE SENS DE L'HUMOUR?

6 205 fois par an, soit 17 fois par jour: tel est le temps que nous passons en moyenne à rire. Mais de quoi? Psychologues et linguistes ont décrypté ce sixième sens qui nous permet de prendre du recul face à la réalité. « *Le principe de l'humour est d'enfreindre les règles sociales, de désacraliser ce qui l'est, mais on ne rit pas des mêmes choses selon sa culture et son histoire personnelle* », relève Judith Stora-Sandor, professeur émérite de littérature comparée à l'université Paris-VIII et présidente de Corhum. Hypothèse que les techniques d'imagerie médicale tendent à confirmer. Des expériences menées à l'université de Stanford en 2005 montrent que les extravertis réagissent à l'humour en stimulant des circuits neuronaux liés au plaisir, alors que les introvertis activent ceux du contrôle des émotions. Quant aux femmes, face à une stimulation humoristique, elles activent davantage le cortex préfrontal gauche, impliqué dans les processus analytiques. Ce qui suggère qu'elles seraient plus critiques. Le psychologue anglais Richard Wiseman l'a vérifié en 2002, en soumettant sur Internet 40 000 blagues à plus de 2 millions de personnes de 70 pays. Résultats: les hommes préfèrent les blagues à tonalité agressive, sexuelle ou se moquant des femmes. Ces dernières se montrant plus sensibles aux jeux de mots. Et les différences d'âge, de culture et de nationalité jouent également. Au point que l'humour doit se décliner au pluriel. La « meilleure plaisanterie du monde » a été élue: « Deux chasseurs marchent dans les bois. Soudain l'un d'eux s'écroule inanimé. Paniqué, son ami appelle le SAMU. "*Mon ami est mort, qu'est ce que je dois faire?*" "*Calmez-vous,* répond l'opérateur, *et assurez-vous d'abord qu'il est bien mort*". Silence... suivi d'une détonation: "*Voilà, c'est fait! Je fais quoi maintenant?*" » Vous avez ri? Oui? Non? De quoi riez-vous, alors? Pour le savoir, voici quelques tests où exercer votre sens de l'humour.

Betty Mamane

Aimez-vous plutôt rire ou faire rire? Êtes-vous plutôt du genre à rire en douce, aux larmes ou aux éclats? Commencez par vous dérider en répondant aux propositions suivantes...

1. Vous riez...
- A) tout le temps ■
- B) souvent ★
- C) quand vous en avez l'occasion ▲
- D) rarement ●

2. Vous êtes plutôt...
- A) 1er degré ●
- B) second degré ★
- C) 12,5° ▲
- D) 90° ■

3. Vous trouvez souvent que le rire des autres est...
- A) contagieux ★
- B) bête ●
- C) exagéré ▲
- D) méprisant ■

Si le rire est le propre de l'homme, selon notre personnalité et notre regard sur le monde, nous n'apprécions pas la même forme d'humour. Découvrez la vôtre.

1. Pour vous, faire rire c'est...
- A) se moquer
- B) choquer
- C) surprendre
- D) faire le clown

2. Laquelle de ces affirmations vous convient le mieux...
- A) « L'humour, c'est de savoir que tout, absolument tout, est drôle; dès l'instant que c'est aux autres que cela arrive » (M. Achard)
- B) « L'humour est la politesse du désespoir » (B. Vian)
- C) « Les gens qui ne rient jamais ne sont pas des gens sérieux » (A. Allais)
- D) « Tout humour un peu élevé commence par cesser de prendre au sérieux sa propre personne » (H. Hesse)

1 ÉVALUEZ VOTRE SENS DE L'HUMOUR

4. Le week-end, vous préférez…
A) sortir, vous distraire ■
B) lire, discuter ★
C) voir vos amis ▲
D) faire vos comptes, régler vos affaires ●

5. Pour votre anniversaire, comme d'habitude…
A) vous avez prévu une grande fête ■
B) vous organiserez un bon petit repas entre amis ★
C) vous resterez en famille ▲
D) vous ne vous sentez pas obligé de fêter ça ●

6. Pour vous l'humour est un bon moyen…
A) de se défendre ●
B) de s'intégrer ★
C) de se faire remarquer ■
D) de se changer les idées ▲

7. En société…
A) vous aimez vous moquer des autres ■
B) vous vous moquez surtout de vous-même ★
C) vous vous moquez de tout ▲
D) vous ne supportez pas que l'on se moque de vous ●

8. Un homme glisse devant vous sur une peau de banane dans la rue…
A) vous éclatez de rire ■
B) vous riez et l'aidez à se relever ★
C) vous êtes affolé ●
D) vous faites mine de n'avoir rien remarqué ▲

9. Plus on est de fous…
A) plus on rit ■
B) moins on fait d'esprit ★
C) plus on s'ennuie ●
D) moins on en dit ▲

10. En général ce qui vous amuse le plus, ce sont…
A) les blagues courtes et les gags ■
B) les bonnes histoires et les spectacles comiques ★
C) les BD et journaux satiriques ▲
D) les films comiques ●

11. Vous recevez des amis à dîner. L'un d'eux fait une tête d'enterrement…
A) vous essayez de détendre un peu l'atmosphère ★
B) vous vous surpassez pour le dérider ■
C) vous le prenez comme cible de vos plaisanteries ▲
D) vous n'avez pas le cœur à rire, votre dîner est fichu. ●

12. L'une de vos blagues tombe à plat…
A) vous vous tournez aussitôt en dérision ★
B) vous enchaînez vite fait sur une autre ■
C) on vous a sans doute mal compris ▲
D) vous renoncez à être drôle pour la soirée ●

13. Les meilleures histoires drôles circulent…
A) dans votre bureau ■
B) de bouche à oreille ★
C) sur le Net ▲
D) loin de vous ●

14. Pensez-vous que l'on peut rire de tout ?
A) oui ■
B) oui, mais pas avec tout le monde ▲
C) oui, mais il y a des sujets que vous ne trouvez pas drôles ★
D) non, il y a des sujets dont on ne doit pas rire ●

2 QUEL EST VOTRE TYPE D'HUMOUR ?

3. Il vous arrive souvent d'être traité de…
A) ironique
B) cynique
C) excentrique
D) comique

4. Votre thème préféré :
A) les blondes
B) la maladie, la mort, la guerre
C) tout et rien
D) vous-même

5. Laquelle de ces citations vous amuse le plus :
A) « Si ceux qui disent du mal de moi savaient exactement ce que je pense d'eux, ils en diraient bien davantage » (S. Guitry)
B) « À la guerre, on devrait toujours tuer les gens avant de les connaître » (M. Audiard)
C) « Le tennis et le ping-pong c'est pareil, sauf qu'au tennis les joueurs sont debout sur la table » (Coluche)
D) « Je suis devenu acteur car c'est moins dangereux que de vendre de la drogue » (D. Debbouze)

6. Votre film culte :
A) *Le Père Noël est une ordure*, de Jean-Marie Poiré
B) *C'est arrivé près de chez vous*, de Benoît Poelvoorde
C) *Mon oncle*, de Jacques Tati
D) *To be or not to be*, d'Ernst Lubitsch

7. Votre humoriste préféré :
A) Coluche
B) Pierre Desproges
C) Les Monty Python
D) Woody Allen

8. Jusqu'où seriez-vous prêt à aller par humour ?
A) vexer un ami
B) devenir infréquentable
C) rester incompris
D) vous faire passer pour un imbécile

3 QUEL EST VOTRE HUMOUR PRÉFÉRÉ ? (À QUELLE « CULTURE » COMIQUE APPARTENEZ-VOUS ?)

Astérix et Obélix : de l'humour français par excellence ? Certes, leurs auteurs ont vu le jour en France. Mais Albert Uderzo est né de parents italiens, René Goscinny, issu d'une famille juive polonaise, a vécu en Argentine, aux États-Unis et en Belgique. Preuve que si le rire est universel, l'humour se nourrit du brassage des spécificités culturelles et géographiques. Quelles tendances ont influencé le vôtre ? *Made in USA*, *so british*, sorti du ghetto ou dans la tradition de Voltaire ? Parmi les citations suivantes, indiquez les cinq que vous préférez.

1. « Rien, ce n'est pas rien ! La preuve, c'est que l'on peut le soustraire. Exemple : rien moins rien = moins que rien ! »

2. « Je ne voudrais pas faire partie d'un club qui m'accepterait comme membre ! »

3. « Mais que foutait Dieu avant la création ? »

4. « Depuis que toutes les chaînes se livrent cette bataille pour l'Audimat, parler de l'intelligence à la télévision, c'est comme si l'on distribuait des guides gastronomiques au Sahel. »

5. « Comment peut-on empêcher une grosse dame de chanter quand on a oublié sa mitraillette ? »

6. « L'alcool ne résoudra aucun de vos problèmes. Cela dit, le lait non plus. »

7. « Chant : les cygnes chantent avant de mourir. Certaines personnes feraient bien de mourir avant de chanter. »

8. « Je tiens beaucoup à ma montre, c'est mon grand-père qui me l'a vendue sur son lit de mort. »

9. « *Alea jacta est* : ils sont bavards, à la gare de l'Est. *Alea jacta ouest* : à Montparnasse aussi. »

10. « J'ai avoué la vérité à ma femme : que je voyais un psychanalyste. Elle aussi m'a alors avoué la vérité : qu'elle voyait un psychiatre, deux plombiers et un barman. »

11. « S'il est impossible de ne pas penser à quelque chose, il reste encore possible de penser à autre chose. »

12. « J'ai un nouveau régime : je peux manger tout ce que je veux mais seulement en présence d'obèses nus. »

13. « La vie n'est qu'un songe ! Mais je t'en prie, ne me réveille pas. »

14. « Le gouvernement s'occupe de l'emploi. Le Premier ministre s'occupe personnellement de l'emploi. Surtout du sien. »

15. « Si la patte de lapin porte vraiment bonheur, alors expliquez-moi ce qui est arrivé au lapin en question… »

16. « Perdre l'un de ses parents peut être regardé comme un malheur. Perdre les deux ressemble à de la négligence. »

17. « Le lit est l'endroit le plus dangereux du monde : 99 % des gens y meurent. »

18. « Le sexe masculin est ce qu'il y a de plus léger au monde, une simple pensée le soulève. »

19. « La femme : Il y a un monsieur avec une moustache qui frappe à la porte. Le mari : Dis-lui de passer son chemin, j'en ai déjà une. »

20. « J'aimerais terminer sur un message d'espoir… Je n'en ai pas. En échange, est-ce que deux messages de désespoir vous iraient ? »

1

→ Une majorité de ★ : Je ris dor je suis.

Pour vous, l'humour est une seconc nature et vous aide à savourer vie. Vous aimez rire et vous sav faire rire de vous-même comme d autres. Mais avec tact, en garda le respect des autres et en chois sant le bon moment. Sociable, vot humour vous permet de rentrer fa lement en contact avec les autre d'éviter les conflits et de vous fai apprécier.

→ Une majorité de ■ : Tout po rire.

Avec vous, tout prête à rire et tout e bon pour épater la galerie, au risqu parfois de mettre les pieds dans plat. Provocateur, politiquement correct, voire carrément blessant c même grossier : vous êtes finaleme prêt à toutes les audaces pour fai rire votre petite bande, mais rar ment à vos dépens…

→ Une majorité de ▲ : Pinc sans-rire.

Jeux de mots, reparties, syllogisme mots d'esprit : pour vous, manier l'h mour est une gymnastique intelle tuelle. Calme, organisé, logique vo aimez jouer avec l'absurde et l'ins lite et vous appréciez l'humour no Amateur de livres, de BD ou de film satyriques, mais d'un naturel plut discret, vous préférez partager vot culture humoristique en petit comit

→ Une majorité de ● : Tendanc bonnet de nuit.

En toute apparence, vous n'avez pa trouvé ce test très drôle. Ou peut-êt n'aimez-vous pas trop vous livrer à type de fantaisie. Plus généralemer vous prenez les choses au sérieux vous n'appréciez pas d'être déstal lisé. Et si vous avez un brin d'humou vous préférez le garder pour vous !

RÉSULTATS & ANALYSE

2

→ Une majorité de A : de la moquerie à l'ironie

Raillerie, moquerie, sarcasme : vous posez un regard critique sur le monde et n'épargnez pas ceux qui vous entourent. Vous n'hésitez pas à lancer des piques ou à tourner en dérision les autres pour provoquer un effet ou faire un mot d'esprit. Un moyen de vous défendre ou de masquer votre vulnérabilité face aux blessures d'autrui. Au risque d'être parfois blessant.

→ Une majorité de B : l'élégance du noir

Corrosif, décapant, grinçant vous tournez en dérision, le désespoir, la mort, la souffrance. Une manière de souligner l'absurdité du monde. Vous êtes un adepte de l'humour noir. Rire des sujets douloureux aide à conjurer ses peurs et ses angoisses mais provoque également un sentiment de honte et de gêne. Et c'est en partie sur ce malaise que se fonde ce type d'humour. Toute l'habileté de l'exercice consiste à ne pas toucher au cynisme. « Tant qu'on fait rire, c'est des plaisanteries. Dès que c'est pas drôle, c'est des insultes », disait Coluche.

→ Une majorité de C : le charme de l'absurde

Le *nonsense* est l'art de développer des raisonnements dénués de sens sous une apparence logique. Un genre particulièrement exploité par l'humour anglais et qui doit son nom au *Book of Nonsense*, publié par Edward Lear, en 1846 : un recueil de paradoxes et de raisonnements par l'absurde. Dans la tradition française, cette façon de renverser l'ordre des choses s'applique plutôt aux jeux de mots, dans le sillage d'Alphonse Allais, notamment.

→ Une majorité de D : l'art de l'autodérision

Se moquer de soi-même illustre une certaine acceptation de soi. C'est aussi une excellente tactique de défense. L'autodérision participe souvent à l'humour des minorités comme par exemple l'humour juif ou celui des femmes. En riant de vos faiblesses, vous vous rassurez sur vous-même, et interdisez aux autres de le faire. « Je me les sers moi-même, avec assez de verve. Mais je ne permets pas qu'un autre me les serve », met en garde Cyrano de Bergerac dans la pièce d'Edmond Rostand. C'est aussi un bon moyen de vous valoriser. Car reconnaître ses défauts suscite la sympathie.

3

Consultez le tableau pour savoir à quel type d'humour correspondent vos citations préférées et relevez celui qui est le plus représenté.

1) Raymond Devos	humour français
2) Groucho Marx	humour juif
3) Samuel Beckett	humour anglais
4) Guy Bedos	humour français
5) Sammy Davis Jr*	humour américain
6) Groucho Marx	humour juif
7) Coleridge	humour anglais
8) Woody Allen	humour juif
9) Pierre Desproges	humour français
10) Rodney Dangerfield*	humour américain
11) Lewis Caroll	humour anglais
12) Ed Blustone*	humour américain
13) proverbe yiddish	humour juif
14) Coluche	humour français
15) Lenny Bruce*	humour américain
16) Oscar Wilde	humour anglais
17) Marc Twain	humour américain
18) Frédéric Dard	humour français
19) Monty Python	humour anglais
20) Woody Allen	humour juif

* Tiré du livre *Le plus drôle de l'humour américain*, éd. du Cherche-Midi, 2005.

→ Humour anglais : self-control et *nonsense*

Il permet toutes les excentricités pourvu qu'elles soient énoncées dans la plus grande retenue émotionnelle. À l'extrême, c'est le *nonsense*, qui manie des raisonnements incongrus.

→ Humour juif : burlesque et autodérision

L'un de ses ressorts consiste à nier ou à minimiser une situation malheureuse. Mélange d'humour noir et d'autodérision, il reprend l'image négative attribuée aux juifs par la société et transforme l'agressivité en absurdité par des mots d'esprit.

→ Humour américain : tout en rudesse

Héritage des premiers immigrants confrontés aux dangers d'un monde inconnu, il fonctionne sur l'anecdote et est empreint de violence et de cruauté.

→ Humour français : le trait d'esprit

Le trait d'esprit est fourbi comme une arme au service d'une critique sociale, politique ou personnelle. « L'esprit français » : des répliques brèves, efficaces et le sens de la répartie.

« IL N'Y A PAS D'HUMOUR SANS UNE PRISE DE DISTANCE PAR RAPPORT À LA RÉALITÉ »

Interview de Béatrice Priego-Valverde

Linguiste au CNRS, maître de conférence
à l'université de Provence.

Nos tests vous ont éclairé sur votre sens de l'humour? Béatrice Priego-Valverde, linguiste au CNRS, en explore pour nous l'un des aspects les mieux partagés: celui de la conversation familière.[1]

Science & Vie: Qu'est ce qui définit un message humoristique?

Béatrice Priego-Valverde: Il n'y a pas d'humour sans une prise de distance par rapport à la réalité. L'effet comique repose sur l'opposition entre le sens littéral et le niveau ludique d'une situation ou d'un message. C'est le décalage entre ce qui est raisonnablement, logiquement, "sérieusement" attendu, et ce qui est produit. À cela s'ajoute une ambiguïté: est-ce sérieux ou est-ce pour rire? L'humour est de ce fait intimement lié au contexte et à la relation que l'on entretient avec l'autre. On ne peut comprendre un énoncé comme humoristique que si l'on partage un certain nombre de références communes: la langue, bien sûr, et des connaissances culturelles, sociales, etc. Et surtout, il s'agit de rire avec l'autre, ou de lui, mais avec sa permission implicite. Même si en apparence il y a une certaine agressivité, sans bienveillance on ne peut pas parler d'humour.

S&V: L'humour est-il forcément associé au langage?

B.P.-V.: Il peut aussi s'exprimer par des gestes, des mimiques des attitudes ou à travers des dessins ou des créations artistiques. Mais la compréhension d'une langue reste indispensable. L'humour est fondé sur la connaissance d'une norme que l'on va détourner. Les premières formes d'expression humoristique apparaissent chez l'enfant avec l'acquisition du langage vers 2 ou 3 ans: ce sont les jeux de mots.

S&V: Peut-on vivre en société sans humour?

B.P.-V.: Être totalement dénué d'humour est souvent pathologique. C'est le cas chez les paranoïaques, par exemple… L'humour est un formidable lubrifiant social. Il faut être au moins deux pour rire, même quand on est seul (devant sa télévision, avec un livre ou avec ses souvenirs). On rit alors par réminiscence de ce qui réfère à l'autre. Faire rire et apprécier les plaisanteries des autres signifie que l'on maîtrise les codes sociaux, ce qui permet de désamorcer l'agressivité, de faire accepter des idées et de renforcer son appartenance au groupe.

S&V: Vous pensez que "plus on est de fous, plus on rit"?

B.P.-V.: En fait, au-delà de quatre personnes, les groupes de conversation ont tendance à se scinder en sous-groupes avec des thèmes différents. Je dirais plutôt: "Mieux on est entre amis, plus on rit". L'humour dans ce cas est fondé sur des connaissances implicites. Il prend des formes ritualisées et apparaît souvent agressif (les vannes, le rigolo ou le bouc émissaire de service). Plus les gens se connaissent, mieux ça fonctionne. C'est aussi dans les groupes bien rodés que l'on constate une forme d'humour particulière: les joutes oratoires. Ce type de jeu exige une grande attention, au risque de laisser passer une occasion de répartie. Au-delà d'un certain nombre de personnes, le rire peut être ressenti comme "un rire d'exclusion" pour ceux qui ont perdu le fil de la conversation.

1 L'humour dans la conversation familière : description et analyse linguistiques, éd. L'Harmattan, 2003.

TEST N° 2

COMMENT PRENEZ-VOUS VOS DÉCISIONS?

Certaines s'imposent, d'autres nous échappent: à l'évidence, nous ne sommes pas toujours maîtres de nos décisions. L'analyse rationnelle ne guide pas seule nos choix. Alain Berthoz, professeur au Collège de France et directeur du laboratoire de physiologie de la perception et de l'action[1], considère ainsi que les émotions font office de filtre au niveau de nos perceptions primaires. Elles colorent deux mécanismes au cœur de nos processus décisionnels: la mémoire – pour éviter de reproduire une situation désagréable – et l'anticipation. Éric Raufaste, chercheur au laboratoire travail et cognition de l'université du Mirail à Toulouse, va plus loin: « *La clé de l'intelligence dans la vie "réelle" est cette capacité de décision qui relève de l'intuition plutôt que du raisonnement analytique. Il existe, ensuite, plus ou moins d'adéquation entre les traits individuels et les caractéristiques de la situation: certains événements seront mieux gérés par des individus anxieux, d'autre part des individus de bonne humeur.* » Cette approche, longtemps dissociée de celle des mathématiciens et philosophes, se révèle précieuse pour modéliser les comportements décisionnels de façon réaliste. Le prix Nobel d'économie (2002) Daniel Kahneman a ainsi introduit les acquis de la psychologie comportementale dans sa « théorie des perspectives ». Une théorie à dimension humaine, tenant compte des limites de nos capacités cognitives et des biais qu'elles entraînent. Et vous, comment prenez-vous vos décisions?

Betty Mamane

1 Auteur de *La Décision*, éd. Odile Jacob, 2003.

Nos émotions influencent nos décisions. Nous n'évaluons pas les situations de la même façon selon notre personnalité ou notre état d'esprit du moment.

ÉTAPE 1A : ÉVALUEZ VOTRE NIVEAU D'ANXIÉTÉ

« *Notre niveau d'anxiété influe sur notre capacité d'attention, et de ce fait, est un critère important de décision* », explique Éric Raufaste. Faites-vous une idée de votre niveau d'anxiété: pour chaque proposition, indiquez la réponse qui décrit le mieux...

... vos sentiments habituels

1. Je suis de bonne humeur.
- A) Presque jamais 4
- B) Parfois 3
- C) Souvent 2
- D) Toujours 1

2. Je suis nerveux.
- A) Presque jamais 1
- B) Parfois 2
- C) Souvent 3
- D) Toujours 4

3. Je suis content de moi.
- A) Presque jamais 4
- B) Parfois 3
- C) Souvent 2
- D) Toujours 1

4. J'aimerais être aussi heureux que les autres.
- A) Presque jamais 1
- B) Parfois 2
- C) Souvent 3
- D) Toujours 4

5. J'ai un sentiment d'échec.
- A) Presque jamais 1
- B) Parfois 2
- C) Souvent 3
- D) Toujours 4

6. Je garde mon sang-froid.
- A) Presque jamais 4
- B) Parfois 3
- C) Souvent 2
- D) Toujours 1

7. Je m'inquiète pour des choses sans importance
- A) Presque jamais 1
- B) Parfois 2
- C) Souvent 3
- D) Toujours 4

8. Je me sens heureux.
A) Presque jamais 4
B) Parfois 3
C) Souvent 2
D) Toujours 1

9. Je prends facilement des décisions.
A) Presque jamais 4
B) Parfois 3
C) Souvent 2
D) Toujours 1

10. Je ne me sens pas à la hauteur.
A) Presque jamais 1
B) Parfois 2
C) Souvent 3
D) Toujours 4

11. J'ai du mal à me remettre de mes déceptions.
A) Presque jamais 1
B) Parfois 2
C) Souvent 3
D) Toujours 4

12. Je suis quelqu'un de solide.
A) Presque jamais 4
B) Parfois 3
C) Souvent 2
D) Toujours 1

… votre situation présente

1. Je me sens calme.
A) Faux 4
B) Plutôt faux 3
C) Plutôt vrai 2
D) Vrai 1

2. Je suis tendu.
A) Faux 1
B) Plutôt faux 2
C) Plutôt vrai 3
D) Vrai 4

3. J'ai l'impression d'être surmené.
A) Faux 1
B) Plutôt faux 2
C) Plutôt vrai 3
D) Vrai 4

4. Je suis tranquille.
A) Faux 4
B) Plutôt faux 3
C) Plutôt vrai 2
D) Vrai 1

5. Je crains des malheurs éventuels.
A) Faux 1
B) Plutôt faux 2
C) Plutôt vrai 3
D) Vrai 4

6. Je suis content.
A) Faux 4
B) Plutôt faux 3
C) Plutôt vrai 2
D) Vrai 1

7. Je me sens bien.
A) Faux 4
B) Plutôt faux 3
C) Plutôt vrai 2
D) Vrai 1

8. Je suis soucieux.
A) Faux 1
B) Plutôt faux 2
C) Plutôt vrai 3
D) Vrai 4

9. J'ai confiance en moi.
A) Faux 4
B) Plutôt faux 3
C) Plutôt vrai 2
D) Vrai 1

10. Je me sens indécis.
A) Faux 1
B) Plutôt faux 2
C) Plutôt vrai 3
D) Vrai 4

11. Je suis détendu.
A) Faux 4
B) Plutôt faux 3
C) Plutôt vrai 2
D) Vrai 1

12. Je ne sais plus où j'en suis.
A) Faux 1
B) Plutôt faux 2
C) Plutôt vrai 3
D) Vrai 4

ÉTAPE 1B : AVEZ-VOUS « SURCONFIANCE » EN VOUS ?

La question peut être cruciale pour éviter de prendre des décisions à la légère. Pour chaque question, donnez deux valeurs, dont vous êtes « à 90 % sûr » que la réponse se trouve entre les deux.

1. Quel âge avait Martin Luther King au moment de sa mort ?
Entre …… et …… ans.

2. Quelle est la longueur du Nil ?
Entre …… et …… km.

3. Combien de pays font partie de l'OPEP ?
Entre …… et …… pays.

4. Combien de livres compte l'Ancien Testament ?
Entre …… et …… livres.

5. Combien pèse un Boeing 747 vide ?
Entre …… et …… kg.

6. En quelle année est né J. S. Bach ?
Entre …… et ……

7. Combien de temps dure la grossesse d'une femelle éléphant d'Asie ?
Entre …… et …… jours.

8. Quel est le diamètre de la Lune ?
Entre …… et …… km.

9. Quelle est la distance, à vol d'oiseau, entre Londres et Tokyo ?
Entre …… et …… km.

10. Quelle est la profondeur maximale (connue) de l'océan Pacifique ?
Entre …… et …… m.

2 ÊTES-VOUS UN DÉCIDEUR RATIONNEL ?

Même pour des choix utiles, nos décisions ne sont pas toujours mathématiques. La preuve par les séries de tests suivants.

QUESTION 1

1. On vous propose de participer à un des jeux de loterie suivants, associés à des probabilités différentes de gagner. Lequel choisissez-vous ?

A) Vous avez 100 % de chances de gagner 10 000 euros.

B) Vous avez 90 % de chances de gagner 15 000 euros et 10 % de ne rien gagner du tout.

2. Choisissez maintenant entre les deux jeux de loterie suivants :

C) Vous avez 10 % de chance de gagner 10 000 euros et 90 % de perdre.

D) Vous avez 9 % de probabilité de gagner 15 000 euros et 91 % de perdre.

QUESTION 2

Prenons deux urnes, chacune contenant des boules noires et des boules rouges. La première urne contient 50 boules noires et 50 boules rouges. La deuxième urne contient 100 boules, mais la quantité respective de boules rouges et de boules noires est inconnue.

A) Vous gagnez 500 euros si vous tirez une boule rouge. Quelle urne choisissez-vous ?

B) On vous propose ensuite un deuxième tirage. On vous offre 500 euros supplémentaires si vous tirez une boule noire. Quelle urne choisissez-vous ?

QUESTION 3

Linda a 31 ans. Elle est célibataire, sûre d'elle-même et très brillante. Elle est titulaire d'un diplôme de philosophie. Quand elle était étudiante, elle était très préoccupée par les questions de discrimination et de justice sociale. Elle participait également régulièrement à des manifestations antinucléaires.

À partir de ce que vous savez de la personnalité et du caractère de Linda, rangez les énoncés suivants dans l'ordre, selon leur probabilité : du plus probable (en première position) au moins probable (en huitième position).

□ A) Linda enseigne dans une école primaire.

□ B) Linda travaille dans une librairie et prend des leçons de yoga.

□ C) Linda est active au sein du mouvement féministe.

□ D) Linda est une travailleuse sociale en milieu psychiatrique.

□ E) Linda est membre de la ligue des électrices.

□ F) Linda est guichetière dans une banque.

□ G) Linda est vendeuse d'assurances.

□ H) Linda est guichetière dans une banque et active au sein du mouvement féministe.

QUESTION 4

Imaginez la situation suivante : la France se prépare à l'arrivée imminente d'une épidémie de grippe asiatique. On s'attend à ce qu'elle tue 600 personnes. Plusieurs programmes de santé publique, dont on connaît précisément les résultats, sont actuellement en discussion.

1. Choisissez un programme entre les deux suivants :

A) « 200 personnes seront sauvées. »

B) « Il y a une chance sur trois que 600 personnes soient sauvées et deux chances sur trois qu'aucune personne ne soit sauvée. »

2. Choisissez maintenant un autre programme, entre les deux suivants :

C) « 400 personnes vont mourir. »

D) « Il y a une chance sur trois que personne ne meure et deux chances sur trois que 600 personnes meurent. »

QUESTION 5

Un timbre et une enveloppe coûtent ensemble 1,10 euro. Le timbre coûte 1 euro de plus que l'enveloppe. Combien coûte le timbre ?

1A

• Habituellement Additionnez nombre de points affichés en face c vos réponses.

⟶ **moins de 24 points :** *A prio* peu de choses vous inquièter Attention, toutefois, à ne pas prend certains problèmes à la légère. Ur trop faible anxiété peut condui à ne pas remarquer certains peti changements ou anomalies dar une situation familière.

⟶ **entre 24 et 36 points :** Vo trouvez le juste équilibre pour vo focaliser sur les informations per nentes, tout en gardant une partie c votre attention à l'affût d'un imprév

⟶ **plus de 36 points :** D'un nat rel anxieux, vous avez du mal à vo concentrer sur une tâche sans lai ser votre attention papillonner ve des informations non pertinente ou sans intérêt dans la situation pr sente.

• En ce moment Additionnez nombre de points affichés en face d vos réponses.

⟶ **moins de 24 points :** Dans situation actuelle, vous vous sente comme un poisson dans l'eau. Ma attention à ne pas vous laisser piég par votre assurance dans les test suivants !

⟶ **entre 24 et 36 points :** En tout apparence, vous êtes en pleine po session de vos moyens pour prend les bonnes décisions.

⟶ **plus de 36 points :** *A priori*, c test vous contrarie vraiment, à moir que vous n'ayez d'autres causes d tracas actuellement. Essayez de vo concentrer un peu plus pour abord la suite.

1B

1) 39 ans - 2) 6 671 - 3) 11 - 4) 39 5) 180 0 - 6) 1 685 - 7) 630 8) 3 476 - 9) 15 346 - 1 11 033.

Score : Comptez le nombre d'erreur que vous avez commises.

RÉSULTATS & ANALYSE

→ **Moins de 5:** vous n'êtes pas trop mauvais juge de la validité de vos connaissances. Score proche de zéro: vous n'êtes pas du genre à vous lancer sans maîtriser la situation.

→ **Plus de 5:** vous êtes une personne « surconfiante ». Les expériences menées dans le monde du travail montrent que cette tendance peut porter préjudice dans les métiers de la Bourse ou de la banque, mais se montrer un facteur déterminant pour créer son entreprise.

2

QUESTION 1

1) Vous avez sans doute choisi, comme une majorité de personnes, la loterie A… À moins que vous n'ayez un goût du risque très prononcé.
2) Une majorité de personnes préfèrent la loterie D, où la probabilité de perdre est légèrement plus forte, mais qui peut procurer un gain bien plus important. Pourtant, la différence entre les probabilités de gagner entre C et D est exactement la même qu'entre A et B. Vous avez 10 % de chances de plus de gagner avec les loteries A et C qu'avec les loteries B et D.

En choisissant les réponses A et D, vous n'avez pas tenu compte de ce que les mathématiciens appellent « l'axiome d'indépendance », selon lequel l'écart entre deux probabilités ne change pas si on les divise ou les multiplie par un même facteur. Vous vous êtes heurté au paradoxe d'Allais, mis en évidence par le Français prix Nobel d'économie en 1988, Maurice Allais.

Score: Comptez 2 points pour la réponse A, 0 pour la réponse B, 3 points pour la réponse C, 1 pour la réponse D.

QUESTION 2

1) Vous êtes davantage susceptible de tirer dans la première urne, comme la plupart des sujets soumis à cette expérience par l'analyste militaire américain Daniel Ellsberg. La raison en est que vous avez 50 % de chances de tirer une boule rouge en choisissant la première urne et que cette probabilité n'est pas connue pour la deuxième urne.
2) Si vous agissez comme la majorité des sujets soumis à cette expérience vous choisissez à nouveau la première urne. C'est là le paradoxe! La première fois, vous choisissez la première urne parce que vous pensez que l'autre urne pouvait contenir moins de boules rouges et, donc, plus de boules noires. En conséquence, vous auriez dû choisir cette seconde urne pour la seconde expérience. Au regard de cette expérience, Daniel Ellsberg a déduit que l'on se comportait de cette manière parce que l'on cherche à éviter ce qu'on appelle « l'ambiguïté ».

Dans ce cas, choisir une boule noire ou une boule rouge dans la seconde urne est un choix ambigu parce que la combinaison des deux n'est pas connue. On préfère même enchaîner des actions qui violent nos raisonnements précédents!

Score: Comptez 3 points si vous avez choisi la même urne pour les deux tirages, 0 point pour tout autre choix.

QUESTION 3

Dans une étude menée par Daniel Kahneman et Amos Tversky en 1984, 89 % des sujets appartenant à un groupe sans formation en probabilités et statistiques, ont jugé que l'énoncé h) était plus probable que l'énoncé f). La même question fut présentée à des étudiants des cycles supérieurs du programme de science de la décision de l'École de commerce de Stanford, et 85 % ont porté le même jugement.

Le problème de Linda est utilisé pour relever une erreur typique dans le raisonnement sur la probabilité d'événements singuliers: « l'erreur de conjonction ». L'idée est que la probabilité de deux événements conjoints est forcément moins forte que la probabilité qu'un seul de ces deux événements ait lieu. Dans ce problème, les sujets prennent la conjonction de deux événements comme plus élevée.

Score: Comptez 5 points si vous avez placé en 7e et 8e positions les réponses b) et h) (quel que soit l'ordre), 3 points si vous avez placé en 7e ou 8e position seulement l'une des deux, 0 point si vous n'avez placé ni b) ni h) en 7e et 8e positions.

QUESTION 4

72 % des sujets préfèrent le programme A au programme B.

78 % des personnes préfèrent le programme D au programme C.

Cependant, les programmes A et C et les programmes B et D sont équivalents. Les sujets violent donc le principe dit d'extensionnalité qui consiste à faire porter leur préférence sur des états de choses réelles et à ne pas être sensible à la présentation ou à la description de ces états de choses.

Score: Comptez 3 points si vous avez choisi AC ou BD, 0 point pour tout autre choix.

QUESTION 5

75 % des gens répondent 1 au lieu de 1,05. Ce problème met en évidence les réponses impulsives automatiques et la manière dont on peut les inhiber/réprimer. Elle sert d'illustration à ce qu'on appelle en psychologie du raisonnement les réponses de système 1 (automatiques, rapides, intuitives, non contrôlées) et les réponses de système 2 (analytique, consciente, lente, etc.). Les systèmes 1 et 2 recouvrant des familles d'opérations cognitives ayant l'un ou l'autre groupe de propriétés.

Score: Comptez 5 points si vous avez donné la bonne réponse.

Faites le total de tous les points accumulés.

→ **Moins de 6 points:** « Le cœur a ses raisons que la raison ignore ». Vous vous êtes surtout laissé porter par vos (mauvaises) intuitions.

→ **Entre 6 et 14 points:** Vous avez beau avoir du bon sens, vous vous êtes parfois laissé piéger comme une majorité de personnes.

→ **Plus de 14 points:** Cartésien! Peut-être connaissiez-vous certaines réponses.

TEST N° 3

ÊTES-VOUS PERFECTIONNISTE?

« *Ne craignez pas la perfection. Vous n'y parviendrez jamais!* » Joli pied de nez de Salvador Dalí pour décrire justement ce moteur qui nous pousse à nous dépasser. Cette aspiration à l'excellence qui nous permet de vérifier notre valeur, de la prouver aux autres et de savourer nos succès. Du reste, ne nous enseigne-t-on pas, depuis notre plus jeune âge, que nous pouvons « mieux faire »? Ce désir d'être parfait, héritage de valeurs morales et religieuses, s'épanouit dans une société occidentale au service de la performance et de l'apparence. Selon des études menées outre-Atlantique, près d'un Américain sur deux serait « perfectionniste ». Ce qui est source de satisfaction à condition que cette quête de l'excellence reste un idéal. Car le risque existe que l'envie de bien faire tourne à l'obsession et, de là, fasse perdre le sens des réalités et tout sentiment de satisfaction. Le trait de personnalité glisse alors vers le symptôme. *« Si le perfectionnisme n'est pas officiellement reconnu comme un trouble psychiatrique, il est considéré comme un facteur de vulnérabilité à différents types de problèmes »*, précise le docteur Paul Hewitt, du département de psychologie de l'université de la Colombie-Britannique (Canada). Tiraillé entre un niveau d'exigence élevé et une attitude très critique vis-à-vis de lui-même, le perfectionniste peut se retrouver dans un état de stress chronique. Quand il ne souffre pas d'un vrai trouble de l'anxiété: dépression, troubles alimentaires et autres TOC, ces troubles obsessionnels compulsifs qui touchent de 2 à 4 % des Français... Preuve que le bonheur se conjugue plutôt à l'imparfait. Qu'en est-il pour vous? Voici une série de tests qui vous offriront quelques pistes de réflexion sur votre degré de confiance en vous et vos exigences personnelles. Ne les prenez pas au pied de la lettre... au risque d'être trop perfectionniste.

Betty Mamane

Voici un test extrait et adapté du livre de Frédéric Fanget, *Toujours Mieux*, éd. Odile Jacob, 2006. Vous aimez bien faire? Jusqu'à quel point poussez-vous votre souci de perfection? Pour en avoir une idée, indiquez pour chacune des propositions si cela vous correspond « jamais », « parfois » ou « souvent ».

1. Je fais les choses parfaitement, sinon je préfère éviter de les faire.
□ jamais □ parfois □ souvent

Je suis très dur(e) avec moi-même.
□ jamais □ parfois □ souvent

J'ai souvent l'impression que les choses ne sont pas parfaites et cela me dérange.
□ jamais □ parfois □ souvent

Je me fixe des objectifs plus élevés que la plupart des gens.
□ jamais □ parfois □ souvent

Je suis au fond quelqu'un d'assez ambitieux.
□ jamais □ parfois □ souvent

C'est important pour moi d'être parfait(e) dans tous les domaines.
□ jamais □ parfois □ souvent

Notre soif de perfection s'illustre aussi dans nos rapports sociaux.

1. Au bureau, on est habitué à ce que je donne le meilleur de moi-même
□ Plutôt vrai □ Plutôt faux

2. Si je ne fais pas au mieux mon travail, je trahis les valeurs que l'on m'a enseignées
□ Plutôt vrai □ Plutôt faux

3. Si je ne remplis pas parfaitement mes objectifs, mon employeur risque de me licencier
□ Plutôt vrai □ Plutôt faux

4. Même malade, je déteste m'absenter
□ Plutôt vrai □ Plutôt faux

5. • J'ai beaucoup de mal à déléguer
□ Plutôt vrai □ Plutôt faux

6. Je passe plus de temps que mes collègues à faire mon travail
□ Plutôt vrai □ Plutôt faux

7. Je ne refuse jamais un surcroît de travail quand on me le demande
□ Plutôt vrai □ Plutôt faux

1 ÉVALUEZ VOTRE BESOIN DE PERFECTION

2. Rien de ce que je fais ne me satisfait totalement.
☐ jamais ☐ parfois ☐ souvent

Si je m'accorde des temps de plaisir sans objectif de rentabilité, je me sens coupable.
☐ jamais ☐ parfois ☐ souvent

J'ai du mal à trouver des moments de détente.
☐ jamais ☐ parfois ☐ souvent

Même si je sens que j'aurais parfois besoin de lâcher prise, je n'y arrive pas.
☐ jamais ☐ parfois ☐ souvent

Je ne me sens pas bien tant que je n'ai pas fait les choses parfaitement.
☐ jamais ☐ parfois ☐ souvent

Mon perfectionnisme me crée souvent du stress.
☐ jamais ☐ parfois ☐ souvent

3. Si je fais une erreur, cela signifie que je suis en échec et je ne le supporte pas.
☐ jamais ☐ parfois ☐ souvent

Si je fais une erreur, je perdrai l'estime des autres.
☐ jamais ☐ parfois ☐ souvent

J'espère toujours être le (la) premier (ère).
☐ jamais ☐ parfois ☐ souvent

Si je rencontre un échec professionnel ou dans ma vie privée, cela signifie que je ne suis pas une personne de qualité.
☐ jamais ☐ parfois ☐ souvent

4. Je ne supporte pas que l'on me voie quand je ne suis pas parfaitement habillé(e), coiffé(e)…
☐ jamais ☐ parfois ☐ souvent

J'essaie d'être une personne soignée.
☐ jamais ☐ parfois ☐ souvent

J'aime bien faire les choses avec beaucoup de méticulosité.
☐ jamais ☐ parfois ☐ souvent

Le sens de l'organisation est une valeur très importante pour moi.
☐ jamais ☐ parfois ☐ souvent

5. Je doute de tout ce que je fais.
☐ jamais ☐ parfois ☐ souvent

J'hésite souvent longtemps avant de décider.
☐ jamais ☐ parfois ☐ souvent

Je perds parfois beaucoup de temps à refaire les choses parfaitement.
☐ jamais ☐ parfois ☐ souvent

6. Je pense souvent qu'il n'y a qu'une seule bonne façon de faire les choses.
☐ jamais ☐ parfois ☐ souvent

Je préfère les solutions que je maîtrise et que je connais.
☐ jamais ☐ parfois ☐ souvent

J'ai tendance à imposer ma façon de faire aux autres.
☐ jamais ☐ parfois ☐ souvent

7. Je dois être parfait(e) pour ne pas être désapprouvé(e) par les autres.
☐ jamais ☐ parfois ☐ souvent

Si je fais une erreur, cela signifie que je suis nul (le).
☐ jamais ☐ parfois ☐ souvent

Si les autres remarquent mon imperfection, ils me jugeront comme incompétent(e).
☐ jamais ☐ parfois ☐ souvent

Je me critique sans arrêt, mais je ne critiquerais jamais un(e) de mes ami(e)s de cette façon.
☐ jamais ☐ parfois ☐ souvent

2 OÙ SE FOCALISE VOTRE SOUCI DE PERFECTION ?

8. Si je n'ai pas eu de promotion, c'est que je n'ai pas été assez performant
☐ Plutôt vrai ☐ Plutôt faux

9. Je ne comprends pas que mon patron me félicite, il est normal de faire correctement son travail
☐ Plutôt vrai ☐ Plutôt faux

10. À la maison, je tiens à ce que les repas soient sains et équilibrés
☐ Plutôt vrai ☐ Plutôt faux

11. J'aime que chaque chose soit bien à sa place
☐ Plutôt vrai ☐ Plutôt faux

12. Je veux que mes enfants reçoivent une éducation irréprochable
☐ Plutôt vrai ☐ Plutôt faux

13. Il est important qu'ils soient parmi les premiers en classe
☐ Plutôt vrai ☐ Plutôt faux

14. Je ne critique pas mes parents
☐ Plutôt vrai ☐ Plutôt faux

15. Je m'entends bien avec mes beaux-parents
☐ Plutôt vrai ☐ Plutôt faux

16. J'ai rarement le temps de me détendre avec tout ce que j'ai à faire : papiers administratifs, vaisselle, rangements…
☐ Plutôt vrai ☐ Plutôt faux

17. J'attends de mon conjoint (ma conjointe) qu'il (elle) me comprenne à demi-mot
☐ Plutôt vrai ☐ Plutôt faux

18. Je n'aimerais pas que l'on imagine qu'il y a des problèmes dans ma famille
☐ Plutôt vrai ☐ Plutôt faux

19. Je me montre toujours de bonne humeur même quand je n'ai pas le moral
☐ Plutôt vrai ☐ Plutôt faux

20. Je n'aime pas recevoir à l'improviste
☐ Plutôt vrai ☐ Plutôt faux

21. Je planifie mes sorties très à l'avance
☐ Plutôt vrai ☐ Plutôt faux

22. Lorsque j'invite des amis, je prépare des repas raffinés et je soigne la présentation
☐ Plutôt vrai ☐ Plutôt faux

23. Je refuse rarement de rendre service
☐ Plutôt vrai ☐ Plutôt faux

24. Je n'ai pas l'habitude de demander de l'aide, je préfère me débrouiller seul(e)
☐ Plutôt vrai ☐ Plutôt faux

25. Il est primordial que mes enfants et mon conjoint (ou ma conjointe) soient bien habillés et se tiennent bien en société
☐ Plutôt vrai ☐ Plutôt faux

26. Surveiller sa ligne, faire du sport, c'est aujourd'hui indispensable
☐ Plutôt vrai ☐ Plutôt faux

27. Il est essentiel pour moi de plaire et d'être admiré(e)
☐ Plutôt vrai ☐ Plutôt faux

3 EXERCEZ-VOUS À L'IMPARFAIT

Les tests précédents le confirment, votre vie serait plus légère si vous parveniez à réduire un peu votre niveau d'exigence. Voici quelques exercices conseillés par le psychiatre Frédéric Fanget (voir page suivante) pour vous aider à réduire d'environ 10 % votre niveau d'exigence et gagner ainsi du temps pour vous. L'enjeu est de vous inciter à faire moins de choses et moins parfaitement. Et n'en demandez pas plus au risque de vous montrer trop perfectionniste !

1. Pesez votre situation

Dressez dans deux colonnes parallèles : les avantages et les inconvénients relatifs à votre souci de perfection. Ensuite, imaginez-vous moins « parfait » et évaluez de la même façon quels seraient les avantages et les inconvénients. Comparez les deux tableaux pour déterminer dans quelle mesure vous avez intérêt à être moins perfectionniste.

2. Consacrez-vous à l'essentiel

Munissez-vous d'une feuille de papier et donnez-vous quinze minutes pour répondre à la question suivante : « Si je devais mourir demain, qu'est-ce que je regretterais de ne pas avoir fait ? »

Sur une autre feuille de papier, notez toutes les activités que vous effectuez dans une journée. Comparez les deux listes et évaluez dans quelles proportions vos activités quotidiennes correspondent à vos objectifs de vie.

3. Tolérez une certaine dose d'imperfection

Reprenez la liste de vos activités quotidiennes et notez de 1 à 100 le degré de perfectionnisme que vous mettez dans chacune d'elles. Pourriez-vous envisager pour certaines d'entre elles d'y consacrer moins d'efforts ou de temps ? Récupérez ce temps et cette énergie gagnés en plaisir et détente.

1

Comptez 0 point pour la répon « jamais », 1 point pour « parfois » e points pour « souvent ».

Commencez par relever le nomb de points que vous avez obten dans chaque série de questions po déterminer comment se manifes votre désir de bien faire. Chacu de ces séries correspond à un ty de comportement qui, associé d'autres, peut exprimer une tendan au perfectionnisme.

→ **Plus de 6 points dans la s rie 1 :** Vous êtes particulièreme ambitieux et affichez des exigenc élevées.

→ Plus de 6 points dans la série 2 : Vous ignorez la notion de plai témoignez d'un grand stress et d'u forte insatisfaction vis-à-vis de vo même, votre entourage, votre vie…

→ **Plus de 4 points dans la s rie 3 :** La peur de l'erreur vous han cape.

→ **Plus de 4 points dans la s rie 4 :** Vous êtes méticuleux, ordo né, organisé à l'extrême… Ce qui pe devenir contre-productif.

→ **Plus de 3 points dans la s rie 5 :** À force de doute et d'indé sion, vous avez tendance à perd du temps avant d'agir ou à report indéfiniment ce que vous avez à fai C'est ce qu'on appelle la « procras nation ».

→ **Plus de 3 points dans la s rie 6 :** Vous avez besoin de vous ré rer et de vous conformer à des règl qui vous rassurent et qui vous enf ment dans un certain conformisme

→ **Plus de 4 points dans la s rie 7 :** Vous ne supportez pas la c tique.

Additionnez maintenant le total tous vos points à ce test pour évalu votre niveau de perfectionnisme.

→ **Votre score est inférieur 25 points :** le mieux est l'ennemi bien. Telle pourrait être votre devi Plutôt à l'aise dans vos baskets, vo savez vous appliquer quand il le fa ou quand vous en avez envie, da

RÉSULTATS & ANALYSE

les domaines qui vous intéressent. Vous pourriez sans doute mieux faire mais à quel prix ? Pourquoi vous donner du mal si votre vie vous convient bien ainsi ? Attention tout de même, à ne pas seulement vous laisser vivre ou vous reposer sur les autres. Un peu plus de soin, de rigueur ou d'organisation pourraient vous ouvrir de nouvelles perspectives… et, qui sait, rendre service à votre entourage.

→ **Vous avez obtenu entre 25 et 45 points :** Peut mieux faire. Nul n'est parfait, vous le savez mais cherchez à vous améliorer. Vous avez le sens du défi et le goût de la performance. Vous aimez être le (la) premier (ère), cela vous réussit plutôt bien et vous incite à repousser vos limites. Grisé(e) de succès et de reconnaissance sociale, vous ne sentez pas votre fatigue et marchez à l'adrénaline pour réaliser vos objectifs… parfois jusqu'à l'épuisement. Une hyperactivité qui cache sans doute une certaine angoisse du vide, l'impression que votre vie serait sans intérêt si vous ne la remplissiez pas ainsi. Apprenez à lever le pied et à sortir de temps en temps de la compétition. Vous méritez bien quelques moments de détente et de plaisir.

→ **Plus de 45 points :** Plus que parfait. Vous consacrez tout votre temps à essayer d'obtenir le prix d'excellence et le résultat est toujours plus loin de vos attentes. Vous êtes sans doute très productif et performant, mais vous êtes en permanence insatisfait de vous-même et des autres, auxquels vous reprochez de ne pas vous avoir permis d'atteindre vos objectifs… souvent irréalistes. Vous placez la barre si haut que vous considérez comme un drame le moindre échec, au point parfois d'être paralysé dans la réalisation de vos projets. Plus votre score est élevé et s'approche de 60, et plus votre perfectionnisme risque d'être toxique et de s'étendre à tous les domaines de votre vie. Il est urgent pour vous d'apprendre l'imparfait.

2

Comptez 1 point pour chaque réponse « plutôt vrai » dans chaque série de questions, 0 point pour chaque réponse « plutôt faux ». Faites le total de vos points dans chaque série et comparez.

→ **Entre 0 et 6 points dans chaque série :** Votre souci de perfection se manifeste surtout dans les domaines qui vous intéressent ou vous tiennent à cœur. Mais il s'agit là d'un bon perfectionnisme. Prêt à évoluer, vous vous fixez des objectifs raisonnables et vous êtes souvent satisfait.

→ **Plus de 6 points pour la série A :** Stakhanoviste ou tyran… au bureau. Ambitieux et appliqué, vous aimez le travail bien fait. Un moteur de réussite si vous ne poussez pas trop loin le souci du détail, au risque d'accumuler les retards et de perdre de vue les priorités. Dévoué à vos supérieurs, soucieux d'obtenir leur reconnaissance, vous devez faire attention à ne pas vous transformer en tyran vis-à-vis de vos collègues et collaborateurs. Si vous avez les mêmes exigences envers eux qu'envers vous-même, vous risquez de vous rendre très vite insupportable. Ayez un peu plus confiance, apprenez à déléguer pour éviter stress et surmenage.

→ **Plus de 6 points pour la série B :** Contrôleur de gestion… domestique. « Lis plus », « mange moins », « ne parle pas comme ça »… Si vous sollicitez ainsi votre conjoint(e), sans aucun doute, c'est pour son bien. Mais vous n'envisagez pas que ces exigences de « qualité », essentielles pour vous, ne lui correspondent pas. De la même façon, vous pouvez avoir tendance à « contrôler » la vie de vos enfants : vous les voulez toujours polis, ordonnés, bons élèves, choisissez leurs vêtements ou leurs activités. À force de vouloir jouer à *La Petite Maison dans la prairie*, vous pouvez devenir irascible si les membres de la famille ne font pas comme vous le souhaitez… ou choisir de tout faire à leur place.

→ **Plus de 6 points pour la série C :** Seul ou parfaitement accompagné. Plutôt élitiste, vous avez tendance à choisir des amis aussi exigeants que vous. Ce qui ne vous empêche pas de vous sentir mal à l'aise en société par peur de ne pas faire bonne impression ou de ne pas être à la hauteur. Pour vous, le plaisir est souvent lié à la performance. Vous n'acceptez une invitation que si vous pouvez vous montrez sous votre meilleur jour ou rencontrer quelqu'un qui puisse vous apporter quelque chose au niveau personnel comme professionnel. Ne vous laissez pas impressionner et arrêter la représentation.

→ **Plus de 6 points dans chacune des séries :** L'enfer… pour les autres. Votre perfectionnisme retentit fortement sur votre entourage… au risque de le faire fuir. Ce comportement et cette exigence à tous les niveaux sont des symptômes à prendre en compte. Accordez-vous un peu plus de temps et de plaisir pour prendre du recul. Et n'ayez pas peur de vous faire aider pour relâcher un peu la pression.

« LES PERFECTIONNISTES S'AVÈRENT PLUS VULNÉRABLES FACE AUX PROBLÈMES DE LA VIE »

Interview de Frédéric Fanget

Psychiatre, psychothérapeute
et enseignant à l'université Lyon I.

Comment faire en sorte que le perfectionnisme ne vire pas à l'insatisfaction perpétuelle? Réponse de Frédéric Fanget, psychiatre, psychothérapeute, enseignant à l'université Lyon I.[1]

Science & Vie: Être perfectionniste, est-ce un moteur ou un handicap?

Frédéric Fanget: Alliance d'exigence, d'énergie et de rigueur, le perfectionnisme, s'il est associé à une certaine capacité d'imagination et de libération de soi, peut être un formidable moteur de réussite. Se fixer des objectifs élevés et les réaliser est valorisant. C'est positif tant que l'on arrive à être content de soi et des autres. À l'inverse, cela devient nocif si l'on se trouve dans un état de perpétuelle insatisfaction vis-à-vis de soi ou des autres. Le perfectionniste aspire à être ou à sembler parfait. Il court donc après une image idéale et souvent inatteignable de lui-même. Le moindre échec risque de lui renvoyer une image insupportable. Des études montrent que les perfectionnistes sont plus vulnérables face aux stress et aux problèmes de la vie.

S&V: Existe-t-il différentes formes de perfectionnisme?

F. F.: Les psychologues en distinguent trois types. Celui que l'on exerce envers soi-même est le plus positif. Il favorise la création, si l'obsession de la performance ne l'emporte pas sur la satisfaction. Le deuxième consiste à attendre la perfection de ceux qui nous entourent (amis, famille, collègues). Enfin, il existe un perfectionnisme « social ». Il est une réponse à ce que nous pensons que la société attend de nous. Nous devons être des travailleurs parfaits, des parents parfaits, avoir un corps parfait… L'intensité du problème se révèle lorsque, chez une même personne, on retrouve une combinaison de ces trois formes de perfectionnisme.

S&V: Qu'est-ce qui nous rend plus ou moins perfectionniste?

F. F.: L'éducation et l'environnement familial jouent un rôle prépondérant. Souvent, le perfectionnisme se développe en réponse à un environnement hostile. Certains modèles éducatifs le favorisent: une éducation centrée sur la performance plutôt que le plaisir d'apprendre, ou des parents qui présentent un modèle de perfection… Le fait de bénéficier d'un entourage affectif rassurant semble à l'inverse réduire chez l'enfant la tendance au perfectionnisme. Par la suite, cette vulnérabilité va se trouver confrontée à des messages sociaux qui poussent au perfectionnisme. L'ère de l'image a fourni à notre société un extraordinaire outil pour véhiculer les normes perfectionnistes et développer un véritable marché. Avec la course au jeunisme, l'obsession de la performance, la quête du bonheur, le perfectionnisme se paie cher.

S&V: Peut-on "guérir" d'être trop perfectionniste?

F. F.: Généralement, on sait qu'on est perfectionniste mais on n'imagine pas que cela puisse être un problème. Parce que, paradoxalement, cela apporte des gratifications, conduit à des accomplissements dans la vie privée, sociale ou professionnelle. Soigner un perfectionniste, c'est lui faire gagner un peu de temps à consacrer au plaisir et non pas à la performance. L'aider à passer du "paraître parfait" à "l'être imparfait". C'est un processus lent qui, du coup, impatiente les perfectionnistes.

---

1 Auteur de *Toujours mieux, Psychologie du perfectionnisme*, éditions Odile Jacob, 2006.

TEST N° 4

QUEL ACCRO ÊTES-VOUS?

Accroché à sa course matinale comme le fumeur à sa première cigarette, le jogger intéresse depuis peu psychiatres et neurobiologistes. Les fondus du cyberespace également qui disposent, en Suisse, d'un groupe pour « les drogués d'Internet ». L'addictologie se penche désormais sur ce que les psychiatres appellent les « toxicomanies sans drogue ». Avec une question centrale: comment notre cerveau est-il capable d'induire les mêmes comportements aliénants, qu'il soit ou non sous l'emprise d'une drogue? Il est prouvé aujourd'hui que sur le plan comportemental, la dépendance au travail, au sexe, au jeu… est analogue à celle au tabac, à l'alcool, à l'héroïne. Le cercle vicieux commence par une conduite prévisible et maîtrisable – du genre « *Je ne reste pas connecté plus d'une heure* » –, avant de basculer dans la perte de contrôle. Résultat: le cyberdrogué surfe jusqu'à plus soif, oublieux du temps qui passe… Reste à déterminer précisément ce qui relève de l'addiction, parmi le lot des habitudes et distractions où le plaisir tient le premier rôle. Vous travaillez ou dépensez beaucoup, jouez au poker, faites l'amour plus que la moyenne… Cela fait-il de vous un accro? Pour le savoir, le psychiatre américain Ariel Goodman a, en 1990, élaboré une liste de critères qui sert désormais de référence pour définir un comportement addictif. Travail, achats, jeu, sexe: les tests d'addiction sans drogue que nous vous proposons s'inspirent de sa classification. Nous les avons faits précéder d'un test classique sur l'alcool qui n'est pas sans rappeler ceux sur l'addiction sans substance. Car, avec ou sans substance, la nature du processus addictif reste la même. Mais attention! Aucun test ne peut remplacer un diagnostic médical: il ne permet qu'une première évaluation. Alors, êtes-vous accro, un peu, beaucoup… pas du tout? À vous de jouer!

Betty Mamane

1 DÉPENDANT À L'ALCOOL

Buveur occasionnel ou régulier? Évaluez votre degré de dépendance avec le MAST (Michigan Alcohol Screening Test).

1. Pensez-vous que vous consommez de l'alcool en quantité plus importante que la normale?
Oui ☐ 2 pts Non ☐ 0 pt

2. Vos proches vous ont-ils déjà fait des reproches au sujet de votre consommation d'alcool?
Oui ☐ 1 pt Non ☐ 0 pt

3. Vous êtes-vous déjà senti coupable au sujet de votre consommation d'alcool?
Oui ☐ 1 pt Non ☐ 0 pt

4. Est-ce que vos amis et vos proches parents pensent que vous êtes un buveur normal?
Oui ☐ 0 pt Non ☐ 2 pts

5. Arrivez-vous toujours à stopper votre consommation d'alcool quand vous le voulez?
Oui ☐ 0 pt Non ☐ 2 pts

6. Avez-vous assisté à une réunion d'anciens buveurs (Alcooliques Anonymes) pour un problème d'alcool?
Oui ☐ 5 pts Non ☐ 0 pt

Qu'est-ce qui motive vos achats? La simple utilité, le désir de posséder, le plaisir de la dépense? Répondez par oui ou par non aux propositions suivantes, issues de la Compulsive Buying Scale de Faber et O'Guinn.

1. Vous arrive-t-il d'être saisi(e) d'une irrésistible envie d'aller dépenser votre argent pour faire un achat quel qu'il soit?
Oui ☐ Non ☐

2. Vous arrive-t-il d'acheter des objets qui vous paraissent inutiles ensuite?
Oui ☐ Non ☐

3. Vous est-il arrivé de vous sentir énervé(e), agité(e) ou irritable quand vous n'avez pas réalisé un achat?
Oui ☐ Non ☐

4. Vous arrive-t-il d'éviter certains magasins de crainte d'acheter trop?
Oui ☐ Non ☐

7. Est-ce que l'alcool a déjà créé des problèmes entre vous et votre conjoint(e)?
Oui □ 2 pts Non □ 0 pt

8. Avez-vous déjà rencontré des problèmes dans votre vie professionnelle à cause de votre consommation d'alcool?
Oui □ 2 pts Non □ 0 pt

9. Avez-vous déjà négligé vos obligations, votre famille ou votre travail pendant deux jours de suite ou plus en raison de votre consommation d'alcool?
Oui □ 2 pts Non □ 0 pt

10. Avez-vous demandé de l'aide ou des conseils à autrui au sujet de votre consommation?
Oui □ 5 pts Non □ 0 pt

11. Avez-vous déjà été hospitalisé en raison de votre consommation d'alcool?
Oui □ 5 pts Non □ 0 pt

12. Avez-vous déjà été arrêté, ne serait-ce que quelques heures, en raison d'un état d'ivresse?
Oui □ 2 pts Non □ 0 pt

13. Avez-vous déjà été inculpé pour ivresse au volant?
Oui □ 2 pts Non □ 0 pt

2 ACCRO AU SEXE?

Vous pensez souvent au sexe et êtes souvent en quête de nouvelles sensations... Êtes-vous pour autant sexuellement dépendant? Réponse avec le test de Patrick Carnes.

1. Lisez-vous souvent des revues X?
Oui □ Non □

2. Vos parents ont-ils eu des problèmes sexuels?
Oui □ Non □

3. Êtes-vous souvent préoccupé par des pensées sexuelles?
Oui □ Non □

4. Pensez-vous que votre comportement sexuel n'est pas normal?
Oui □ Non □

5. Est-ce que votre conjoint s'inquiète de votre comportement sexuel?
Oui □ Non □

6. Avez-vous du mal à arrêter votre conduite sexuelle, lorsque vous savez qu'elle est inappropriée?
Oui □ Non □

7. Vous sentez-vous mal à l'aise vis-à-vis de votre comportement?
Oui □ Non □

8. Avez-vous cherché assistance pour un comportement sexuel que vous n'aimiez pas?
Oui □ Non □

9. Avez-vous eu peur que des gens apprennent votre conduite sexuelle?
Oui □ Non □

10. Avez-vous fait de la peine du fait de votre conduite sexuelle?
Oui □ Non □

11. Vous êtes-vous promis de cesser certains comportements?
Oui □ Non □

12. Devez-vous cacher certains de vos comportements sexuels?
Oui □ Non □

13. Avez-vous essayé de cesser certains comportements sexuels?
Oui □ Non □

14. Pensez-vous que certains ont été dégradants?
Oui □ Non □

15. Le sexe a-t-il été pour vous une manière d'échapper à vos problèmes?
Oui □ Non □

16. Êtes-vous déprimé après un rapport sexuel?
Oui □ Non □

17. Avez-vous senti le besoin de cesser certaines formes d'activité sexuelle?
Oui □ Non □

18. Vos activités sexuelles ont-elles perturbé votre vie familiale?
Oui □ Non □

19. Vous sentez-vous dominé par vos désirs sexuels?
Oui □ Non □

3 OBSÉDÉ DU SHOPPING?

5. Proposez-vous à quelqu'un de vous accompagner dans vos courses seulement pour éviter d'acheter trop?
Oui □ Non □

6. Avez-vous déjà caché des achats à votre entourage?
Oui □ Non □

7. Une irrésistible envie d'acheter peut-elle vous amener à manquer une sortie avec des amis?
Oui □ Non □

8. Vous êtes-vous déjà absenté(e) de votre travail pour faire des achats?
Oui □ Non □

9. Un ou plusieurs achats ont-ils pu provoquer des reproches de votre entourage?
Oui □ Non □

10. Un ou plusieurs achats ont-ils pu provoquer une mésentente prolongée ou une séparation?
Oui □ Non □

11. Un achat vous a-t-il déjà causé des difficultés bancaires?
Oui □ Non □

12. L'un de vos achats a-t-il été la source de poursuites judiciaires?
Oui □ Non □

13. Avez-vous continué à faire des achats malgré les difficultés (familiales ou financières) qu'ils provoquaient?
Oui □ Non □

14. Regrettez-vous régulièrement vos achats?
Oui □ Non □

15. Vos achats sont-ils précédés d'une sensation de tension et de nervosité?
Oui □ Non □

16. La réalisation de vos achats apaise-t-elle la tension ou la nervosité?
Oui □ Non □

17. Existe-t-il des périodes d'achats multiples, excessifs, accompagnés d'un sentiment de générosité?
Oui □ Non □

18. Vous arrive-t-il d'acheter quelque chose sur un « coup de tête », sans l'avoir prévu à l'avance, au moins une fois par mois?
Oui □ Non □

19. Les achats « coup de tête » ou excessifs, s'ils existent, représentent-ils au moins un quart de vos revenus?
Oui □ Non □

4 DROGUÉ DU TRAVAIL ?

Votre activité professionnelle vous passionne? Dans quelle mesure? Indiquez, à chaque fois, si cela vous correspond « jamais », « parfois », « souvent » ou « toujours ».

D'après le test de B. Robinson.

1. Je préfère faire les choses seul.
☐ jamais ☐ parfois
☐ souvent ☐ toujours

2. Je suis impatient quand je dois attendre de l'aide ou quand une tâche prend trop de temps.
☐ jamais ☐ parfois
☐ souvent ☐ toujours

3. J'ai l'impression d'être pressé.
☐ jamais ☐ parfois
☐ souvent ☐ toujours

4. Je suis irrité quand on m'interrompt au milieu d'une activité.
☐ jamais ☐ parfois
☐ souvent ☐ toujours

5. Je suis tout le temps occupé.
☐ jamais ☐ parfois
☐ souvent ☐ toujours

6. Je fais plusieurs choses à la fois.
☐ jamais ☐ parfois
☐ souvent ☐ toujours

7. Je prends des engagements qui dépassent mes capacités.
☐ jamais ☐ parfois
☐ souvent ☐ toujours

8. Je me sens coupable quand je ne travaille pas.
☐ jamais ☐ parfois
☐ souvent ☐ toujours

9. J'ai besoin de voir les résultats concrets de ce que je fais.
☐ jamais ☐ parfois
☐ souvent ☐ toujours

10. Je suis surtout intéressé par le résultat final de ce que je fais.
☐ jamais ☐ parfois
☐ souvent ☐ toujours

11. Les choses ne vont jamais assez vite pour moi.
☐ jamais ☐ parfois
☐ souvent ☐ toujours

12. Je perds patience quand les choses ne vont pas à mon rythme.
☐ jamais ☐ parfois
☐ souvent ☐ toujours

13. Je pose plusieurs fois les mêmes questions.
☐ jamais ☐ parfois
☐ souvent ☐ toujours

14. Je passe beaucoup de temps à organiser mon travail.
☐ jamais ☐ parfois
☐ souvent ☐ toujours

15. Je continue à travailler alors que mes collègues ont quitté le bureau.
☐ jamais ☐ parfois
☐ souvent ☐ toujours

16. Je suis irrité quand les personnes de mon entourage ne correspondent pas à ce que j'attends d'elles.
☐ jamais ☐ parfois
☐ souvent ☐ toujours

17. Je suis en colère dans les situations que je ne peux pas contrôler.
☐ jamais ☐ parfois
☐ souvent ☐ toujours

18. J'ai tendance à « me mettre la pression » en m'imposant des délais.
☐ jamais ☐ parfois
☐ souvent ☐ toujours

5 DÉVORÉ PAR LA PASSION DU JEU ?

Êtes-vous de ceux qui ne refusent jamais une partie de poker? Répondez par « oui » ou « non » pour évaluer votre dépendance aux jeux d'argent.

1. Lorsque vous vous adonnez à des jeux de hasard, songez-vous souvent à retourner dans l'établissement de jeu afin de regagner l'argent que vous y avez perdu?
Oui ☐ Non ☐

2. Avez-vous déjà affirmé avoir gagné de l'argent au jeu alors qu'en fait vous en aviez perdu?
Oui ☐ Non ☐

3. Vous arrive-t-il de consacrer plus de temps ou d'argent au jeu que vous en aviez l'intention?
Oui ☐ Non ☐

4. Quelqu'un a-t-il déjà critiqué votre passion pour le jeu?
Oui ☐ Non ☐

5. Vous êtes-vous déjà senti coupable au sujet de votre passion ou de votre comportement au jeu?
Oui ☐ Non ☐

6. Avez-vous déjà pensé que vous aimeriez arrêter de jouer mais sans vous en sentir capable?
Oui ☐ Non ☐

7. Avez-vous déjà caché à des proches des feuilles de paris, des billets de loterie, des jetons de jeu...?
Oui ☐ Non ☐

8. Vous êtes-vous déjà disputé avec les personnes avec lesquelles vous vivez à propos du jeu et de la façon dont vous gérez votre argent?
Oui ☐ Non ☐

9. Avez-vous déjà manqué des heures de travail ou de cours en raison de votre passion pour le jeu?
Oui ☐ Non ☐

10. Le jeu vous a-t-il déjà poussé à emprunter de l'argent que vous n'avez pas remboursé?
Oui ☐ Non ☐

11. Avez-vous déjà emprunté de l'argent du ménage pour jouer?
Oui ☐ Non ☐

12. Avez-vous déjà emprunté de l'argent à votre partenaire pour jouer?
Oui ☐ Non ☐

13. Avez-vous déjà emprunté de l'argent à un membre de votre famille ou de celle de votre conjoint pour jouer?
Oui ☐ Non ☐

14. Avez-vous déjà reçu un prêt d'une banque pour jouer ou rembourser une dette de jeu?
Oui ☐ Non ☐

15. Avez-vous déjà obtenu une avance de fonds sur votre carte de crédit afin de vous procurer de l'argent pour jouer ou pour rembourser une dette de jeu?
Oui ☐ Non ☐

19. Il m'est difficile de me détendre quand je ne travaille pas.
□ jamais □ parfois
□ souvent □ toujours

20. Je passe plus de temps au travail qu'en famille ou avec mes amis.
□ jamais □ parfois
□ souvent □ toujours

21. J'aime « prendre de l'avance ».
□ jamais □ parfois
□ souvent □ toujours

22. Je supporte mal mes erreurs.
□ jamais □ parfois
□ souvent □ toujours

23. Je consacre plus d'énergie à mon travail qu'à mes proches.
□ jamais □ parfois
□ souvent □ toujours

24. J'oublie ou je néglige les vacances, les réunions de famille.
□ jamais □ parfois
□ souvent □ toujours

25. Je prends des décisions importantes sans réunir les éléments utiles.
□ jamais □ parfois
□ souvent □ toujours

16. Avez-vous déjà obtenu un prêt d'un usurier pour jouer ou pour rembourser une dette de jeu ?
Oui □ Non □

17. Avez-vous vendu des actions, obligations ou valeurs mobilières pour financer votre passion ?
Oui □ Non □

18. Avez-vous déjà vendu des biens personnels ou familiaux pour jouer ou rembourser une dette de jeu ?
Oui □ Non □

19. Avez-vous déjà fait un chèque sans provision pour jouer ou rembourser une dette ?
Oui □ Non □

20. Pensez-vous que vous avez déjà eu un problème associé aux jeux ou aux paris ?
Oui □ Non □

RÉSULTATS & ANALYSE

1

Faites la somme des points obtenus pour chaque réponse. D'après le MAST, un total égal ou supérieur à 3 suggère fortement une dépendance à l'alcool.

2

Comptez un point par réponse positive. Vous avez obtenu…

→ **Moins de 5 points :** Votre vie intime se porte plutôt bien.

→ **Entre 5 et 10 points :** Vous rencontrez quelques problèmes.

→ **Entre 11 et 15 points :** Vous manifestez une certaine dépendance. Vous pensez beaucoup au sexe mais ne parvenez pas à avoir de relation affective durable.

→ **Plus de 15 points :** Vous souffrez d'une véritable addiction sexuelle. Toujours en quête de partenaires, de sensations fortes, vous avez un besoin insatiable d'actes sexuels mais ressentez peu de satisfaction.

3

Comptez un point par réponse positive.

Vous avez obtenu…

→ **Moins de 5 points :** Rien à signaler.

→ **Entre 5 et 8 points :** Vous avez des difficultés à contrôler vos dépenses et à résister au désir d'acheter.

→ **entre 8 et 12 points :** Vous dépensez de plus en plus et de façon inconsidérée, au risque de vous surendetter.

→ **Plus de 12 points :** Vous êtes un acheteur compulsif, comme c'est le cas de 6 % de la population. Vous avez besoin d'acheter de manière irrépressible pour lutter contre des tensions internes, des angoisses incontrôlables et ne supportez pas d'en être empêché. Vous n'arrivez pas à vous contrôler même si cela vous cause de graves problèmes financiers.

4

Comptez 1 point par réponse « jamais », 2 pour « parfois », 3 pour « souvent » et 4 pour « toujours ».

→ **Moins de 57 points :** Efficace quand il le faut, vous savez aussi vous détendre. Vous n'êtes pas un stakhanoviste.

→ **Entre 57 et 66 points :** Ambitieux et consciencieux, vous êtes très actif et aimez la performance. Au risque d'accumuler les heures sup' et de négliger votre vie privée.

→ **Plus de 66 points :** Vous êtes ce que les psychologues américains appellent un *workaholic*. Porté par un désir infini de succès, miné par le stress, vous peinez à maintenir votre niveau d'exigence. L'épuisement vous menace : le syndrome du burn-out.

5

Comptez un point par réponse positive. Vous avez obtenu…

→ **Moins de 3 points :** Jouer reste pour vous une distraction.

→ **Entre 3 et 5 points :** Attention, il vous arrive trop souvent d'avoir un comportement compulsif.

→ **Plus de 5 points :** Vous êtes en train de devenir un joueur « pathologique » ou vous l'êtes déjà (plus de 10 points). Un état qui peut s'installer en 10 ou 15 ans. Selon le Crédoc, 9 dépendants sur 10 sont des hommes, le plus souvent âgés de 25 à 44 ans, mariés, pères et surendettés.

TEST N° 5

QUEL DORMEUR ÊTES-VOUS?

Peu ou prou, nous passons un tiers de notre vie à dormir. Une perte de temps? Certes non! On le sait, le sommeil est indispensable à l'organisme. Il existe bien des petits dormeurs, frais et dispos après trois ou quatre heures passées dans les bras de Morphée. Mais la majorité d'entre nous a besoin d'un repos de sept heures et demie au moins pour faire face à ses obligations quotidiennes. Hélas, dormir comme un bébé n'est pas le lot de tous… Selon le Dr Françoise Delormas, médecin de santé publique et directrice de l'association Prosom[1], environ 30 % des Français se trouvent confrontés un jour ou l'autre à des troubles du sommeil. Il y a bien sûr les insomniaques – de 10 à 15 % des Français. Les causes de leurs difficultés à dormir sont multiples: anxiété, travail posté, parfois simplement un conjoint qui ronfle… Les ronfleurs (environ un Français sur sept), justement, sont les premières victimes d'arrêts respiratoires nocturnes (apnées du sommeil). Bien d'autres troubles (narcolepsie ou somnambulisme, par exemple) affectent la qualité de notre sommeil, leur fréquence augmentant avec l'âge. Ces troubles ne sont pas à prendre à la légère. Malgré les lacunes de la formation, les médecins généralistes compétents en matière de sommeil sont de plus en plus nombreux. Un diagnostic précis et un suivi adéquat peuvent aussi être obtenus dans des centres spécialisés[2]. Des remèdes existent: il s'agit avant tout de connaître son sommeil et ce qui le perturbe. Les tests que nous vous proposons peuvent constituer un premier pas. Mis au point avec le Dr Delormas, ils vous permettront de définir votre profil de dormeur. Mais attention! Ils n'ont en aucun cas vocation à remplacer votre médecin.

Marielle Mayo

1. Vous êtes relativement en forme après trois heures de sommeil:
Vrai ☐ Faux ☐

2. En vacances, vous ne dormez pas beaucoup plus que pendant l'année:
Vrai ☐ Faux ☐

1 Association de promotion des connaissances sur le sommeil: http://sommeil.univ-lyon1.fr/prosom.

2 Liste sur www.institut-sommeil-vigilance.org.

1 ÊTES-VOUS DU MATIN OU DU SOIR ?

1. Au réveil, vous vous sentez tout de suite frais et dispo :
Vrai ☐ Faux ☐

2. Vous êtes un adepte de la grasse matinée du week-end :
Vrai ☐ Faux ☐

3. En vacances, vos horaires sont franchement décalés :
Vrai ☐ Faux ☐

4. Au réveil, vous n'avez pas très faim :
Vrai ☐ Faux ☐

5. Quand vous vous couchez plus tard, vous vous levez à la même heure que d'habitude :
Vrai ☐ Faux ☐

6. Le réveil est un accessoire indispensable pour vous lever :
Vrai ☐ Faux ☐

7. Dans un groupe, vous êtes toujours parmi les premiers debout :
Vrai ☐ Faux ☐

8. Selon vous, la meilleure heure pour passer une épreuve d'examen, c'est le matin entre 8 h et 10 h :
Vrai ☐ Faux ☐

2 ÊTES-VOUS UN PETIT OU UN GROS DORMEUR ?

3. Vous aimez traîner au lit :
Vrai ☐ Faux ☐

4. Vous dormez dès que vous êtes passager d'une voiture sur des longs trajets :
Vrai ☐ Faux ☐

5. Vous limitez vos sorties pour ne pas vous sentir trop fatigué :
Vrai ☐ Faux ☐

6. Dès que possible, vous faites la sieste ou la grasse matinée :
Vrai ☐ Faux ☐

7. Faire le tour du cadran pour récupérer, c'est inconcevable !
Vrai ☐ Faux ☐

8. S'il faut se lever très tôt, autant ne pas se coucher !
Vrai ☐ Faux ☐

3 VOTRE SOMMEIL EST-IL DE QUALITÉ ?

1. Éprouvez-vous des difficultés à vous endormir?
Oui ☐ Non ☐

2. Vous arrive-t-il fréquemment de vous éveiller trop tôt le matin?
Oui ☐ Non ☐

3. Éprouvez-vous en général la sensation d'être fatigué au réveil?
Oui ☐ Non ☐

4. Le manque de sommeil altère-t-il votre humeur, votre mémoire, vos facultés intellectuelles ?
Oui ☐ Non ☐

5. La nuit, connaissez-vous des réveils fréquents accompagnés de difficultés à vous rendormir?
Oui ☐ Non ☐

6. Utilisez-vous régulièrement des médicaments pour dormir?
Oui ☐ Non ☐

4 PRÉSENTEZ-VOUS DES TROUBLES DU SOMMEIL ?

1. Dormez-vous dans un endroit calme ?
Oui (E) ☐ Non (A) ☐

2. Êtes-vous fumeur et/ou adepte d'excitants (alcool, café...) ?
Oui (A) ☐ Non (E) ☐

3. Vos horaires de coucher sont-ils réguliers ?
Oui (E) ☐ Non (A) ☐

4. Prenez-vous des repas copieux le soir ?
Oui (A) ☐ Non (E) ☐

5. Avez-vous parfois l'impression d'étouffer en dormant ?
Oui (B) ☐ Non (E) ☐

6. Pratiquez-vous une activité physique régulière le soir ?
Oui (A) ☐ Non (E) ☐

7. Pratiquez-vous une activité physique régulière la journée ?
Oui (E) ☐ Non (A) ☐

8. Diriez-vous que votre mode de vie est stressant ?
Oui (A) ☐ Non (E) ☐

9. Souffrez-vous d'une maladie chronique (trouble génito-urinaire, douleurs rhumatismales, reflux gastro-œsophagien, asthme nocturne...) ?
Oui (A) ☐ Non (E) ☐

10. Votre partenaire ou votre entourage a-t-il noté des arrêts respiratoires au cours de votre sommeil ?
Oui (B) ☐ Non (E) ☐

11. Bougez-vous beaucoup en dormant ?
Oui (B,C) ☐ Non (E) ☐

12. Ronflez-vous en dormant ?
Oui (B) ☐ Non (E) ☐

13. Transpirez-vous beaucoup en dormant ?
Oui (B) ☐ Non (E) ☐

14. Avez-vous souvent des maux de tête le matin au réveil ?
Oui (B) ☐ Non (E) ☐

15. Souffrez-vous d'hypertension artérielle ?
Oui (B) ☐ Non (E) ☐

16. Ressentez-vous des accès de sommeil irrésistibles en cours de journée qui sont améliorés par de courtes siestes ?
Oui (D) ☐ Non (E) ☐

17. Présentez-vous un surpoids ?
Oui (B) ☐ Non (E) ☐

18. Vous êtes-vous déjà senti paralysé le matin au réveil ?
Oui (D) ☐ Non (E) ☐

19. Au moment du coucher ou en cas d'éveil nocturne, avez-vous des sensations désagréables dans les membres qui vous gênent pour vous (r) endormir ?
Oui (C) ☐ Non (E) ☐

20. Ressentez-vous le besoin de vous lever ou de remuer les jambes pour soulager ces sensations pénibles ?
Oui (C) ☐ Non (E) ☐

21. Bougez-vous les jambes la nuit ou donnez-vous des coups de pied ?
Oui (C) ☐ Non (E) ☐

22. Au moment du coucher ou au réveil, avez-vous des visions colorées ou entendez-vous des bruits bizarres ?
Oui (D) ☐ Non (E) ☐

23. Vous arrive-t-il, à l'occasion d'une forte émotion au cours de la journée, d'avoir la tête ou un bras qui se relâche brutalement ?
Oui (D) ☐ Non (E) ☐

RÉSULTATS & ANALYSE

1

→ **Vous avez une majorité de « vrai » :** vous êtes plutôt du matin. Vous êtes d'attaque dès votre arrivée au travail, mais n'appréciez guère les réunions tardives. La fièvre du samedi soir, ce n'est pas pour vous ! Pour conserver un bon sommeil, respectez votre rythme.

→ **Vous avez une majorité de « faux » :** vous êtes plutôt du soir, de ceux qui apprécient le film de deuxième partie de soirée à la télévision mais traînent le lendemain devant la machine à café… Avant 10 h du matin, on n'attend guère de vous que vous donniez le meilleur de vous-même ! Vous êtes en revanche un convive apprécié en soirée. Mais si vous devez vous lever tôt, apprenez à ne pas retarder le moment du coucher et saisissez les occasions de faire une sieste.

2

→ **Vous avez une majorité de « vrai » :** vos besoins sont inférieurs à la moyenne. Peut-être faites-vous partie de ces chanceux qui se contentent de cinq heures et demie à six heures, voire trois heures de sommeil ? Attention toutefois à ne pas confondre faibles besoins et insomnie…

→ **Vous avez une majorité de « faux » :** vous semblez être un gros dormeur. Certaines personnes ont besoin de neuf ou dix heures de sommeil pour récupérer, exceptionnellement de onze à douze heures ! Cela peut être incompatible avec la vie moderne. Mais pour être en forme, essayez de vous y tenir… quitte à faire la sieste.

3

Comptez un point pour chaque réponse positive :

→ **Vous avez moins de 3 points :** vous semblez faire partie des 70 % de la population française qui n'a pas de troubles du sommeil. Rien de très étonnant si vous êtes jeune, car ces troubles sont plus fréquents quand on avance en âge.

→ **Vous avez plus de 3 points :** apparemment, la qualité de votre sommeil laisse à désirer. Si c'est passager, inutile de vous inquiéter. Chacun connaît un jour ou l'autre des périodes de sommeil troublé. Un peu de calme, une bonne hygiène de vie, des horaires de coucher réguliers et tout peut rentrer dans l'ordre. Sinon, consultez votre généraliste.

4

Pour savoir si vous souffrez de troubles du sommeil et les identifier, comptez le nombre de A, B, C, D, E que vous avez obtenus :

→ **Vous avez au moins 19 E :** *a priori*, vous ne semblez pas présenter de facteurs de risque de troubles du sommeil. Si, néanmoins, vous vous sentez fatigué, c'est peut-être que votre mode de vie ne vous permet pas de dormir suffisamment. Réfléchissez-y !

→ **Vous avez au moins 6 A :** vous présentez des facteurs de risque d'insomnie. Votre repos nocturne est sans doute altéré, quantitativement et qualitativement, avec des répercussions sur votre état d'esprit, vos relations avec les autres, votre efficacité au travail, votre qualité de vie voire votre santé… Un problème à prendre au sérieux, qui peut être réglé avec les conseils d'un médecin. Mais, surtout, ne vous lancez pas dans l'automédication ! Les somnifères ne sont pas nécessairement la bonne réponse à vos troubles du sommeil. Des modifications de l'hygiène de vie, une thérapie comportementale ou le traitement d'une dépression donnent, bien souvent, de meilleurs résultats.

→ **Vous avez au moins 6 B :** vous présentez des facteurs de risque d'apnée du sommeil. Cette maladie, qui atteint surtout les hommes, est due, dans 95 % des cas, à une obstruction du pharynx et est favorisée par le surpoids ou le tabagisme. Le passage de l'air est bloqué, totalement (apnée) ou partiellement (hypopnée). Les apnéiques peuvent connaître plusieurs dizaines d'éveils très brefs par heure, avec un risque d'accident dû à la somnolence diurne multiplié par 7. Le risque cardio-vasculaire est également multiplié par 3, 4 ou 5. Des méthodes permettent de pallier ce trouble : ventilation à pression positive grâce à un masque nasal qui insuffle de l'air pendant le sommeil, chirurgie, appareil dentaire permettant d'élargir l'espace aérien au fond de la gorge…

→ **Vous avez au moins 3 C :** il est possible que vous présentiez le syndrome des « jambes sans repos » (ou « d'impatience des membres »), qui affecte une personne sur dix, principalement des femmes et des personnes âgées. Des sensations anormales (brûlures, picotements, décharges électriques…) dans les jambes, peu douloureuses mais pénibles, sont à l'origine de mouvements incontrôlés. On ignore les mécanismes de ces troubles, qui semblent favorisés par des facteurs génétiques ou des pathologies comme le diabète. Certains médicaments du système nerveux, des massages ou des bains chauds peuvent les soulager… Heureusement, les formes graves sont rares.

→ **Vous avez au moins 3 D :** si vous avez une tendance importante à la somnolence, vous souffrez peut-être de narcolepsie. Cette maladie rare se caractérise par des accès de sommeil irrépressibles. Grâce à la recherche, les traitements associant stimulants et antidépresseurs pourraient évoluer dans les prochaines années.

TEST N° 6

ALIMENTATION : QUEL MANGEUR ÊTES-VOUS ?

Notre façon de manger n'intéresse pas que nous, si l'on en juge les enquêtes qui, ces dernières années, se multiplient. Il est vrai que les priorités politiques et scientifiques ont changé. Au lendemain de la guerre et jusqu'aux années 60, il fallait faire manger tous les Français à leur faim. Misant sur la productivité agricole, la France fut alors le pays européen le plus investi dans la recherche agronomique. Aujourd'hui, l'accent est mis sur la lutte contre l'obésité, le diabète, les maladies cardio-vasculaires, et certains cancers (30 %) qui seraient imputables à des facteurs alimentaires et à l'inactivité physique. Cependant, si l'Hexagone compte 7 % d'obèses et 23 % de personnes en surpoids, nous sommes bien plus nombreux à nous préoccuper de l'impact de la nutrition sur notre santé. En cause : les crises alimentaires comme celle de la vache folle ; mais aussi le changement des normes sociales en matière de diététique, sous l'influence des nouvelles valeurs de l'écologie… et des *diktats* de la minceur. Car s'il a toujours existé une frontière entre le « trop » et le « comme il faut » manger, le seuil de ce qui est jugé comme une alimentation « correcte » tend vers le régime basses calories. Le corps s'affiche comme le miroir du contrôle et de la maîtrise qu'on a sur sa vie : être mince est devenu un signe de réussite sociale. Dans ce contexte, le discours des nutritionnistes est détourné par les médias au profit des exigences du modèle esthétique de minceur. Ainsi, selon une récente étude de l'Observatoire Cidil des habitudes alimentaires (OCHA), 46 % des Français qui veulent maigrir sont… maigres ou de poids normal. Et vous ? Êtes-vous bien dans votre assiette ? Pour le savoir, nous vous invitons à attaquer, par le menu, ces quelques tests que nous vous avons mitonnés.

Betty Mamane

Pour chacune de ces affirmations, indiquez si elle vous semble vraie ou fausse ?

1. Les féculents font grossir.
☐ Vrai ☐ Faux

2. Certaines huiles sont plus grasses que d'autres.
☐ Vrai ☐ Faux

3. La margarine est aussi grasse que le beurre.
☐ Vrai ☐ Faux

4. Le poisson contient moins de protéines que la viande.
☐ Vrai ☐ Faux

5. Boire de l'eau fait maigrir.
☐ Vrai ☐ Faux

6. Les produits surgelés contiennent autant de vitamines que les produits frais.
☐ Vrai ☐ Faux

7. Les fibres sont uniquement apportées par les fruits et les légumes.
☐ Vrai ☐ Faux

Répondez aux questions suivantes en choisissant l'une des trois réponses proposées.

1. Si vous dépensiez plus pour l'alimentation, que changeriez-vous ?
A) Vous achèteriez plus de produits chez les petits producteurs et les petits commerçants
B) Vous inviteriez plus souvent
C) Vous achèteriez plus de produits frais et de meilleure qualité

2. Dans votre alimentation, vous privilégiez plutôt :
A) Les produits issus de l'agriculture biologique
B) Les aliments allégés
C) Les produits du terroir

1 QUE SAVEZ-VOUS DE LA DIÉTÉTIQUE ?

8. Un pain au chocolat apporte plus de calories que du pain avec du chocolat.
☐ Vrai ☐ Faux

9. Consommer au moins cinq fruits et légumes par jour protège du cancer.
☐ Vrai ☐ Faux

10. Faire du sport fait maigrir.
☐ Vrai ☐ Faux

11. L'alimentation méditerranéenne fait grossir.
☐ Vrai ☐ Faux

12. Le persil contient plus de fer que les épinards.
☐ Vrai ☐ Faux

13. Les alcools forts aident à digérer.
☐ Vrai ☐ Faux

14. À poids égal, les biscottes sont moins caloriques que le pain.
☐ Vrai ☐ Faux

15. Manger entre les repas fait grossir.
☐ Vrai ☐ Faux

2 QUEL EST VOTRE POIDS IDÉAL ?

Selon les spécialistes, notre corps est génétiquement programmé pour atteindre ce qu'ils appellent un *set-point* (« poids d'équilibre »). Il s'agit du poids que nous pouvons maintenir sans efforts en mangeant selon nos besoins. Celui auquel tend notre organisme si l'on reste à l'écoute de nos sensations alimentaires. Mais ce poids ne correspond pas forcément aux normes sociales ni à celui auquel on rêve…
Aussi ne confondez pas mode et santé. Et rassurez-vous en calculant votre indice de masse corporelle (IMC), aussi appelé « index pondéral » ou « indice de Quetelet ». Cette valeur est reconnue comme le critère international d'évaluation de la corpulence.

Exemple : si vous mesurez 1,75 m et pesez 68 kg, votre IMC = 68/1,752 = 22,2.

$$\text{IMC} = \frac{\text{Poids en kg}}{\text{Taille en (m)}^2}$$

3 QU'EST-CE QUI INFLUENCE VOTRE COMPORTEMENT ALIMENTAIRE ?

3. Vous n'achetez jamais certains aliments :
A) Parce qu'ils font grossir
B) Parce que vous ne savez pas comment les cuisiner
C) Pour des raisons de principe

4. Que signifie pour vous l'équilibre alimentaire ?
A) Se sentir bien après manger
B) Manger à sa faim
C) Éviter ou limiter la consommation de certains aliments

5. Parmi ces événements, lequel vous a le plus incité à changer votre alimentation ?
A) La crise de la vache folle
B) La mode de la minceur
C) Le développement des restaurants étrangers en France

6. Qu'est-ce qui vous inquiète le plus aujourd'hui ?
A) Les OGM
B) La grippe aviaire
C) Les mauvaises graisses

7. Lorsque vous achetez un aliment, vous regardez en priorité :
A) Le prix
B) La provenance
C) La composition

8. Lorsque vous recevez à dîner, qu'est-ce qui vous importe le plus ?
A) Que l'ambiance soit agréable
B) Que ce repas signifie quelque chose
C) Que le menu soit bien équilibré

9. Quel plat choisiriez-vous parmi les trois suivants ?
A) Aiguillette de canard au blé rouge
B) Tournedos Rossini
C) Papillote de coquille Saint-Jacques au gingembre

10. Pour vous, quel mot rime le mieux avec manger ?
A) Santé
B) Responsabilité
C) Convivialité

4 QUE RÉVÈLE VOTRE FAÇON DE MANGER ?

Ce test[1] vous permettra de découvrir à quel profil alimentaire vous appartenez parmi les cinq grandes familles de mangeurs établies par l'Observatoire des consommations alimentaires (OCA). Pour chaque catégorie d'aliments, sélectionnez la valeur correspondant à votre fréquence approximative de consommation. Pour chaque symbole, calculez le total obtenu et reportez-vous au profil indiqué.

VOUS BUVEZ	Plusieurs fois par jour	Une fois par jour	2-3 fois par jour	Plus rarement
Thé, tisane	★★★	★★	★●	■▲
Café	▲■■	▲■	✖	★★✖
Lait	●●●	●●★	★●	✖▲■
Vin	▲▲■	▲■	★✖●	●★
Apéritifs, alcools forts	▲▲	▲▲■	▲■	●★
Soupes et bouillon de légumes (hiver)	★★●●	★●	★●■	✖✖
Boissons sucrées, sodas, jus de fruits	✖✖✖	✖✖	✖	★✖●

VOUS MANGEZ	Plusieurs fois par jour	Une fois par jour	2-3 fois par jour	Plus rarement
Pâtes, riz, pommes de terre, légumes secs	▲▲✖✖	▲✖	▲✖	★●
Légumes, crudités	★★★	★★●●▲	▲●✖✖	✖✖✖
Fruits	★★●●	★■●	▲✖	▲▲✖✖
Quiches, pizzas, feuilletés, tourtes	✖✖✖	✖✖	✖✖	★●
Fromage	▲▲■■	▲■	★✖●	★✖
Charcuterie, pâtes	▲▲▲	▲▲■	▲■	★★
Viande	▲■	▲■	★✖●	★✖
Poissons, crustacés	●★■	★●	★■●	▲✖
Plats en sauce (maison ou tout prêts)	▲▲■■	▲■	▲■	★
Biscuits, chocolat	✖✖✖	▲▲✖✖	✖■	★●▲
Pâtisseries, viennoiseries	✖✖✖	✖✖	✖✖	★
Produits laitiers	★★●●	★✖●	★✖●■	▲
Pains, biscottes, céréales	▲■●	▲■●	★✖	✖

1 Ce questionnaire et les profils définis émanent d'une étude menée par l'Observatoire des consommations alimentaires (OCA). Les réponses ont été rédigées avec Ambroise Martin, professeur de nutrition et de biochimie à la faculté de médecine de Lyon, directeur de l'évaluation des risques nutritionnels et sanitaires à l'Agence française de sécurité sanitaire des aliments (Afssa) jusqu'en 2004, et coordonnateur de l'ouvrage collectif *Apports nutritionnels conseillés pour la population française*, Tec & Doc, 2001, et Michelle Le Barzic, psychologue clinicienne au service de médecine et nutrition de l'Hôtel-Dieu, à Paris, et auteur, avec Marianne Pouillon, de *La Meilleure Façon de manger*, Odile Jacob, 1998.

1

1-F, 2-F, 3-V, 4-F, 5-F, 6-V, 7-F, 8-V, 9-F, 10
11-F, 12-V, 13-F, 14-F, 15-F.

Comptez un point par réponse exac

→ **Entre 5 et 12 points:** Vous av de bonnes notions de diététique.

→ **Moins de 5 points:** Ce qui cache dans votre assiette vous préc cupe peu. Sans doute parce que vo avez peu de souci à vous faire...

→ **Plus de 12 points:** Vous êt incollable! Avez-vous déjà fait u régime ou surveillez-vous de près votre ligne?

2

→ **Un IMC de moins de 16,** dénutrition ou famine.

→ **Un IMC de 16,5 à 18,5:** maigre

→ Un IMC de 18,5 à 25: corpulen normale.

→ **Un IMC de 25 à 30:** surpoids.

→ **Un IMC de 30 à 35:** obési modérée.

→ **Un IMC de 35 à 40:** obési sévère.

→ **Un IMC de plus de 40:** obési morbide ou massive.

RÉSULTATS & ANALYSE

3

1.	A-Z	B-X	C-Y
2.	A-Z	B-Y	C-X
3.	A-Y	B-X	C-Z
4.	A-X	B-Z	C-Y
5.	A-Z	B-Y	C-X
6.	A-Z	B-X	C-Y
7.	A-X	B-Z	C-Y
8.	A-X	B-Z	C-Y
9.	A-Z	B-X	C-Y
10.	A-Y	B-Z	C-X

Calculez le nombre de X, Y et Z obtenus et selon les résultats, découvrez ce qui influence le plus votre façon de manger.

⟶ **Vous avez une majorité de X:** Culture et traditions dans votre assiette. Manger, ce n'est pas que se nourrir, c'est un art de vivre. Comme beaucoup de Français, vous accordez une valeur forte aux traditions culinaires. Manger est pour vous une façon d'exprimer sa culture ou de découvrir celle de l'autre.

⟶ **Vous avez une majorité de Y:** Santé au menu. Votre souci de forme et de bien-être conditionne votre façon de manger, comme 85 % des Français et la plupart des sociétés. Mais ce lien santé-nutrition diffère selon les cultures et les époques. Aujourd'hui, la santé est associée à la minceur.

⟶ **Vous avez une majorité de Z:** Manger, c'est s'engager. Adepte des produits bio ou du commerce équitable, vous vous attachez à la puissance symbolique dans vos choix alimentaires. Une attitude qui s'ancre dans la mouvance de l'altermondialisme ou de la défense de l'environnement...

4

⟶ **Une majorité de ✖:** vous êtes un mangeur pressé (comme 31 % des Français, en majorité des femmes de 18 à 35 ans).

Sandwichs, pizzas, plats préparés, sodas: vous mangez vite fait... mal fait. Attention aux carences, notamment en fer, calcium et folates qui diminuent la résistance à la fatigue et aux infections. Un manque d'acide folique (présent dans certains légumes verts et crudités) peut causer une malformation du fœtus chez la femme enceinte. Les carences en calcium fragilisent les os avec risque d'ostéoporose à long terme. Manger est pour vous du temps perdu. Ce rythme est-il imposé par votre vie professionnelle et familiale? À trop négliger votre alimentation, vous risquez de craquer, et n'êtes pas à l'abri de troubles du comportement alimentaire propices à la prise de poids.

⟶ **Une majorité de ●:** vous êtes un mangeur standard (comme 26 % des Français, en majorité des femmes d'une soixantaine d'années).

Vous consommez des produits frais et laitiers, préférez les fruits aux légumes et mangez deux fois plus de soupe que la moyenne. Vous représentez l'alimentation traditionnelle française. Vous « mangez pour vivre », selon vos goûts et votre appétit. Vous consommez environ 2000 calories/jour. Si votre héritage génétique a été clément, votre poids devrait rester stable et vous ne devriez pas souffrir de maladie métabolique.

⟶ **Une majorité de ▲:** vous êtes un gros mangeur monotone (comme 16 % des Français, en majorité des hommes de plus de 45 ans).

Viande, charcuteries, pain, fromage, pommes de terre... Vos repas sont très énergétiques (plus de 2500 cal/j). Vous êtes plus sensible à l'aspect rassasiant des aliments qu'à leur subtilité gustative. Vous associez la nourriture à la force. Mais si à cela s'ajoutent tabac et sédentarité, vous cumulez les facteurs de risques. Une trop faible consommation de fruits et légumes augmente le risque de cancer, l'ingestion de graisses (notamment d'acides gras saturés) augmente les risques cardio-vasculaires, et les produits très salés favorisent l'hypertension. Surpoids et obésité aggravent la situation.

⟶ **Une majorité de ★:** vous êtes un petit mangeur diversifié (comme 14 % des Français, en majorité des femmes de plus de 40 ans).

Vous consommez beaucoup de fruits et de légumes, de lait et de produits laitiers, de la viande et du poisson régulièrement, du thé et des infusions, un verre de vin ou de bière à l'occasion... Votre alimentation est un modèle de nutrition équilibrée et modérée. Mais gare à l'orthorexie, le culte du diététiquement correct! Votre apport énergétique est un peu inférieur à la moyenne: résultat d'un appétit pondéré ou de votre désir de rester mince? Attention à la boulimie ou à l'anorexie.

⟶ **Une majorité de ■:** vous êtes un gros mangeur diversifié (comme 13 % des Français, en majorité des hommes de 25 à 40 ans).

Vous aimez la bonne chère: entrée, plat, dessert, votre coup de fourchette pioche quelque 2700 calories par jour (la moyenne est de 2200 cal/j). Amateur de viandes et de poissons en sauce, vous mangez régulièrement des légumes et tous les jours du fromage et beaucoup de pain. Vous êtes un gros consommateur de pâtisseries et de chocolat. Mais vous avez une relation plutôt saine avec la nourriture et n'avez pas la gourmandise coupable. Gare cependant aux apports superflus, générateurs de kilos. Surtout si vous ne faites pas de sport.

« ON ATTEND DE LA SCIENCE QU'ELLE LIVRE LES CLÉS DU COMPORTEMENT ALIMENTAIRE »

Interview de Jean-Pierre Poulain

Sociologue, de l'université de Toulouse-Le Mirail.

Que révèle notre façon de manger? Depuis peu, la question intéresse des chercheurs, comme le sociologue Jean-Pierre Poulain[1], maître de conférences à l'université Toulouse-Le Mirail.

Science & Vie: Comment se porte la recherche en nutrition en France?

Jean-Pierre Poulain: Des milliers de chercheurs travaillent sur la biologie de la nutrition et… quelques dizaines sur le comportement alimentaire. Or, cette science a besoin, pour être entendue, de s'adapter aux évolutions socioculturelles. Sans doute est-ce pour cela que les médecins nutritionnistes sont parfois perçus comme des gourous. Mais cela évolue: en 2001, pour la première fois, médecins, psychologues, anthropologues, sociologues… ont élaboré le Programme national de nutrition-santé (PNNS). La publication d'un guide à 14 millions d'exemplaires et la mise en place d'un site Internet (www.mangerbouger.fr) a suivi.

S&V: Peut-on se fier aux études basées sur des questionnaires?

J.-P. P.: Le comportement alimentaire mute, du modèle de référence (3 repas par jour, entrée-plat-dessert) à une alimentation individualisée. D'où des problèmes de méthodologie. Demander aux gens ce qu'ils mangent ne suffit pas. L'alimentation est très normée. Ne pas "manger comme il faut", c'est donner une mauvaise image de soi; cela incite donc à mentir. Il faut privilégier les questions indirectes (« quel est selon vous un bon repas? »). On obtient des résultats fiables par recoupements. Et mieux vaut interroger les gens en face-à-face.

S&V: Pourquoi l'alimentation est-elle aujourd'hui source d'anxiété?

J.-P. P.: Le lien entre alimentation et santé est au cœur de toute société. Ainsi se construisent des « diététiques profanes », soit des recettes et des croyances qui livrent des clés du comportement alimentaire. Aujourd'hui, le public attend beaucoup de la science. Or, elle s'est longtemps focalisée sur les mécanismes digestifs. De plus, la distanciation croît entre les aliments et leur origine. Jusqu'aux années 70, on avait tous un lien avec le monde agricole. C'est fini. Cette méconnaissance explique en partie les craintes que des crises comme celle de la vache folle ont exacerbées.

S&V: Qu'est-ce que bien manger?

J.-P.-P.: La conjonction de trois facteurs. 1: manger équilibré, selon des règles biologiques de base. 2: que ce soit bon au goût et que cela suscite du plaisir (c'est la priorité des Français). 3: exprimer et transmettre des valeurs., car manger est un acte social.

S&V: Peut-on changer notre comportement alimentaire?

J.-P. P.: C'est très difficile car manger répond à des fonctions biologiques et psychosociales. La mère incorpore des rythmes sociaux aux rythmes biologiques du nourrisson. Il va « faire ses nuits », puis passer de six à quatre repas par jour, etc. Dans le repas se transmettent les valeurs d'une génération à l'autre. À 3 ans, les habitudes alimentaires sont quasi acquises. Mais l'apprentissage se poursuit: à la cantine, avec les amis… Ainsi des déterminants sociaux et culturels entrent en jeu. Modifier son comportement alimentaire, c'est mettre tout cela à plat. C'est pourquoi les régimes font souvent "craquer".

1 Lauréat du prix de l'Institut national de nutrition 2002, auteur de *Sociologies de l'alimentation*, éd. Quadrige, 2005, et *Manger aujourd'hui*, OCHA/Privat, 2001.

TEST N° 7

BOUGEZ-VOUS ASSEZ?

En un siècle, notre mode de vie a profondément évolué. Avec l'apparition des moyens de transport motorisés et des appareils ménagers, la diminution au travail des tâches physiques et l'avènement de loisirs sédentaires, nos dépenses énergétiques ont fortement diminué. Trop, disent les spécialistes. Pathologies cardio-vasculaires, maladie d'Alzheimer, cancers ou encore diabète de type II… le risque s'accroît à mesure que l'activité physique se fait rare. Ainsi, l'OMS estime qu'au niveau mondial, la sédentarité provoque 2 millions de décès par an. Aux États-Unis, elle est responsable de plus de 10 % des décès. Conjuguée à une alimentation trop riche en sucres et en graisses, elle est également à l'origine d'une épidémie d'obésité. Entre 1995 et 2005, le nombre d'obèses dans le monde est passé de 200 à 400 millions. En France, près d'un adulte sur huit est obèse, ce qui entraîne de 2 à 6 % des dépenses de santé.

Devant cet enjeu, le gouvernement a mis en place en 2001 un plan de bataille, le Programme national nutrition santé. Il a été renouvelé en 2006 et son objectif n'a pas changé: inciter les Français à mieux manger et… à bouger plus! Car les spécialistes sont formels. Une demi-heure de marche par jour suffit pour obtenir des effets bénéfiques sur sa santé. Ces trente minutes d'activité seraient ainsi associées à une diminution de 30 % de la mortalité. Pourtant, selon un dernier sondage mené par l'Institut national de prévention et d'éducation pour la santé (Baromètre santé Inpes 2005), plus de 30 % des Français ont un niveau d'activité inférieur à ces salvatrices trente minutes de marche rapide par jour. Et vous? Faites-vous partie de ceux-là? Vous le saurez en faisant notre test. Et sachez qu'il n'est jamais trop tard pour s'y mettre.

Vous hésitez encore? Échauffez-vous avec les questions suivantes!

Coralie Hancok

Ce test distingue deux catégories d'activités physiques.

Les activités modérées:
laver les vitres ou la voiture, passer l'aspirateur ou la serpillière, jardiner, ratisser les feuilles mortes, pratiquer la danse de salon, le vélo ou la natation « plaisir », l'aquagym, le golf, la voile…

Les activités intenses:
s'adonner à la randonnée avec dénivelé, bêcher, déménager, faire du jogging, du VTT, de la natation rapide, du saut à la corde, du tennis, des sports de combat, du football, pratiquer la plupart des jeux collectifs de ballon.
Pour être prises en compte, elles doivent être exercées plus de dix minutes, seuil retenu par les experts pour considérer leur bénéfice à long terme sur la santé (diminution du risque de cancer, de crise cardiaque, d'ostéoporose…).

I. Au travail

1. Exercez-vous un emploi ou une activité non rémunérée (travail bénévole, études…) hors de votre domicile?

A. Oui

B. non (passez directement au II.)

2. Durant les sept derniers jours, combien y a-t-il eu de jours pendant lesquels vous avez eu, au cours de votre travail, une activité physique intense (porter des charges lourdes, bêcher, monter des marches, etc.) pendant au moins dix minutes?

Nombre de jours:

Temps (en minutes/jour) consacré à ces activités physiques intenses:

3. Durant les sept derniers jours, combien y a-t-il eu de jours pendant lesquels vous avez eu, au cours de votre travail, une activité physique modérée (porter des charges légères, etc.) pendant au moins dix minutes?

Nombre de jours:

Temps (minutes/jour) consacré à ces activités physiques modérées:

4. Durant les sept derniers jours, combien y a-t-il eu de jours pendant lesquels vous avez, au cours de votre travail, marché au moins dix minutes?

Nombre de jours:

Temps (minutes/jour) durant lequel vous avez marché pendant votre travail:

1 QUELLES DÉPENSES ÉNERGÉTIQUES OCCASIONNENT VOS ACTIVITÉS PHYSIQUES ?

II. Durant vos déplacements pour vous rendre au travail, aller chercher vos enfants, faire les courses…

1. Durant les sept derniers jours, combien y a-t-il eu de jours où vous vous êtes déplacé à vélo (pour un déplacement d'une durée supérieure à dix minutes) ?
Nombre de jours :
Temps de ces déplacements à vélo (en minutes/jour) :

2. Durant les sept derniers jours, combien y a-t-il eu de jours où vous vous êtes déplacé à pied (pour un déplacement d'une durée supérieure à dix minutes) ?
Nombre de jours :
Temps de ces déplacements à pieds (en minutes/jour) :

III. À la maison ou à proximité de chez vous

1. Durant les sept derniers jours, combien y a-t-il eu de jours durant lesquels vous avez eu, dans votre jardin, une activité physique intense (porter des charges lourdes, couper du bois ou bêcher, etc.) pendant au moins dix minutes ?
Nombre de jours :
Temps (minutes/jour) consacré à ces activités physiques intenses (au minimum dix minutes) :

2. Durant les sept derniers jours, combien y a-t-il eu de jours durant lesquels vous avez eu, dans votre jardin, une activité physique modérée (porter des charges légères, balayer, ratisser les feuilles mortes, etc.) pendant au moins dix minutes ?
Nombre de jours :
Temps (minutes/jour) consacré à ces activités physiques modérées :

3. Pendant les sept derniers jours, combien y a-t-il eu de jours durant lesquels vous avez eu, à l'intérieur de votre maison ou de votre appartement, une activité physique modérée (porter des charges légères, laver les vitres, passer l'aspirateur ou la serpillière, etc.) pendant au moins dix minutes ?
Nombre de jours :
Temps (minutes/jour) consacré à ces activités :

IV. Durant vos loisirs

1. Sans compter les temps de marche mentionnés plus haut, pendant les sept derniers jours, combien y a-t-il eu de jours durant lesquels vous avez marché au moins dix minutes pour votre loisir ?
Nombre de jours :
Temps (minutes/jour) consacré à la marche de loisir (au minimum dix minutes) :

2. Durant les sept derniers jours, combien y a-t-il eu de jours durant lesquels vous avez pratiqué une activité physique intense (aérobic, course à pied, VTT, natation rapide, football et autres sports de ballon collectifs, sports de combat, etc.) ?
Nombre de jours :
Temps (minutes/jour) consacré à ces activités :

3. Durant les sept derniers jours, combien y a-t-il eu de jours durant lesquels vous avez pratiqué une activité physique modérée (vélo ou natation « plaisir », golf, danses de salon, aquagym, etc.) pendant au moins dix minutes ?
Nombre de jours :
Temps (minutes/jour) consacré à ces activités (au minimum dix minutes) :

2 TESTEZ VOS CONNAISSANCES

1. Pour avoir une activité physique suffisante, il faut pratiquer un sport régulièrement :
A) Vrai
B) Faux

2. L'exercice physique est déconseillé après 70 ans :
A) Vrai
B) Faux

3. Pour régler des problèmes nutritionnels, il faut s'intéresser :
A) à l'alimentation
B) aux activités physiques
C) à la fois aux apports et aux dépenses énergétiques

4. Avoir une activité physique régulière diminue le risque de développer un cancer :
A) Vrai
B) Faux

5. Une activité physique régulière permet de diminuer l'incidence de la maladie d'Alzheimer :
A) Vrai
B) Faux

6. Faire du sport, c'est mauvais pour le cœur :
A) Vrai
B) Faux

7. Une activité physique régulière permet de diminuer le taux de cholestérol :
A) Vrai
B) Faux

8. Une activité physique régulière permet de diminuer l'incidence du diabète de type II :
A) Vrai
B) Faux

9. La natation est le sport le plus efficace pour prévenir l'ostéoporose :
A) Vrai
B) Faux

10. Il est inutile de faire du sport si on ne perd pas de poids :
A) Vrai
B) Faux

11. L'activité physique facilite le sevrage des fumeurs :
A) Vrai
B) Faux

12. Combien de temps faut-il marcher pour dépenser l'énergie contenue dans : Un verre de soda ?
10 min ; 20 min ; 45 min

Une cuiller à soupe de mayonnaise?
10 min; 30 min; 45 min

Une assiette de pâtes?
30 min; 45 min; 50 min

13. Quelle part de leur budget les Français consacrent-ils au sport?
A) 1,29 %
B) 1,63 %
C) 2,31 %

14. Quelle part de la population française pratique un sport au moins une fois par semaine?
A) 49 %
B) 56 %
C) 74 %

15. Quel est le sport le plus pratiqué en France?
A) marche
B) natation
C) pétanque, billard
D) vélo

16. Quel pourcentage de Français pratiquent un sport d'hiver (ski, surf...):
A) 9 %
B) 12 %
C) 25 %

17. Quelles sont, dans l'ordre décroissant, les plus grandes fédérations sportives?
A) Football - natation - tennis
B) Football - basket-ball - handball
C) Football - tennis - judo-jujitsu

18. Combien y a-t-il de sportifs de haut niveau en France?
A) 5644
B) 7181
C) 8015
D) 9721

19. Quelle est la proportion de femmes de plus de 70 ans pratiquant au moins une activité sportive?
A) 22 %
B) 34 %
C) 41 %

20. Quelle est la proportion d'hommes de plus de 70 ans pratiquant au moins une activité sportive?
A) 27 %
B) 35 %
C) 44 %

1

Partie I

Effectuez les calculs suivants:

1. Temps consacré aux activités physiques intenses x nombre de jours x 8 = ____________________

2. Temps consacré aux activités physiques modérées x nombre de jours x 4 = ____________________

3. Temps de marche x nombre de jours x 3,3 = ____________________

Additionnez les trois totaux obtenus et notez ce chiffre ici:

Partie II

Effectuez les calculs suivants:

1. Temps consacré aux déplacements à vélo x nombre de jours x 6 = ________

2. Temps consacré aux déplacements à pied x nombre de jours x 3,3 = ______

Additionnez les totaux obtenus et notez ce chiffre ici: ____________

Partie III

Effectuez les calculs suivants:

1. Temps consacré aux activités physiques intenses dans votre jardin x nombre de jours x 5,5 = __________

2. Temps consacré aux activités physiques modérées dans votre jardin x nombre de jours x 4 = __________

3. Temps consacré aux activités physiques effectuées à l'intérieur de votre domicile x nombre de jours x 3 = ____________________

Additionnez les totaux obtenus et notez ce chiffre ici: ____________

Partie IV

Effectuez les calculs suivants:

1. Temps consacré à la marche x nombre de jours x 3,3 = __________

2. Temps consacré aux activités physiques intenses x nombre de jours x 8 = ____________________

3. Temps consacré aux activités physiques modérées x nombre de jours x 4 = ____________________

Additionnez les totaux obtenus et notez ce chiffre ici: ____________

Additionnez enfin les totaux ob[tenus] pour chaque partie du t[est]. Ce score total est exprimé [en] MET-minutes/semaine:

La mesure de la dépense éner[gé]tique pour une activité don[née] peut varier d'un individu à l'autre [en] fonction du sexe, de l'âge, du nive[au] d'aptitude dans l'activité physiq[ue], du poids ou encore du métabolis[me]. Les chercheurs utilisent donc u[ne] unité de mesure extraite de vale[urs] moyennes, donnant une indicat[ion] correcte pour un adulte de 60 kg â[gé] de 18 à 65 ans: le MET (*Metab[olic] Equivalent of Task*, en français « é[qui]valent métabolique d'activité ») [qui] correspond à la dépense éner[gé]tique au repos pendant une minu[te]. Reste alors à pondérer cette val[eur] pour refléter l'intensité de chac[une] activité (quand vous marchez, vo[us] dépensez 3,3 fois plus d'énergie q[ue] lorsque vous regardez la télévisi[on]) et à la multiplier par le temps q[ue] vous y consacrez, pour obtenir [un] score en MET-minutes.

→ Vous obtenez un score in[fé]rieur à 480 MET-minutes/semai[ne]

Aïe! Vous êtes adepte du « tout v[oi]ture », passez votre journée de trav[ail] scotché devant votre ordinateur [et] vos week-ends devant la télévisi[on]. Pourtant, une activité physique ré[gu]lière vous aiderait à rester en bon[ne] santé, à éviter la prise de poids e[t à] vous protéger de certaines pat[ho]logies comme les maladies card[io]vasculaires, le cancer, le diabète [ou] l'ostéoporose.

→ Vous obtenez un score co[m]pris entre 480 et 1 500 MET-m[i]nutes/semaine

Cela signifie que vous faites d[e] trente minutes d'activité physiq[ue] modérée ou de marche au moins c[inq] jours par semaine ou que vous pr[ati]quez une activité physique inten[se] au moins trois fois par semaine p[en]dant plus de vingt minutes. C'[est] bien! Sachez cependant qu'un bé[né]fice supplémentaire pour votre san[té] peut être obtenu en augmenta[nt] la fréquence, la durée ou l'intens[ité] de vos activités. L'idéal est donc [de] pratiquer une activité sportive un[e ou] deux fois par semaine, complétée [par] trente minutes de marche par jour

RÉSULTATS & ANALYSE

→ Vous obtenez un score supérieur à 1 500 MET-minutes/semaine

Cela signifie que vous pratiquez une activité physique intense d'au moins une heure par semaine ou que vous combinez marche, activités physiques modérées et intenses tous les jours de la semaine. Félicitations ! Attention cependant aux risques ! Une activité physique trop intense, surtout chez les personnes non entraînées, peut être à l'origine de tendinites, de problèmes articulaires, voire d'accidents cardiaques.

2

1-B. Faux. Marcher, soulever des charges, monter les marches constituent, tout comme la pratique d'un sport, des activités physiques.

2-B. Faux. L'activité physique permet, à tout âge, de se maintenir en bonne santé, à condition toutefois de pratiquer selon ses capacités.

3-C. La nutrition s'intéresse à la fois à l'alimentation (les apports énergétiques) et aux activités physiques (les dépenses énergétiques).

4-a. Vrai. Un grand nombre d'études scientifiques montrent que les sujets actifs ont un risque diminué d'incidence et de mortalité par cancer, tous cancers confondus. Chez les sujets les plus actifs, le risque de développer un cancer du côlon diminue de 40 à 50 %. Chez la femme, notamment après la ménopause, le risque d'incidence du cancer du sein est diminué de 30 % grâce à la pratique d'une activité physique régulière.

5-A. Vrai. C'est ce qu'a montré en 2006 une équipe de chercheurs américains. Le risque de développer la maladie d'Alzheimer est diminué de 30 % chez les personnes qui font plus de quinze minutes de sport au moins trois fois par semaine. Il semblerait que l'activité physique, en favorisant l'irrigation du cerveau, aurait des effets bénéfiques sur les zones impliquées dans la mémoire.

6-B. Faux. La pratique régulière d'une activité physique permet d'abaisser la fréquence cardiaque, tant durant l'effort qu'au repos. De plus, elle fluidifie le sang, diminuant ainsi le risque de formation de caillots dans les artères coronaires.

7-A. Vrai. Une activité physique régulière diminue le taux de cholestérol total. Lorsque les cellules musculaires sont sollicitées, elles produisent plus de lipoprotéine-lipase, une enzyme capable de dégrader le mauvais cholestérol et de convertir les résidus de cette dégradation en bon cholestérol.

8-A. Vrai. Il a été démontré qu'une modification du mode de vie, incluant une activité physique régulière et au moins modérée, ainsi qu'une alimentation plus saine, permet de réduire de 58 % le risque de survenue d'un diabète de type 2, par rapport aux personnes n'ayant pas modifié leur mode de vie. Les muscles ont besoin de sucres pour fonctionner, l'activité physique entraîne donc une diminution de la glycémie. Elle augmente également la sensibilité de l'organisme à l'insuline, hormone chargée de réguler la glycémie

9-B. Faux. Pour exercer un effet bénéfique contre la perte de densité osseuse caractéristique de l'ostéoporose, l'activité physique doit exercer une « charge » ou une force accrue sur les os, obligeant ces derniers à y répondre en augmentant leur masse. Parce que la natation est une activité physique portée, elle est beaucoup moins efficace que d'autres sports pour prévenir la survenue de l'ostéoporose.

10-B. Faux. Même lorsqu'on ne perd pas de poids, le bénéfice sur la santé est avéré. Ainsi, les personnes obèses qui ont une activité physique régulière présentent un risque moins élevé d'événements coronariens que les personnes obèses sédentaires.

11-A. Vrai. Elle diminue aussi le risque de reprendre la cigarette. C'est du moins ce que les études épidémiologiques ont permis de démontrer. Les endorphines produites lors de l'activité physique utiliseraient les mêmes récepteurs que la nicotine. Ceux-ci étant « comblés », le besoin de nicotine se ferait moins ressentir.

12-Un verre de soda : 20 minutes.

Une cuiller à soupe de mayonnaise : 10 minutes.

Une assiette de pâtes : 50 minutes.

13-B

14-C

15-D (18 millions de pratiquants de plus de 15 ans)

16-A

17-C

18-B

19-A

20-C

Résultats :

→ Vous obtenez moins de 8 bonnes réponses

Les bénéfices d'une activité physique sur la santé sont nombreux et vous ne le saviez pas ! Mais finalement, ce n'est pas si grave : l'important, ce n'est pas de savoir que le sport est bon pour la santé, mais d'en faire !

→ Vous obtenez entre 8 et 13 bonnes réponses

Vous connaissez la plupart des effets bénéfiques du sport sur la santé mais peut-être avez-vous buté sur quelques pièges en vous souvenant par exemple de tous ces sportifs qui ont eu un accident cardiaque ou de votre grand-mère qui va à la piscine toutes les semaines pour soigner son ostéoporose.

→ Vous obtenez plus de 13 bonnes réponses

Félicitations ! Vous faites partie des bons élèves et savez tout ou presque sur les bienfaits des activités physiques sur la santé. Mais n'oubliez pas de mettre en pratique ces connaissances. La personne avertie que vous êtes se doit de pratiquer une activité physique régulière.

TEST N° 8

QUEL EST VOTRE RAPPORT AU TEMPS ?

Auriez-vous une petite heure ? Quelques minutes ? Une poignée de secondes ?… Si nous le comptons avec tant de parcimonie, c'est que le temps s'inscrit désormais dans une logique de rentabilité. « *Nous vivons dans une société basée sur l'accélération, dont l'enjeu principal est devenu la conquête du temps*, constate la sociologue Nicole Aubert[1]. *L'avènement de la communication instantanée, sous la dictature du temps réel qui régit les marchés financiers, a entraîné, dans tous les domaines, une obligation de réactivité immédiate.* » Soit l'instauration d'une urgence permanente.

Un rythme effréné, qui n'est pas forcément compatible avec celui des individus. Car l'homme ne se règle pas comme une machine. Pour preuve : il est beaucoup moins productif la nuit, car il est « programmé » pour dormir. De la production sanguine, à la digestion en passant par la respiration, la plupart de nos fonctions sont orchestrées sur un cycle d'environ vingt-quatre heures par notre horloge interne. Or, si les études montrent qu'il est possible de modifier facilement l'heure du réveil, cela n'est pas le cas de l'endormissement, par exemple lors du passage à l'heure d'été. Et le manque de sommeil qui en résulte peut avoir un impact négatif sur la vigilance et l'humeur. Reste, pour compliquer les choses, que nos horloges internes ne fonctionnent pas à l'unisson. Certes, il y a un temps pour tout, mais il n'est pas le même pour tous. Ne serait-ce que dans notre façon de l'appréhender. Quelle est alors la vôtre ? Faites donc le test.

Betty Mamane

1 Auteur du *Culte de l'urgence, la société malade du temps*, éditions Flammarion, 2003.

1 ÊTES-VOUS DU SOIR OU DU MATIN ?

De nombreux travaux montrent une corrélation entre nos rythmes biologiques (température, cycle veille-sommeil, etc.) et notre niveau de performance physique ou intellectuelle. Découvrez les réglages de votre horloge interne :

Si vous viviez à votre rythme, à quelle heure vous lèveriez-vous ?

A) Entre 5 h et 6 h 30 — 5
B) Entre 6 h 30 et 8 h — 4
C) Entre 8 h et 10 h — 3
D) Entre 10 h et 11 h — 2
E) Entre 11 h et 12 h — 1

Quand préféreriez-vous vous coucher ?

A) Entre 20 h et 21 h — 5
B) Entre 21 h et 22 h 30 — 4
C) Entre 22 h 30 et 0 h 30 — 3
D) Entre 0 h 30 et 2 h — 2
E) Entre 2 h et 3 h — 1

Pour vous lever tôt, avez-vous besoin d'un réveil ?

A) Pas du tout — 4
B) Un peu — 3
C) Assez — 2
D) Beaucoup — 1

Selon l'anthropologue américain Edward T. Hall, notre culture influence notre comportement face au temps et, notamment, notre propension à faire ou vivre plusieurs choses à la fois. Voici deux séries de propositions inspirées de ses travaux. Indiquez, pour chacune des propositions suivantes, si cela vous semble « plutôt vrai » ou « plutôt faux ».

Série 1

La ponctualité est la politesse des rois. Vous êtes à l'heure et tenez à ce que les autres le soient.
☐ Plutôt vrai ☐ Plutôt faux

Vous ne faites qu'une chose à la fois.
☐ Plutôt vrai ☐ Plutôt faux

Vous supportez mal d'être interrompu dans une activité.
☐ Plutôt vrai ☐ Plutôt faux

Vous avez besoin de silence pour vous concentrer sur une tâche.
☐ Plutôt vrai ☐ Plutôt faux

Vous pouvez consacrer plusieurs heures d'affilée à une même occupation.
☐ Plutôt vrai ☐ Plutôt faux

Vous lever tôt est :

A) Très pénible 1
B) Pénible 2
C) Assez facile 3
D) Très facile 4

Dans la première demi-heure après votre réveil, vous êtes :

A) Endormi 1
B) Légèrement éveillé 2
C) Assez éveillé 3
D) Tout à fait éveillé 4

Votre appétit, durant cette première demi-heure, est :

A) Inexistant 1
B) Faible 2
C) Assez bon 3
D) Très bon 4

Durant cette première demi-heure, vous vous sentez :

A) Très fatigué 1
B) Assez fatigué 2
C) Assez reposé 3
D) Tout à fait reposé 4

Si vous n'avez rien à faire le lendemain, vous vous couchez :

A) Pas plus tard 4
B) Moins de 1 h plus tard 3
C) Entre 1 h et 2 h plus tard 2
D) Plus de 2 h plus tard 1

Le soir, vous ressentez la fatigue et vous souhaitez aller dormir :

A) Entre 20 h et 21 h 5
B) Entre 21 h et 22 h 30 4
C) Entre 22 h 30 et 1 h 3
D) Entre 1 h et 2 h 2
E) Entre 2 h et 3 h 1

Un ami vous propose de faire du sport deux fois par semaine entre 7 heures et 8 heures. Dans quelle forme pensez-vous être ?

A) En bonne forme 4
B) Plutôt en bonne forme 3
C) Plutôt en mauvaise forme 2
D) En très mauvaise forme 1

Quand préférez-vous affronter une épreuve intellectuellement éprouvante ?

A) Entre 8 h et 10 h 6
B) Entre 11 h et 13 h 4
C) Entre 15 h et 17 h 2
D) Entre 19 h et 21 h 0

Si vous alliez au lit à 23 heures, à quel niveau de fatigue seriez-vous ?

A) Pas du tout fatigué 0
B) Un peu fatigué 2
C) Assez fatigué 3
D) Très fatigué 5

Quand vous vous couchez plus tard et que vous n'avez pas d'obligation le lendemain…

A) Vous vous réveillez comme d'habitude, sans vous rendormir 4
B) Vous vous levez comme d'habitude mais vous vous recouchez ensuite 3
C) Vous vous réveillez comme d'habitude mais vous vous rendormez 2
D) Vous vous réveillez plus tard que d'habitude 1

Si vous étiez de garde entre 4 heures et 6 heures du matin :

A) Vous ne vous couchez qu'après la garde 1
B) Vous faites une sieste avant et vous vous couchez après 2
C) Vous dormez le plus possible avant et vous faites une sieste après 3
D) Vous dormez autant que nécessaire avant 4

Si vous avez à accomplir un travail physiquement éprouvant, vous préférez le faire :

A) Entre 8 h et 10 h 4
B) Entre 11 h et 13 h 3
C) Entre 15 h et 17 h 2
D) Entre 19 h et 21 h 1

Un ami vous propose de faire du sport deux fois par semaine entre 22 heures et 23 heures. Dans quelle forme pensez-vous être ?

A) En bonne forme 1
B) Plutôt en bonne forme 2
C) Plutôt en mauvaise forme 3
D) En très mauvaise forme 4

Si vous deviez choisir un horaire pour travailler cinq heures consécutives, à quelle heure commenceriez-vous ?

A) Entre 4 h et 8 h 5
B) Entre 8 h et 9 h 4
C) Entre 9 h et 14 h 3
D) Entre 14 h et 17 h 2
E) Entre 17 h et minuit 1
F) Entre minuit et 4 h 1

À quelle heure de la journée vous sentez-vous le plus en forme ?

A) Entre 5 h et 8 h 5
B) Entre 8 h et 10 h 4
C) Entre 10 h et 17 h 3
D) Entre 17 h et 22 h 2
E) Entre 22 h et minuit 1
F) Entre minuit et 5 h 1

On parle couramment de gens matinaux et de gens du soir. Vous vous considérez comme :

A) Tout à fait du matin 6
B) Plutôt du matin 4
C) Plutôt du soir 2
D) Tout à fait du soir 0

Ce test est adapté librement de celui de Horne et Östberg, sur les conseils de René Clarisse, chronopsychologue, maître de conférences à l'université de Tours, co-responsable de l'équipe Aménagements des temps de vie et comportements humains.

2 ÊTES-VOUS POLYCHRONE OU MONOCHRONE ?

Vous faites preuve de patience et de méthode.
□ Plutôt vrai □ Plutôt faux

Vous programmez vos activités.
□ Plutôt vrai □ Plutôt faux

Vous planifiez vos projets.
□ Plutôt vrai □ Plutôt faux

Vous détestez modifier vos projets.
□ Plutôt vrai □ Plutôt faux

Quand on accepte une échéance, il est impératif de la respecter.
□ Plutôt vrai □ Plutôt faux

Série 2

Vous n'êtes pas très ponctuel et admettez que les autres ne le soient pas.
□ Plutôt vrai □ Plutôt faux

Il vous arrive souvent de faire plusieurs choses à la fois.
□ Plutôt vrai □ Plutôt faux

Vous acceptez facilement d'être dérangé.
□ Plutôt vrai □ Plutôt faux

Vous changez fréquemment d'occupation.
□ Plutôt vrai □ Plutôt faux

Vous êtes plutôt impatient.
□ Plutôt vrai □ Plutôt faux

Vous aimez l'imprévu.
□ Plutôt vrai □ Plutôt faux

Vous planifiez rarement vos projets.
□ Plutôt vrai □ Plutôt faux

Les programmes sont faits pour êtres modifiés.
□ Plutôt vrai □ Plutôt faux

Les échéances sont des indications, non des contraintes.
□ Plutôt vrai □ Plutôt faux

Les seuls engagements qui comptent sont ceux envers des personnes.
□ Plutôt vrai □ Plutôt faux

3 COMMENT GÉREZ-VOUS VOTRE TEMPS ?

Avez-vous une horloge dans la tête ou vous laissez-vous porter par les événements ? Indiquez pour chacune des propositions suivantes, adaptées de l'ouvrage *Maîtriser la gestion de son temps*[1], si cela vous semble « plutôt vrai » ou « plutôt faux ».

Série A

Vous vous fixez des objectifs dans votre vie professionnelle.
□ Plutôt vrai □ Plutôt faux

Vous vous fixez également des objectifs dans votre vie privée.
□ Plutôt vrai □ Plutôt faux

Vous déterminez des priorités annuelles, trimestrielles ou mensuelles professionnelles et privées.
□ Plutôt vrai □ Plutôt faux

Votre agenda est un outil essentiel de contrôle et de suivi de votre emploi du temps.
□ Plutôt vrai □ Plutôt faux

Vous pratiquez le système des « listes de tâches ».
□ Plutôt vrai □ Plutôt faux

Chaque soir, vous listez vos priorités et tâches du lendemain.
□ Plutôt vrai □ Plutôt faux

Chaque matin, en arrivant au bureau, vous savez par quoi commencer votre journée.
□ Plutôt vrai □ Plutôt faux

Votre bureau est toujours ordonné.
□ Plutôt vrai □ Plutôt faux

Vos dossiers sont toujours bien classés
□ Plutôt vrai □ Plutôt faux.

Vous pouvez rester concentré longtemps sur une même activité.
□ Plutôt vrai □ Plutôt faux

Série B

Vous ne disposez pas d'un bureau privatif, ni même d'un lieu où vous pouvez vous isoler.
□ Plutôt vrai □ Plutôt faux

Votre téléphone sonne plus de quinze fois par jour.
□ Plutôt vrai □ Plutôt faux

Vous participez à plus de quatre réunions par jour.
□ Plutôt vrai □ Plutôt faux

Vous êtes interrompu dans votre travail par des visiteurs non-attendus plus de cinq fois par jour.
□ Plutôt vrai □ Plutôt faux

Au fond, vous aimez bien être interrompu, même si vous dites le contraire.
□ Plutôt vrai □ Plutôt faux

Votre bureau est souvent en désordre.
□ Plutôt vrai □ Plutôt faux

Vous recevez « trop » de mails.
□ Plutôt vrai □ Plutôt faux

Vous avez l'impression de ne pas pouvoir vous attaquer à vos dossiers de fond à cause des urgences des uns et des autres.
□ Plutôt vrai □ Plutôt faux

Vous ne voyez pas comment refuser les demandes de votre patron, de vos clients, collègues, etc.
□ Plutôt vrai □ Plutôt faux

Vous avez souvent l'impression de faire passer les demandes des autres avant vos propres priorités.
□ Plutôt vrai □ Plutôt faux

Série C

Votre agenda est tenu de façon approximative.
□ Plutôt vrai □ Plutôt faux

Vous commencez souvent vos journées en traitant ce qui vous plaît le plus ou vous paraît le plus facile.
□ Plutôt vrai □ Plutôt faux

Vous travaillez souvent tard le soir, et parfois durant les week-ends ou en vacances.
□ Plutôt vrai □ Plutôt faux

Vous jugez plutôt « flous » les objectifs qui vous sont assignés.
□ Plutôt vrai □ Plutôt faux

En général, vous jugez irréalistes les échéances qui vous sont fixées et avez tendance à les dépasser.
□ Plutôt vrai □ Plutôt faux

Vous avez des difficultés à dégager des priorités.
□ Plutôt vrai □ Plutôt faux

Vous pensez être perfectionniste ou, moins, c'est que dit de vous votre ento rage.
□ Plutôt vrai □ Plutôt faux

Vous êtes, à votre avis, rarement r ponsable des dépassements de déla Ils sont plutôt imputables aux autres aux circonstances.
□ Plutôt vrai □ Plutôt faux

Vous êtes rarement à l'heure à vos r nions et rendez-vous.
□ Plutôt vrai □ Plutôt faux

Quand vous finissez un projet, vous p sez souvent qu'avec plus de temps vo auriez fait mieux.
□ Plutôt vrai □ Plutôt faux

Série D

Les délais que vous vous fixez à vo même et que vous fixez aux autres so toujours trop serrés.
□ Plutôt vrai □ Plutôt faux

Vous faites plusieurs choses à la fois.
□ Plutôt vrai □ Plutôt faux

Vous reportez certaines tâches si so vent que vous ne les faites jamais.
□ Plutôt vrai □ Plutôt faux

Le soir, vous avez le sentiment de n'av rien fait de votre journée.
□ Plutôt vrai □ Plutôt faux

Vous êtes plus efficace et performa dans l'urgence.
□ Plutôt vrai □ Plutôt faux

Vous aimez travailler dans l'urgence.
□ Plutôt vrai □ Plutôt faux

Vous avez des difficultés à trier l tâches et à dégager des priorités.
□ Plutôt vrai □ Plutôt faux

Vous pensez que faire vite, c'est fai bien et vous êtes convaincu que vot métier, votre entreprise, votre patr l'exigent.
□ Plutôt vrai □ Plutôt faux

Vous êtes souvent en retard dans vot activité.
□ Plutôt vrai □ Plutôt faux

Vous oubliez souvent de faire certain choses, informer vos collaborateurs vos collègues, par exemple.
□ Plutôt vrai □ Plutôt faux

1 Ouvrage de Sylvie Lainé, éditions Demos 2004.

RÉSULTATS & ANALYSE

1

Additionnez le nombre de points affichés en face de vos réponses.

→ Si vous avez entre 50 et 69 points : vous êtes plutôt matinal.

Pour vous, c'est certain, le monde appartient à ceux qui se lèvent tôt. Un phénomène lié au fait que votre température interne est sans doute plus élevée que la moyenne le matin et plus basse en fin de journée. Au fil des heures, votre tonus musculaire et votre vivacité d'esprit s'amoindrissent donc. Vous n'êtes pas franchement noctambule, mais plutôt du genre à piquer du nez dans votre assiette lors des dîners en ville.

→ Si votre score dépasse 69 points : vous êtes tout à fait du matin.

Comme 15 % des Français, vous êtes prêt à vous glisser sous la couette dès la nuit tombée et à vous lever frais et dispos dès les premières lueurs de l'aube.

→ Si vous avez entre 31 et 50 points : vous êtes plutôt du soir.

Vous ne vous couchez pas facilement avant 22 heures et avez du mal à vous lever le matin. Votre température corporelle et votre niveau de performance sont au plus bas en début de journée et s'élèvent progressivement. Vous faites preuve d'une belle énergie en milieu d'après-midi jusqu'à parfois tard dans la soirée.

→ Si votre score est inférieur à 30 points : vous êtes tout à fait du soir.

Vous faites partie de ces autres 15 % de la population qui peinent à fermer l'œil avant une heure avancée de la nuit. Un rythme qui peut devenir fatigant si vous devez vous lever et démarrer vos activités tôt le matin.

2

Dans laquelle des deux séries obtenez-vous le plus de réponses « plutôt vrai » ?

→ Dans la série 1 : vous êtes monochrone.

Chaque chose en son temps ! Pour vous, le temps est linéaire : il est contrôlable, quantifiable, bref, tel qu'il est perçu dans le monde industrialisé. Vous accordez une grande importance à l'organisation, aux échéances et à la ponctualité. En toute apparence, vous êtes un modèle d'efficacité… mais au détriment parfois de l'aspect relationnel et du facteur humain.

→ Dans la série 2 : vous êtes polychrone.

Téléphoner en surfant sur Internet tout en relisant votre dernier rapport : vous avez l'habitude de ce type d'acrobaties et vous vous en sortez bien. Vous êtes capable de vivre plusieurs « temps » ou plusieurs expériences à la fois. Une vision proche de celle de certaines cultures asiatiques et qui serait plutôt l'apanage des femmes. Attention toutefois à ne pas vous éparpiller.

3

Dans laquelle de ces séries obtenez-vous le plus de réponses « plutôt vrai » ?

→ Si c'est dans la série A, vous êtes un « maître du temps ».

Il y a un temps pour tout et il n'est pas question que vous perdiez le vôtre. De vos rendez-vous d'affaires à vos moments de détente, tout est précisément planifié. Vous mettez toujours un point d'honneur à tenir vos engagements et supportez mal que des grains de sable viennent enrayer votre parfaite organisation.

→ Si c'est dans la série B, vous êtes un « disponible chronique ».

Vous n'êtes pas du genre à regarder votre montre quand un collègue vient s'épancher, ni à abréger une conversation téléphonique parce que vous avez à finir un travail urgent. À l'écoute des autres, vous n'hésitez pas à leur sacrifier votre temps. Résultat : vous êtes incessamment sollicité au bureau comme à la maison, et n'arrivez pas à tenir toutes les promesses que vous faites pourtant sincèrement.

→ Si c'est dans la série C, vous êtes le « roi du décalage horaire ».

Pourquoi se focaliser sur les délais ? Ce qui compte pour vous, c'est le travail bien fait. Vous trouvez si mesquin de compter les heures que vous êtes incapable d'évaluer votre temps de travail. Concentré sur la qualité, vous arrivez régulièrement avec un train de retard. Et vous avez l'impression de ne jamais vous arrêter.

→ Si c'est dans la série D, vous êtes « l'as du contretemps ».

Pourquoi ne pas remettre au lendemain ce que l'on peut faire le jour même ? Vous êtes un adepte de la procrastination. Car vous aimez jouer avec le temps. Vous êtes un drogué de l'urgence. Un rendez-vous important, un avion à prendre, un travail à rendre ? Vous attendez la dernière minute, ce moment crucial où pèse la menace de ne plus avoir le temps nécessaire. Une forme d'addiction comme une autre. Combien d'avions et de rendez-vous ratés ?

TEST N° 9

ÊTES-VOUS CHIFFRES OU LETTRES?

Avez-vous plutôt la bosse des maths ou plutôt celle des lettres? Notre système éducatif, avec ses baccalauréats dits « scientifique » et « littéraire », est précisément fondé sur cette différence d'aptitudes. Laquelle commence à s'expliquer grâce aux neurosciences. Des travaux menés depuis les années 1990 montrent que les aires cérébrales activées pour faire un calcul diffèrent souvent de celles mobilisées pour des tâches liées au langage.

Quelle est donc la spécialité de votre cerveau? Aucune méthode dûment validée ne permettant de le déterminer avec précision, nous avons élaboré, à partir de tests destinés à mesurer le quotient intellectuel (QI), un questionnaire en deux parties. L'une vous aidera à mesurer votre aptitude à manier les nombres, l'autre, votre aisance avec les mots. L'occasion aussi d'évaluer votre niveau dans ces deux domaines. Car à l'heure des SMS et des calculatrices, nombre d'études pointent leur détérioration chez les Français. En témoigne le Programme international pour le suivi des acquis des élèves, réalisé en 2003: l'Organisation de coopération et de développement économique (OCDE) a évalué la compréhension de l'écrit et les aptitudes en mathématiques de 275000 jeunes de 15 ans dans 41 pays. Résultat: la France arrive 16e, loin derrière la Finlande, la Belgique, le Canada… Des écarts qui s'expliquent notamment par la différence des programmes d'un pays à l'autre. Êtes-vous prêts? Munissez-vous d'un papier, d'un crayon et… d'une montre, car **vous n'avez que 90 minutes pour remplir ce test!**

Nicolas Revoy

1

Quel est le nombre qui manque dans cette série?

1 3 9 ? 81 243

2

Quel nombre continue cette série?

2 5 12 27 58 ?

3

La valeur des nombres inclus dans les carrés numériques ci-dessous suit une certaine règle. Trouvez cette règle, puis remplacez le point d'interrogation par le nombre correct, sachant que la formule s'applique à la fois verticalement et horizontalement.

15	3	5
5	1	5
3	3	1

24	4	6
6	1	6
4	?	1

4

Un vendeur de voitures d'occasion a fait une mauvaise journée: il a vendu deux voitures au prix de 7500 euros chacune. Mais alors que la première lui a rapporté 25 % de plus que ce qu'elle lui avait initialement coûté, il a perdu 25 % sur la deuxième. Combien d'argent a-t-il perdu au terme de ces deux opérations?

LES CHIFFRES

Voici 10 questions pour évaluer votre aptitude à manipuler les nombres. Vous pouvez vous munir d'un crayon et d'un papier… mais pas d'une calculatrice.

5

Par quel nombre le point d'interrogation doit-il être remplacé ?

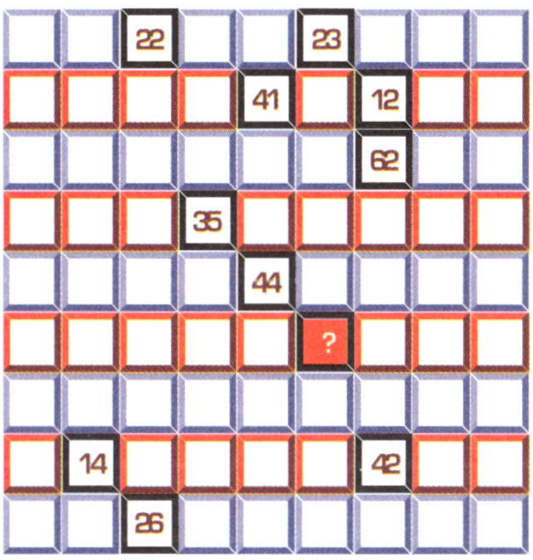

6

Quel chiffre doit être inscrit dans la case vide ?

7	4	1	4
8	5	3	6
3	2	8	9
2	1	6	?

7

Après avoir effectué vos courses au supermarché, il vous reste 59,50 euros en poche. Vous possédez un nombre identique de pièces de 2 euros, 1 euro et 50 centimes d'euros, mais pas d'autres pièces et aucun billet. Combien de pièces de chaque sorte avez-vous ?

8

Anne a le même nombre de sœurs que de frères, mais son frère Guillaume a deux fois plus de sœurs que de frères. Combien de garçons et de filles y a-t-il dans la famille ?

9

Considérez les cubes de 1 à 4 (en bas). Par lequel d'entre eux le cube D doit-il être remplacé sachant que…

10

Quel nombre de la grille se trouve à trois cases de lui-même multiplié par 4, à deux cases de lui-même augmenté de 2, à quatre cases de lui-même diminué de 1, à deux cases de lui-même multiplié par 2 et à trois cases de lui-même augmenté de 8 ? (Il est possible d'emprunter 3 sortes de « chemins » : lignes, colonnes ou diagonales).

22	1	2	35	4	34
24	44	48	36	29	12
6	19	5	17	7	23
30	18	8	15	9	14
10	21	3	25	42	11
68	16	13	32	64	20

LES LETTRES

Voici maintenant 10 questions chargées de mesurer votre capacité à ma nier la langue française. Et cette fois, c'est du dictionnaire qu'il va fallo se passer…

A

Quel est, parmi les proverbes ci-dessous, celui dont la signification est voisine de…

« Tout ce qui brille n'est pas or »

A) Faute de grives, on mange des merles.
B) Charbonnier est maître chez soi.
C) L'habit ne fait pas le moine.
D) Qui se ressemble s'assemble.
E) Les conseilleurs ne sont pas les payeurs.

B

Remplacez tous les triangles ◣ par une même lettre, les carrés ■ par une autre et, enfin, tous les cercles ● par une troisième pou former les cinq mots suivants :

● ■ ■ ● T E ◣

S E ■ ● ◣ E ◣

E S ■ ● C E ◣

■ ● ◣ ● D E ◣

◣ E ■ ● ◣ E ◣

C

Toutes les voyelles ont été enlevées dans la maxime suivante, et les lettres ont été regroupées en groupes de trois. Replacez les voyelles manquantes.

LMX STL NNM DBN

D

Quel mot a le sens contraire de : mélange ?

salade / cocktail / coupage / amalgame / dichotomie / brassage

E

Remplacez les points d'interrogation par trois lettres pouvant compléter ces 4 suffixes :

??? […ombre
…iche
…itence
…ible

F

Quel mot a un sens différent de : adjurer ?

conjurer / prier / évoquer / supplier / implorer

G

Quelle syllabe de trois lettres finit l mot de gauche et commence celui d droite ?

PI … DRE

H

Dans cette liste de mots, trouvez quel est l'intrus :

maison / palais / grotte / château / étable / niche

I

Quel mot devez-vous placer au centre dont la signification sera identique aux mots situés à sa droite et à sa gauche ?

MARTEAU ….. FOULE

J

Complétez cette analogie : roman est livre ce que fourchette est à…

cuillère / assiette / couvert / table

RÉSULTATS & ANALYSE

LES CHIFFRES

→ 1 - C'est le nombre 27.

Chaque nombre de la série provient de la multiplication du nombre qui le précède par le chiffre 3.

→ 2 - La réponse est 121.

En effet, chaque nombre est le produit du nombre précédent par 2, auquel est ajouté 1 la première fois, 2 la deuxième, 3 la troisième, etc.

→ 3 - C'est le chiffre 4.

Dans les deux carrés, les nombres situés dans la rangée horizontale du haut sont les produits des chiffres situés sous chacun d'eux.

→ 4 - Au terme de la journée, le vendeur a perdu 1 000 €. Le bénéfice effectué sur le premier véhicule est de 1 500 € : en effet, il lui a coûté 6 000 € puisque 6 000 € + 25 % de 6 000 € (soit 1 500 €) = 7 500 €. Mais sur le second véhicule, il a perdu 2 500 € : ce dernier lui a coûté 10 000 €, car 10 000 - 25 % de 10 000 (soit 2 500 €) = 7 500 €. Le solde final est donc bien de - 1 000 €.

→ 5 - Le nombre est 53.

Pourquoi? Car cette case est précédée d'une série de 5 carrés rouges et suivie d'une série de 3 carrés rouges. En effet, on remarque que sur chaque ligne horizontale, les deux chiffres de chaque nombre représentent : pour le premier, le nombre de carrés colorés non séparés entre eux qui le précèdent, et pour le second, le nombre de carrés colorés successifs qui le suivent.

→ 6 - Le chiffre 7.

En effet, on observe que dans chaque ligne et dans chaque colonne, la somme des valeurs contenues dans les carrés mauves est égale à celle des valeurs des carrés violets.

→ 7 - Il y a 17 pièces de chaque sorte.

→ 8 - Il y a 3 frères et 4 sœurs.

→ 9 - C'est le cube 3.

Comme le cube C, il obéit à une double règle : le nombre du dessus est le résultat de la division entre le nombre de la face verticale gauche et celui de la face verticale droite. Et les chiffres du nombre obtenu ont ensuite été inversés. Un principe semblable régit les cubes A et B, mais l'opération utilisée est une multiplication et non une division.

→ 10 - C'est le chiffre 3.

LES LETTRES

→ A - Le proverbe C.

→ B - Réponse :

 = R  = P  = A

les cinq mots sont : appâter, séparer, espacer, parader, réparer.

→ C - Le mieux est l'ennemi du bien.

→ D - C'est le mot « dichotomie ».

→ E - La syllabe PEN.

→ F - Le verbe évoquer.

→ G - La syllabe TON.

→ H - L'intrus est le mot grotte (ce n'est pas une construction humaine).

→ I - Le mot MASSE.

→ J - ...est à couvert.

Scores

Vous êtes « chiffres »...

... si vous avez au moins 4 bonnes réponses de plus au test « chiffres » qu'au test « lettres ». Mais ce n'est qu'une estimation. Car l'intelligence « numérique », qui semble prévaloir chez vous, se compose d'aptitudes distinctes : prédisposition au calcul mental, capacité à deviner les lois régissant une suite de nombres ou à résoudre des problèmes arithmétiques, etc. Mesurer au mieux votre intelligence numérique suppose d'évaluer tous ces paramètres à l'aide de questionnaires détaillés[1].

Vous êtes « lettres »...

... si vous avez au moins 4 bonnes réponses de plus au test « lettres » qu'au test « chiffres ». Mais ne prenez pas ce résultat au pied... de la lettre ! Car l'intelligence « verbale » qui semble vous caractériser se compose de compétences distinctes : mémoire verbale à court terme (permettant de retenir et de manipuler des mots et des phrases le temps d'un exercice), mémoire verbale à long terme (permettant de se remémorer facilement des mots appris il y a longtemps), compréhension du sens des mots, etc. Mesurer au mieux votre intelligence verbale suppose, là encore, d'évaluer précisément ces paramètres.

Vous êtes polyvalent...

... si l'écart entre le nombre de bonnes réponses au test « chiffres » et celui obtenu au test « lettres » est inférieur à 4 bonnes réponses. Dans ce cas, vos aptitudes numériques et verbales semblent équivalentes. Vous avez dû tirer profit du système éducatif français qui, jusqu'au lycée, octroie une part égale aux connaissances littéraires et scientifiques !

---

1 L'Institut national d'étude du travail et d'orientation professionnelle propose de tels questionnaires. Inetop : 41, rue Gay-Lussac 75005 Paris. Tél. : 01 44 10 78 10.

« L'USAGE DES CHIFFRES ET DES LETTRES REPOSE SUR DEUX RÉSEAUX CÉRÉBRAUX DISTINCTS »

Interview de Sylvain Moutier

Chercheur au CNRS-CEA, (Paris V et Caen).

Voilà ! Vous savez si vous êtes plutôt chiffres ou lettres... Mais à quoi tient ce distinguo? Réponse de Sylvain Moutier, du groupe d'imagerie neuro-fonctionnelle du CEA-CNRS (Paris V et Caen).

Science & Vie: Comment expliquer nos différences d'aptitude à manipuler les chiffres et les lettres?

Sylvain Moutier: On ne dispose encore d'aucune interprétation satisfaisante de ce phénomène. Mais, grâce à l'imagerie cérébrale, on sait que nos capacités en la matière sont sous-tendues par deux réseaux cérébraux distincts. Ce fait même pourrait être une explication. En effet, un réseau fonctionnant plus efficacement que l'autre, via une propension à s'activer plus intensément par exemple, pourrait entraîner in fine un écart de performance dans les aptitudes à manier les nombres et les mots. L'origine de ces différences serait alors double: génétique, d'une part, et environnementale, de l'autre, c'est-à-dire due à la quantité de stimulations intellectuelles reçues durant l'enfance. Car si les processus cérébraux impliqués sont encore mal compris, on sait qu'un enfant qui sollicite précocement l'une ou l'autre de ces deux prédispositions aura de fortes chances de bénéficier, une fois adulte, de capacités accrues dans ce domaine.

S&V: Pourrions-nous manier les chiffres si nous n'avions pas les mots?

S.M.: Oui, point n'est besoin de maîtriser le langage pour savoir calculer. La preuve: les aptitudes numériques apparaissent chez l'enfant bien avant le langage. L'expérience menée en 1992 par la psychologue américaine Karen Wynn (université de Yale) l'illustre bien. Elle a montré que des bébés de 4 à 5 mois peuvent non seulement "effectuer" les opérations (1 + 1 = 2) et (2 - 1 = 1), mais aussi détecter les erreurs présentes dans les additions (1 + 1 = 1) et (1 + 1 = 3)! Ces résultats ont été obtenus grâce au procédé dit de "l'événement impossible", qui consiste à présenter aux enfants une scène dotée d'un rideau pouvant être ouvert ou fermé, et sur laquelle des marionnettes sont soit ajoutées, soit retirées. Or, lorsqu'une deuxième marionnette était ostensiblement ajoutée sur la scène fermée par le rideau, et ce alors que les bébés avaient vu, avant sa fermeture, qu'elle contenait déjà une marionnette, ils se montraient très étonnés si, une fois le rideau rouvert, ils n'en découvraient qu'une seule. Cela prouve que la résolution de problèmes numériques passe par la représentation et la manipulation mentale de formes et d'objets dans l'espace. La maîtrise des mots n'est donc pas indispensable.

S&V: Mais alors, quel est le rôle du langage dans le calcul?

S.M.: Sa maîtrise permet d'augmenter nos aptitudes numériques. On le constate chez les enfants de 2 à 3 ans. À cette période, l'irruption du langage déclenche d'abord un étonnant bouleversement, baptisé "redescription cognitive": ils ne parviennent plus à effectuer les opérations élémentaires dont ils étaient pourtant capables à 5 mois! Pourquoi? Tout simplement parce qu'il leur faut utiliser des mots pour verbaliser les opérations numériques qu'ils effectuaient jusqu'ici en leur for intérieur. Mais cette situation est temporaire. Après cette période, la faculté de pouvoir nommer les chiffres et les opérations leur permet vite de résoudre des problèmes de plus en plus complexes.

TEST N° 10

QUEL ENQUÊTEUR SCIENTIFIQUE FERIEZ-VOUS?

C'est toujours un peu la même histoire. Celle d'une scène de crime passée au crible de technologies de pointe et d'un coupable confondu par un cheveu. Et le succès est retentissant: la diffusion des *Experts* sur TF1, par exemple, a battu des records d'audience (7 millions de téléspectateurs). De plus en plus de séries mettent ainsi en scène la police scientifique. De quoi susciter des vocations. « *Nous recevons plus d'une candidature par jour, contre une par mois il y a quelques années* », atteste le lieutenant-colonel Didier Jam, de l'Institut de recherche criminelle de la gendarmerie nationale. Idem à la sous-direction de la police scientifique et technique: les inscriptions aux concours ont plus que doublé en cinq ans.

Ces deux entités indépendantes se partagent le travail criminalistique en France, *via* des moyens scientifiques et techniques d'investigation: odontologie (étude des dents), génétique, entomologie (analyse des insectes nécrophages), balistique... Dernière création en date: le Groupe d'analyse comportementale de la gendarmerie. Versions françaises des fameux *profilers* américains, ces spécialistes, juristes et psychologues de formation, dégagent le profil psychologique d'un criminel à partir des éléments d'enquête. Avec succès! « *Dans plusieurs affaires, ils ont permis d'orienter les recherches vers le principal suspect* », précise Didier Jam. Une arme de plus contre les criminels. Sachant que, chaque mois, à peine plus de la moitié des crimes et délits sont élucidés (54,8 % en juin 2006)... Et vous, feriez-vous un bon policier scientifique?

Betty Mamane

La logique de Sherlock Holmes, la perspicacité de Colombo, la minutie des Experts... Réunissez-vous les qualités requises dans la police scientifique? Pour chacune des propositions suivantes, choisissez la réponse qui vous correspond le mieux.

1. Vous avez oublié vos livres et vos journaux et vous n'avez rien à faire dans le train...
A) vous téléphonez ★
B) vous rêvassez ■
C) vous observez ce qui vous entoure ▲

2. Vous rencontrez un ami que vous n'avez pas revu depuis l'école primaire...
A) vous le reconnaissez immédiatement ▲
B) son visage vous a frappé mais vous ne vous souvenez plus qui il est ■
C) c'est lui qui vous reconnaît ★

3. Seul, pour vous détendre, vous préférez...
A) reconstituer un puzzle de 1000 pièces ▲
B) faire un jeu vidéo ★
C) remplir des grilles de Sudoku ■

4. Vous souvenez-vous de votre emploi du temps d'avant-hier?
A) Oui, parfaitement ▲
B) Oui, avec mon agenda ■
C) Avant-hier, hum, c'était quelle date déjà? ★

1. On désigne par « scène de crime »...
A) les circonstances dans lesquelles s'est déroulé un crime
B) l'endroit où la victime a été trouvée
C) le lieu où s'est déroulé le crime

2. Vous êtes le premier policier arrivé sur les lieux. Dans quel ordre prenez-vous les décisions suivantes?
A) Arrêter les suspects et les empêcher de retourner sur les lieux
B) Porter les premiers secours aux blessés
C) Informer l'officier de police judiciaire qui coordonnera l'enquête
D) Identifier et localiser tous les témoins éventuels et les séparer tant qu'ils n'ont pas donné leur déposition.

1 ÊTES-VOUS FAIT POUR CE MÉTIER ?

5. Vous bricolez avec un ami quand ce dernier s'entaille la main…
A) vous tournez de l'œil à la vue du sang ★
B) vous appelez le Samu ■
C) vous lui enveloppez la main dans un linge propre et vous l'emmenez à l'hôpital le plus proche. ▲

6. Quand vous lisez un roman policier…
A) vous êtes toujours surpris par la fin ★
B) vous êtes toujours déçu par la fin ■
C) vous faites toujours plusieurs hypothèses sur le dénouement, dont la bonne ▲

7. Pour régler l'heure de votre nouvelle montre…
A) vous appelez l'horloge parlante ▲
B) vous écoutez la radio ■
C) vous demandez l'heure à un proche ★

8. Quel est votre enquêteur de roman favori ?
A) Le commissaire Maigret (Georges Simenon) ■
B) Le docteur Scarpetta (Patricia Cornwell) ▲
C) Le commissaire San Antonio (Frédéric Dard) ★

9. Votre héros de série (ou film) préféré
A) L'inspecteur Colombo ■
B) L'inspecteur Harry ★
C) Le lieutenant Horacio Caine (*Les Experts : Miami*) ▲

3 À VOUS DE JOUER L'EXPERT ! AU CHEVET DU CADAVRE !

1. Entre une demi-heure et trois heures après le décès, les muscles du visage commencent à se raidir, puis la rigidité cadavérique s'étend à tout le corps en :
A) 6 à 12 heures
B) 12 à 24 heures
C) 24 à 36 heures

2. Environ 48 heures après le décès, les bactéries donnent à la peau une coloration verte. Celle-ci prend une apparence marbrée et les veines deviennent de plus en plus visibles. Cette lividité cadavérique commence par…
A) les pieds
B) le bas de l'abdomen
C) le bas du visage

3. Lequel de ces outils n'appartient pas à la panoplie du médecin légiste ?
A) La scie à main
B) Le sécateur d'orteils
C) Le couteau à cerveau
D) Le levier crânien
E) La pince à os !

Les tests 2 à 6 ont été réalisés avec l'aide de la sous-direction de la police technique et scientifique à Écully (69) et de l'Institut de recherche criminelle de la gendarmerie nationale (IRCGN) à Rosny-sous-Bois (93).

2 À VOUS DE JOUER L'EXPERT SUR LA SCÈNE DE CRIME !

E) Noter et protéger les indices fragiles ou périssables (odeurs, objets se consumant…)
F) Boucler les lieux et les préserver en l'état jusqu'à l'intervention de la police technique et scientifique

3. Une fois le rapport initial établi, quel est le premier spécialiste à opérer sur place ?
A) Le photographe
B) Le médecin légiste
C) Le spécialiste en balistique

4. Les circonstances dans lesquelles un corps a été découvert sont essentielles pour déterminer la cause du décès. Indiquez pour chacun des scénarios suivants, l'hypothèse qui vous semble la plus plausible :

Scénario n° 1 : Un incendie s'est déclaré dans un appartement. Les pompiers sont intervenus. Ils ont réussi à maîtriser le feu, mais apparemment trop tard. Le corps d'une victime est découvert sur les lieux. Ce dernier ne porte aucune trace de brûlure et l'analyse indique des traces de monoxyde de carbone ou de cyanure dans le sang.
A) Mort accidentelle
B) Suicide
C) Meurtre

Scénario n° 2 : Un homme est retrouvé pendu dans sa chambre. Teint bleu, vaisseaux du visage éclatés, marques autour du cou. L'os hyoïde (ou lingual) situé à la partie antérieure du cou, au-dessus du larynx et au-dessous de la base de la langue, est brisé.
A) Mort accidentelle
B) Suicide
C) Meurtre

4 À L'ASSAUT DES INDICES

1. Selon son étendue et sa forme, une tache de sang peut livrer des informations essentielles sur le déroulement d'un crime. Associez à chacune de ces photos sa petite histoire.

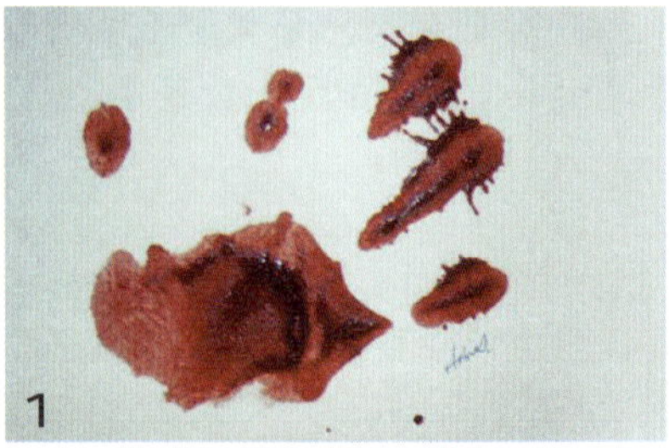

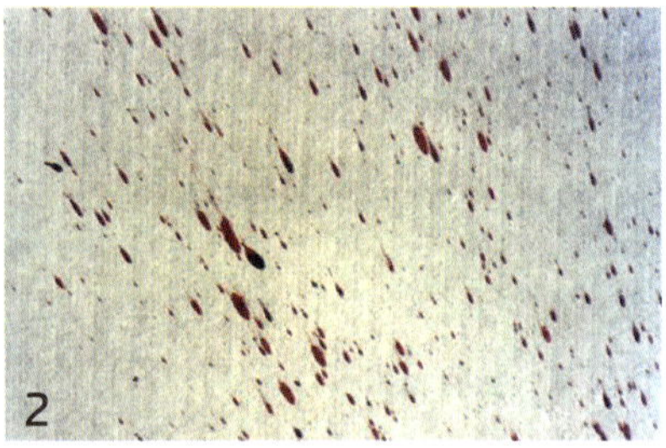

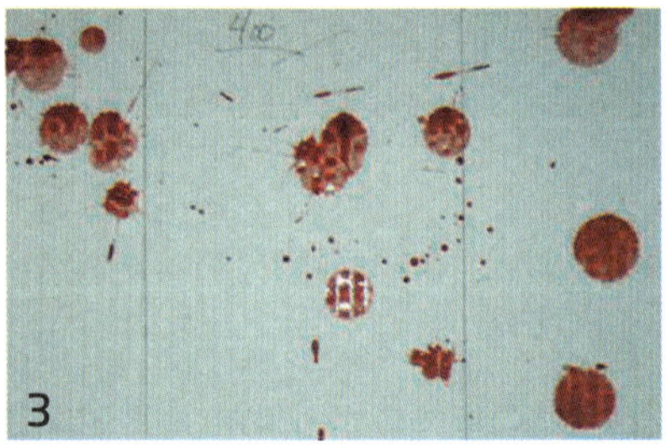

A) Ces traces « passives » ont été laissées par des gouttes de sang tombant d'une certaine hauteur lorsqu'elles ont heurté perpendiculairement le sol. Elles ont pu être laissées, par exemple, par une personne ayant reçu un coup de poing dans le nez.

B) Ces traces « de transfert » se sont formées lors du contact d'une surface sanglante avec une surface propre. Comme, par exemple, les cheveux ensanglantés d'une victime que l'on traîne.

C) Ces traces « projetées » sont causées par un impact sur le corps (par une balle ou un autre projectile, par exemple). Les gouttes s'étalent en une sorte de brouillard...

2. **Même récurées, invisibles à l'œil nu, les traces de sang résistent très rarement au Bluestar, un révélateur à base de luminol, qui met en lumière les ions de fer présents dans l'hémoglobine. Celui-ci peut rendre visible du sang dilué à...**

A) 12 dixièmes

B) 12 centièmes

C) 12 millièmes

3. **La balistique n'est pas une science nouvelle. Commandé par l'armée des États-Unis en 1943 (et finalisé en 1946) pour effectuer les calculs de balistique, l'ENIAC, ancêtre de nos ordinateurs, remplaçait 200 personnes chargées auparavant de calculer les tables de tir. Il faisait la taille...**

A) d'une salle de séjour

B) d'une armoire

C) d'une machine à laver

4. **Facilement détectable par l'ar lyse toxicologique, le poison e resté longtemps la plus discrè des armes. Faites correspondre ch cun de ces trois poisons – arsenic (cyanure (B), thalium (C) – avec l'u des descriptions décrites ci-dessou**

1. À incorporer de préférence da un alcool fort ou un plat bien épi afin de dissimuler son léger arôr d'amande. Cette substance, extra des feuilles de laurier, peut tuer cinq minutes, au terme d'une série convulsions par asphyxie.

2. Quasi insipide, cette poudre blanc peut être discrètement administr dans n'importe quel plat ou boissc Symptômes: vomissements, pou faible, extrémités bleues. Ce poisc qui entre dans la composition de c tains anesthésiants, s'attaque viole ment au tube digestif.

3. Invisible et insipide, il se dissout p faitement dans l'eau. Il provoque chute des cheveux et des symptôm similaires à ceux de la grippe. Il frap de plein fouet le système nerveux les cellules.

6 IDENTIFIER N'EST PAS JOUER

1. **En 1882, un employé de la sûreté parisienne propose d'identifier les criminels par les mesures de leur tête et de leur corps (anthropométrie). Quel est son nom?**

A) Alphonse Bertillon

B) Gaston Gervais

C) Paul Sabayon

2. **L'étude des empreintes digitales s'appelle...**

A) la digitoscopie

B) la dactyloscopie

C) la dactylographie

3. **Chaque être humain possède des empreintes digitales uniques. Elles appartiennent à l'une des trois catégories suivantes. Classez celles-ci de la plus courante à la plus rare**

A) À boucles (photo 1)

B) À verticilles ou tourbillons (photo 2)

C) À arcs (photo 3)

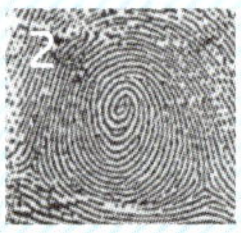

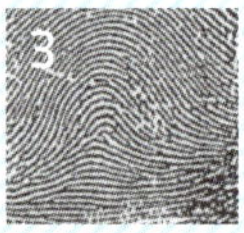

4. **Laquelle de ces propositions est fausse?**

A) Les vrais jumeaux ont les mêmes empreintes génétiques.

B) Les vrais jumeaux ont les mêmes empreintes digitales.

C) Les vrais jumeaux ont le même groupe sanguin.

5. **Les empreintes digitales relevées sur le lieu d'un crime ne sont pas toujours complètes. L'identificatior est certaine lorsqu'un certain nombre de points correspond avec l'empreinte du suspect. Combien?**

A) 5 points

B) 7 points

C) 12 points

6. **La technique d'identification par l'ADN a été mise au point par:**

A) Les prix Nobel Francis Crick et James Watson en 1962

B) Alec Jeffreys en 1984

C) Axel Kahn en 1991

7. **Au Royaume-Uni, le Fichier nationa d'empreintes génétiques recense plus de 3 millions d'individus. Et en France?**

5 RECHERCHER LES SUSPECTS

1. Il est possible de reconstituer les SMS, photos et vidéos reçus ou envoyés, qui ont été effacés.

☐ Vrai ☐ Faux

2. La section odorologie de la police scientifique et technique traque les molécules odorantes sur le lieu du crime et les soumet…

A) à des analyses en laboratoire

B) au nez d'un grand parfumeur

C) à la truffe d'un chien

3. Aux États-Unis, un million de personnes sont soumises chaque année au détecteur de mensonge. En France, ils sont…

A) 100 000 B) 1 000 C) 0

4. Utilisé depuis 2003, le Salvac est un logiciel qui permet d'établir un lien en quelques minutes entre plusieurs affaires pour pister…

A) les petits et gros trafiquants de drogue en banlieue parisienne

B) les casseurs et agitateurs interpellés au cours des manifestations

C) les auteurs de crimes violents et d'agressions sexuelles

5. Les fournisseurs d'accès à Internet tels Wanadoo, Club-Internet, Free, etc., sont tenus par la loi de conserver toutes les connexions effectuées par leur intermédiaire, pendant…

A) un an B) cinq ans C) dix ans

A) 235 000 personnes

B) 850 000 personnes

C) 2 350 000 personnes

8. Pour déterminer l'origine ethnique d'un squelette, on observe son crâne. Trois catégories existent : caucasien pour les Occidentaux, mongoloïde pour les personnes de type asiatique, et négroïde pour celles de type africain. Associez à chaque photo son « étiquette » :

A) Homme de type négroïde

B) Femme de type mongoloïde

C) Homme de type caucasien

RÉSULTATS & ANALYSE

1

→ **Une majorité de ★ :** *A priori*, vous n'avez pas vraiment le profil à vous enfermer dans un laboratoire. Mais, imaginatif et sensible, rien ne dit que vous ne feriez pas un bon auteur de série ou de roman policier…

→ **Une majorité de ■ :** Apprenez à mieux maîtriser vos émotions ou à faire preuve de plus de patience ou de rigueur, mais vous pourriez faire une bonne recrue pour la police scientifique.

→ **Une majorité de ▲ :** Élémentaire, mon cher ! Vous présentez des qualités indéniables pour faire un bon criminaliste.

2

1-C : Selon les circonstances, la scène de crime peut se réduire au coin d'une pièce ou s'étendre à une zone plus large : un bois, un quartier…

2-B) A) F) E) D) C.

3-A Chargé de prendre toutes les photos utiles, le « gestionnaire de scène d'infraction » relève également les cotes, les mesures, établit le plan de la scène de crime pour réaliser un « album d'état des lieux »

4/n° 1-A : Il s'agit d'un accident. La victime est morte d'empoisonnement au monoxyde de carbone (dégagé par la fumée) ou au cyanure issu de la combustion de matières plastiques.

4/n° 2-C : La victime a sans doute été étranglée, puis le meurtre maquillé en suicide. En effet, la strangulation provoque généralement une fracture de l'os hyoïde. Ce qui n'est pas le cas lors d'une pendaison.

3

1-A : cette rigidité dure de 6 à 12 heures, puis met autant de temps à disparaître. 2-B. 3-B.

4

1-photo1/B ; photo 2/B ; photo 3/A 2-C. 3-A,occupait 23 m² et pesait 30 tonnes 4- A2 / B1 / C3.

5

1-vrai. 2-C : Cette méthode, employée depuis 30 ans en Europe de l'Est, a récemment été importée en France. L'odorat du chien est un million de fois plus développé que celui de l'homme. 3-C : Cette technique n'est pas utilisée en France. 4-C. 5-A.

6

1-A. 2-B. 3-A)B)C. 4-B. 5-C. 6-B : la méthode de ce généticien britannique fut employée dès l'année suivante pour innocenter un suspect. 7-A : auxquelles s'ajoutent 12 000 traces encore anonymes. 8-1)A, 2)B, 3)C.

Évaluez votre profil :

Comptez 1 point par réponse juste à chaque question, 1 point par bonne hypothèse à la question 4 du test 2 et 1 point par association exacte aux questions 1 et 4 du test 4 et 8 du test 6.

→ **Moins de 9 points :** *A priori*, ce que fait la police vous intéresse peu. Mais peut-être avez-vous appris dans ce test quelques informations utiles…

→ **Entre 9 et 18 points :** Une bonne culture scientifique, quelques notions juridiques et la lecture de polars font de vous un enquêteur respectable… sur le papier.

→ **Entre 19 et 28 points :** Tous les indices le confirment : vous en savez long. Si votre score au test n° 1 est honorable, vous feriez un bon expert en criminalistique.

→ **Plus de 28 points :** Fan de séries ? Mordu de roman policier ? Ou peut-être êtes-vous l'un de ces fameux « experts » infiltrés parmi nos lecteurs… Vous êtes incollable !

« CONTRAIREMENT AUX HÉROS TÉLÉ, LES VRAIS EXPERTS VONT TRÈS RAREMENT SUR LE TERRAIN »

Interview de Dominique Saint-Dizier

Conseiller à la sous-direction de la police technique et scientifique.

Biologiste de formation, conseiller scientifique à la sous-direction de la police technique et scientifique, Dominique Saint-Dizier sait faire parler les indices en laboratoire. **Paroles d'expert...**

Science & Vie: Les séries télévisées qui mettent en scène la police scientifique sont-elles loin de la réalité?

Dominique Saint-Dizier: Il est amusant de voir un enquêteur intervenir sur une scène de crime en costume de ville, cheveux au vent, lunettes de soleil, avec pour seule protection... une paire de gants. En fait, la procédure exige que les techniciens s'équipent de combinaison, charlotte et masque pour se protéger et éviter de contaminer les lieux. Cela dit, les scénarios télé se tiennent et l'utilisation des techniques est assez fidèlement décrite. Mais pour des contraintes de réalisation, le nombre de personnages est limité. Résultat: le même policier se voit confier l'interrogatoire des suspects, la gestion de la scène d'infraction, l'analyse des traces et indices. Alors que dans la réalité, les rôles sont précisément délimités. Par exemple, il est exceptionnel qu'un expert se rende sur le terrain; son travail dépasse rarement le cadre du laboratoire.

S&V: Comment se répartissent les tâches sur la scène de crime?

D.S.-D.: La collecte des indices est effectuée par les "gestionnaires de scène d'infraction", spécialement formés et équipés. Ces indices sont ensuite dirigés pour analyse vers les laboratoires spécialisés de la police scientifique, de l'Institut de la recherche criminelle de la gendarmerie ou vers des spécialistes extérieurs. En France, la médecine légale ne fait pas partie de la police. Il n'existe pas de "coroner", officier de justice et médecin qui, comme aux États-Unis, précise l'identité du défunt, le lieu, le moment, les circonstances et les causes du décès. L'officier de police judiciaire, en charge de l'enquête sous l'autorité d'un procureur, appelle pour cela un médecin légiste de son choix.

S&V: Quelles sont les techniques récentes qui ont permis de progresser dans la résolution des enquêtes?

D.S.-D.: Le recours aux empreintes génétiques a marqué un tournant. Je me souviens de l'une de mes premières utilisations de cette technique, à la fin des années 80: une jeune mère de famille avait porté plainte pour viol contre son père des années après les faits. Sans analyse ADN, elle n'aurait jamais pu prouver que son enfant était aussi celui de son père, et obtenir qu'il soit condamné. Dans un autre domaine, les téléphones mobiles sont souvent des sources d'information pour les enquêteurs. Plus récemment, l'odorologie, l'identification d'une personne par son odeur corporelle, importée d'Europe de l'Est, a fait son entrée dans nos services. L'enjeu, désormais, est de développer les fichiers nationaux centralisés. L'installation de chaînes robotisées destinées à établir des profils génétiques à partir de prélèvements buccaux va permettre d'enrichir la base de données de centaines de milliers d'empreintes génétiques par an, au lieu des quelques dizaines de milliers que nous établissions chaque année. Si la France n'est pas en retard au niveau du savoir-faire, ses ressources humaines et budgétaires sont loin de celles des Anglo-saxons: l'Hexagone compte moins de 800 policiers scientifiques, contre 2600 au Royaume-Uni.

TEST N° 11

QUEL LECTEUR ÊTES-VOUS ?

Profusion de titres dans les kiosques, rentrées littéraires pléthoriques, blogs… C'est un raz de marée de mots qui déferle dans l'œil du lecteur du XXIe siècle. Mais la lecture a-t-elle le vent en poupe ? En 1973, 70 % des Français de plus de 15 ans avaient lu au moins un livre dans les douze derniers mois. En 2005, ils n'étaient plus que 58 % (Insee). Dispersée, la lecture se distribue sur des temps plus courts, en des occasions plus nombreuses. Une fatalité ? Non. Chacun reste libre de s'isoler pour lire d'épais romans, à son rythme. Bien sûr, ce qui fait qu'un lecteur est meilleur qu'un autre passe par la méthode d'apprentissage qu'il a suivie et ses habitudes de lecture (au calme ou dans un milieu bruyant, textes plus ou moins longs et difficiles, etc.). C'est l'objet de la première partie du test. Reste qu'au quotidien, pour lire beaucoup, il faut… lire vite. À condition, bien sûr, de comprendre et de retenir les textes lus. Vous allez donc pouvoir évaluer vos capacités à lire vite et bien. « *En filmant l'œil d'un lecteur*, explique François Richaudeau, auteur de *Méthode de lecture rapide*, aux éditions Retz (2004), ouvrage de référence dont s'inspire ce test, *j'ai constaté que la vitesse de progression de l'œil sur une ligne est la même, que l'on soit lent ou rapide.* » Ce qui change, c'est la capacité de l'œil à embrasser plus ou moins de mots en même temps. C'est cette amplitude qui distingue un lecteur moyen (de 3 à 4 mots perçus simultanément) d'un lecteur prodige (jusqu'à 10 mots perçus). Et nous vous proposons de l'améliorer au cours de ces tests. Plus de livres à dévorer dans le même temps ! se réjouiront les boulimiques. Moins de temps à consacrer à un même volume de lecture ! se féliciteront les paresseux. Oui… mais la meilleure méthode de lecture reste encore la curiosité et le plaisir de lire !

Cyril Azouvi

Ces questions vont vous permettre de déterminer le genre de lecteur que vous êtes en fonction de vos habitudes. Répondez-y honnêtement : il n'y a pas de « bonne » ou de « mauvaise » réponse ! (plusieurs réponses sont possibles)

1. Où lisez-vous ?
A) Chez vous
B) Dans les transports
C) En bibliothèque
D) Au bureau

2. Vous lisez un quotidien :
A) Tous les jours
B) Plusieurs fois par semaine
C) Plus rarement
D) Jamais

3. Quel genre de presse lisez-vous régulièrement ?
A) Quotidien national et/ou régional
B) Magazine télé, féminin, déco
C) Hebdo/mensuel d'informations, économique, culturel, scientifique
D) Aucun

La confusion entre deux mots ressemblants oblige l'œil à de fastidieux retours en arrière qui font perdre du temps. Entraînez-vous à identifier d'un seul coup d'œil deux mots semblables. Lisez ces phrases aussi vite que possible en vous chronométrant. Si vous avez besoin de revenir en arrière sur une d'entre elles, cochez-la d'un trait dans la marge.

Donne la bonne carte !
Ce lien est bien serré
Ta sœur est en sueur
Dis ces dix mots sans t'arrêter !
Le meilleur fût fut mis en perce
Point de potin sans médisance
Aimes-tu ma robe de moire noire ?
Ce jeune jeûne trop souvent
Le blé est rare mais le maïs l'est moins
Il fallut user de ruse
Cet homme se nomme comme moi
Divers hivers furent aussi froids
Quand vous saurez, sauvez-vous !
Les patrons dirent : partons !
Les gars de la gare sont robustes
Il y a des odeurs d'ail dans l'air
Ces liens lient ma vie à la tienne
Tout le monde monte à l'assaut

1 VOS HABITUDES DE LECTURE

4. Combien de livres possédez-vous?
A) 200 et plus
B) de 100 à 199
C) de 1 à 99
D) 0

5. Êtes-vous inscrit dans une bibliothèque ou une médiathèque?
A) Municipale
B) Scolaire ou universitaire
C) Autre
D) Non

6. Au cours de ces douze derniers mois, avez-vous acheté des livres:
A) Souvent
B) De temps en temps
C) Rarement
D) Jamais

7. Combien de livres avez-vous lu au cours des douze derniers mois?
A) 50 et plus
B) de 20 à 49
C) de 1 à 19
D) 0

8. Quel genre de livre lisez-vous le plus souvent?
A) Littérature classique
B) Romans, polars et espionnage
C) Essais, livres d'histoire, scientifiques, techniques, professionnels, pratiques
D) BD

9. À qui offrez-vous, prêtez-vous, recommandez-vous des livres à
A) Vos amis
B) Votre famille
C) Vos collègues
D) Personne

10. Êtes-vous soucieux d'informations sur le monde de l'écrit?
A) Vous lisez les critiques littéraires
B) Vous regardez ou écoutez-vous des émissions littéraires (à la télé ou à la radio)
C) Vous vous tenez informé de l'actualité éditoriale (vie des auteurs, des maisons d'édition, sorties à venir…)
D) Vous fréquentez les foires et salons du livre

2 CONFUSION

Puis la houle de la foule s'écoula
Les fidèles suivent en masse
la messe
J'ai bu du rhum contre mon rhume
Quel coquet jeu de croquet!
Jamais il n'a fait rien de bien
Comment aimer cet amer devoir?
Ta veste est trop vaste
Bourre ta bourse de billets neufs!
Le long du chenal un cheval broute
Il mâche son foin avec soin
Les chiens qui aboient avaient faim
C'est un abri pour son cabri
Il fit signe au singe qui accourut
J'ai pris cette pêche rêche dans
la main
Il faut qu'il nous montre le monstre
Que ces câpres sont âpres!
Il vogue sur la vague
Cette bisque risque de s'abîmer
Il a eu un drôle de rôle dans l'affaire
Sa haine pour la laine est injustifiée
Ta robe bâille à la taille
Rentre au centre d'accueil!
Il prit le peigne d'une poigne rageuse
Il faudrait ranger avant de manger
Un objet qui crisse déclenche
sa crise
As-tu lu la fable de la Table ronde?
Le moutard du motard a passé par là
Y a-t-il des garages dans
ces parages?
Sa bonne humeur est pleine
d'humour
On peut discuter sans se disputer
Le préposé a proposé
un changement
Il y a de la crasse sur cette crosse
J'ai toujours du courage à l'ouvrage
Les potirons pâtiront du froid
Bien sûr, il admira notre amiral
Ce râtelier sort de l'atelier
du batelier
Ils savent que le savant n'est pas
fautif
Les ruses des Russes me font peur
Le labour est un labeur épuisant
J'étais intimidé par cette intimité
C'était la vertu de ma verte jeunesse
Elle était malingre mais maligne
Oui, mes sandales ont fait scandale
Adapte ta lecture au texte adopté

Temps de lecture: … min … s
Nombre de lignes cochées:

3 VITESSE

Lisez-vous lettre par lettre ou reconnaissez-vous les mots par leur silhouette? Faites apparaître les mots de haut en bas et colonne par colonne en utilisant un cache (votre main, une feuille de papier…). Descendez le cache rapidement, en prenant juste le temps de reconnaître le sens de chaque mot. Chronométrez-vous.

dire	fatiguer
coin	silence
lieu	malheureux
sous	commencer
bois	violette
tous	printemps
vert	s'asseoir
bras	village
toit	tandis que
lire	visiter
tout	monsieur
ami	original
jeune	bientôt
très	toujours
long	voiture
chien	après-midi
voici	plusieurs
mais	vouloir
voix	hirondelle
aller	entendre
suite	sourire
hiver	raconter
sorte	devenir
assez	travail
vie	compagnon
gris	insecte
rouge	lendemain
alors	religion
noir	cheveux
seul	souffrir
léger	dernière
aussi	montrer
robe	préparer
lilas	marchand
rue	heureux
coup	cependant
vite	soudain

Temps de lecture
liste 1: … min … s / liste 2: … min … s

4 REPÉRAGE

Lire vite, comprendre l'essentiel, négliger l'accessoire. Voici un mot-clé suivi de mots variés. Repérez parmi eux les deux mots dont le sens est proche de celui du mot-clé. Exemple : pour la première série, les mots proches de « commencement » sont « début » et « initial ». N'oubliez pas de vous chronométrer.

Commencement
début, lecture, écriture, conférence, réunion, école, initial, leçon, apprentissage, rassemblement, terminer, surprise.

Casser
lâcher, tomber, briser, ramasser, coller, rompre, séparer, nettoyer, ajuster, salir, poser, polir, gratter, toucher, renverser.

Livre
crayon, plume, stylo, papier, volume, page, feuillet, corbeille, encre, tache, ouvrage, auteur, lecteur, rapide, vitesse.

Abandonner
délaisser, dormir, manger, marcher, se promener, reposer, déserter, sourire, aimer, vivre, choisir, embellir, abîmer, nettoyer.

Achat
vendeur, stand, panier, porte-monnaie, voleur, surveillance, emplettes, cadeau, légume, marché, acquisition, chapeau, fruits, soldes.

Bavard
empressé, aimable, causeur, taciturne, grincheux, buté, babillard, endormi, éveillé, allègre, souple, dissipé, attentif, alerte.

Microbe
microscope, chercheur, homme de sciences, biologiste, cellule, tissu, maladie, bacille, rhume, malaise, culture, bactérie, médicament.

Affreux
plaisant, joli, effroyable, indifférent, agréable, repoussant, neutre, désobligeant, ennuyeux, ravissant, charmant, gai, coloré, vivant.

Taquiner
occuper, laisser, courir, prendre, agacer, donner, rendre, entraîner, fournir, exciter, calmer, aider, amuser, emporter, intéresser.

Beaucoup
à foison, peu à peu, naturellement, cependant, toujours, aussi, encore, rien, pas du tout, amplement, jamais, médiocre, rare.

Maison
ville, rue, cour, habitation, jardin, végétation, entretien, ménage, bâtiment, maçon, murs, façade, cheminée, balcon, fenêtre.

Bafouiller
parler, bégayer, discourir, se taire, entendre, prononcer, débiter, redire, chanter, répéter, enseigner, savoir, dire, balbutier.

Respecté
souriant, timide, agressif, bon vivant, honoré, soutenu, très entouré, distant, énergique, actif, considéré, protecteur, froid, bien élevé, sec, aimable, coléreux, satisfait.

Agile
petit, grand, lourd, léger, souple, raide, engourdi, lent, rapide, rude, doux, faible, soyeux, mou, dur, leste, maladroit, fort.

Village
géographie, montagne, route, passage, chemin de fer, plaine, fleuve, hameau, capitale, pays, frontière, bourg, place, château, rempart.

Carrefour
chemin, voiture, signaux, feux rouges, agent, croisée, rues, bifurcation, danger, priorité, panneau, embouteillages, attente.

Hardi
retenu, ridicule, réservé, démodé, chevaleresque, cérémonieux, poli, aisé, brutal, audacieux, galant, respectueux, mielleux, courageux.

Breloque
montre, chaîne, gilet, habit, babiole, poche, bracelet, collier, épingle, cravate, sac, poudrier, colifichet, mouchoir.

Succès
ambition, études, commerce, théâtre, université, réussite, échec, conseils, indépendance, situation, entreprise, triomphe, équilibre, finances, marché, bourse, monnaie, pays.

Profession
apprentissage, patron, employés, rémunération, intérêt, ennui, repos, métier, clientèle, réussite, rapport, salaire, carrière.

Rivière
campagne, arbres, prairie, fleurs, ombrages, cours d'eau, oiseaux, fleuve, roseau, barque, verdure, fraîcheur.

Vent
chaleur, température, brise, froid, neige, vacances, étouffant, désert, violent, tempête, zéphir, soulever, feuille.

Temps de lecture : … min … s

6 COMPRÉHENSION

Écrit dans le plus pur style administratif, le texte qui suit est particulièrement obscur. Lisez-le d'une traite et tentez d'en dégager le sens en répondant aux questions qui suivent… sans revenir au texte.

« Considérant qu'il résulte de l'instruction que le 8 mars 1946, vers 15 h 30, dans le port de Boulogne, le chalutier Madeleine, alors que, tiré par le remorqueur Auguste-Stoecklin, appartenant au service maritime et armé par lui, il faisait une manœuvre pour se rendre, conformément aux instructions données par la direction du port, du « dur » où il carénait, au bassin à flot, a heurté une épave à laquelle il est resté accroché et qui était constituée par un chaland en acier, à dessus plat, à cette heure complètement immergé et, par suite, invisible : que, dégagé de sa position vers 17 heures, il fut conduit au quai de la gare maritime, où une voie d'eau s'étant déclarée et les moyens d'épuisement du remorqueur La Morinie, qui appartenait également au service maritime et était armé par lui, s'étant révélés défaillants, il coula la nuit suivante ; que le recours du ministre des Travaux publics tend à ce que l'État soit déchargé des conséquences onéreuses de cet accident, mises en totalité à sa charge par l'arrêt attaqué. »

Questions :

1. Quel bateau a heurté une épave ?
- A) Le remorqueur Auguste-Stoecklin
- B) Le remorqueur La Morinie
- C) Le chalutier Madeleine

2. Où allait le chalutier Madeleine à 15 h 30 ?
- A) vers la mer
- B) vers le bassin à flot
- C) vers le quai de la gare maritime

3. Quelle est la nature de l'épave heurtée par le navire ?
- A) Une carcasse de remorqueur
- B) Un chaland en acier
- C) Une péniche échouée

4. Quand le navire coule-t-il ?
- A) Dans la nuit du 8 mars 1946
- B) Au matin du 9 mars 1946
- C) Dans la nuit du 9 mars 1946

5 TEXTE À TROUS

Bien lire, ce n'est pas déchiffrer des lettres, ce n'est pas non plus seulement reconnaître des mots par leur silhouette: c'est surtout deviner les mots à venir en s'appuyant sur les règles de la syntaxe et sur le sens général du texte. Dans celui qui suit, chaque blanc masque un mot. Essayez de les retrouver.

Je montai _____ le premier compartiment qui _____ parut vide, sans me _____ qu'un compagnon invisible _____ y trouvait déjà, dont _____ conversation passionnante devait me _____ éveillé jusqu'au matin. _____ train s'ébranla lentement. _____ regardai les lumières de Stockholm s'éteindre peu à _____, puis je me roulai _____ mes couvertures en attendant _____ sommeil; j'aperçus alors _____ face de moi, sur _____ banquette, un livre oublié _____ un voyageur. Je le _____ machinalement et j'en _____ les premières lignes; cinq _____ plus tard, je lisais _____ avidité comme le récit _____ un ami qui me _____ un trésor. J'y _____, en effet, que tout _____ monde possède de la _____, une mémoire suffisante pour _____ des prouesses fantastiques, mais _____ rares sont les personnes _____ savent se servir de _____ merveilleuse faculté. Il y _____ même expliqué, à titre _____ exemple, comment l'homme _____ moins doué peut retenir _____, après une seule lecture _____ et pour toujours, des _____ aussi compliquées que la _____ des cent principales villes _____ monde avec le chiffre _____ leur population. Il me _____ invraisemblable d'arriver à _____ dans ma pauvre tête _____ quarante ans ces énumérations _____ de chiffres, de dates, _____ villes et de souverains, _____ avaient fait mon désespoir _____ j'allais à l'_____ et que ma mémoire _____ toute fraîche, et je _____ de vérifier si ce _____ ce livre disait était _____ exact.

RÉSULTATS & ANALYSE

1

→ **Majorité de A:** Vous faites partie de ces rares Français pour qui la lecture passe avant tout… parfois même au détriment du reste!

→ **Majorité de B:** Vous êtes dans la moyenne nationale, parmi cette majorité de personnes pour qui la lecture est avant tout une activité de loisir. Vous êtes mûr pour passer à la vitesse supérieure!

→ **Majorité de C:** La lecture ne vous intéresse que si elle vous est utile. Pas question pour vous de perdre du temps à lire quelque chose dont vous ne pouvez pas vous servir directement.

→ **Majorité de D:** Lire? Pour quoi faire? Votre lecture régulière se limite à l'annuaire téléphonique, et encore.

2

Si votre temps est inférieur à 55 secondes, et le nombre de lignes cochées inférieur à 3, vous parvenez bien à faire la distinction entre des mots ressemblants. **Entre 3 et 6 lignes cochées**, votre résultat est moyen: vous devez vous concentrer davantage lorsque vous lisez. **Au-delà de 6 retours en arrière**, entraînez-vous très régulièrement avec ce type d'exercices!

3

La première série comportait des mots de quatre ou cinq lettres. Les mots de la seconde série étaient deux fois plus longs en moyenne. **Si vos deux temps de lecture sont égaux**, vous identifiez bien les mots par leur silhouette. **Si le temps de lecture de la seconde série est supérieur à celui de la première série**, vous lisez surtout lettre par lettre. D'autres exercices de ce type vous seront nécessaires!

4

Si vous avez mis plus de 5 minutes pour faire cet exercice, cela signifie que vous vous laissez trop distraire par ce que vous voyez, au détriment d'un but que vous vous êtes assigné. Il vous faut apprendre à sélectionner l'information essentielle parmi une masse d'informations accessoires.

5

Réponses: Dans, me, douter, s', la, tenir, Le, Je, peu, dans, le, en, la, par, pris, parcourus, minutes, avec, d', révélerait, apprenais, le, mémoire, réaliser, que, qui, cette, était, d', le, facilement, attentive, choses, liste, du, de, parut, caser, de, interminables, de, qui, lorsque, école, était, résolus, que, bien.

Nombre de mots reconstitués exactement: D =…

Nombre total de mots à reconstituer: E = 48.

Votre coefficient de reconstitution: R = D/E x 100 =… %

→ **Coefficient supérieur à 75 %:** vous devinez plus que vous ne lisez un texte.

→ **Entre 50 % et 75 %:** votre score est moyen, vous devez davantage faire attention au sens général de ce que vous lisez.

→ **Moins de 50 %:** trop préoccupé par la reconnaissance des mots, vous ne saisissez pas bien le sens d'un texte.

6

Réponses: 1 C; 2 B; 3 B; 4 A.

→ **3 ou 4 bonnes réponses:** bravo, vous avez été particulièrement attentif… Ou vous avez l'habitude de lire des textes de ce genre!

→ **En dessous de 3 bonnes réponses:** relisez le texte calmement en vous arrêtant à chaque proposition. Peu à peu, il doit s'éclaircir…

TEST N° 12

ÊTES-VOUS PRÊT POUR LE PRIX NOBEL ?

« *Je n'ai nullement conscience d'avoir mérité la célébrité et il me répugnerait d'être célèbre.* » Ce modeste souhait ne fut jamais exaucé. C'était celui d'Alfred Nobel, inventeur de la dynamite ! Lorsqu'il meurt le 10 décembre 1896, le chimiste suédois est l'un des hommes les plus riches d'Europe. Il lègue sa fortune – 33 millions de couronnes or – afin que soit créé le prestigieux prix qui porte aujourd'hui son nom. Ainsi, grâce aux intérêts de cette mise de départ, depuis 1901, le 10 décembre de chaque année, à Stockholm et à Oslo, la fondation Nobel célèbre en grande pompe ses lauréats. Ceux qui, selon les volontés du légataire, *« durant l'année précédente auront apporté le plus grand bénéfice à l'humanité »*. Les noms des heureux élus seront connus, comme d'habitude, vers la mi-octobre. Avant cela, dans le monde entier, plus d'un millier de personnes (scientifiques, membres d'académies, organisations internationales, prix Nobel, etc.) ont été invités à proposer trois candidats par discipline. Après étude de cette sélection et délibération, le comité attaché à chaque discipline annonce son choix définitif. Juste ou injuste, surprenant ou attendu, celui-ci est irrévocable. Scientifiques, hommes de lettres, militants de la paix : à ce jour 758 personnes et 18 organisations ont été couronnées par un Nobel. Lors de la remise des prix, en présence du roi et de la reine de Suède, les lauréats reçoivent une médaille et un diplôme, assortis d'un chèque d'un peu plus de 1 million d'euros exempts d'impôts (à partager s'ils sont plusieurs). Si la France s'enorgueillit d'avoir reçu le plus grand nombre de prix en littérature (13), elle n'a pas non plus à rougir de ses succès scientifiques qui la placent dans le peloton de tête européen, certes loin derrière les États-Unis qui récoltent un bon tiers des prix. Nous vous invitons à tester vos connaissances autour du célèbre prix, des grands noms et découvertes qui ont fait avancer le monde.

Betty Mamane

1. Combien de disciplines, selon les instructions d'Alfred Nobel, son célèbre prix devait-il récompenser ?

A) Trois

B) Cinq

C) Sept

2. Parmi les disciplines suivantes, laquelle n'est pas couronnée par le prix Nobel ?

A) L'économie

B) La physiologie

C) Les mathématiques

3. Depuis la création de cette distinction, quel pays, après les États-Unis, compte le plus de lauréats, toutes disciplines confondues ?

A) L'Allemagne

B) L'Angleterre

C) La France

D) La Suède

4. Quel pays, après les États-Unis, compte le plus de lauréats en chimie :

A) L'Allemagne

B) La France

C) La Suisse

D) Le Japon

1. Depuis 1901, combien de femmes ont reçu le Nobel ?

A) 34

B) 56

C) 75

2. Dans quelle discipline scientifique les femmes ont-elles été le plus souvent récompensées ?

A) Médecine

B) Physique

C) Chimie

1 DES FAITS ET DES CHIFFRES

5. Trois jours après la cérémonie de remise des prix, le 13 décembre au matin, selon la tradition…

A) les lauréats sont invités à partager un petit-déjeuner en compagnie du roi et de la reine de Suède

B) les lauréats s'échangent respectivement des éloges au petit-déjeuner

C) huit jeunes femmes en robe blanche se rendent au pied du lit des lauréats pour les réveiller

6. Quel est l'âge du plus vieux lauréat ?

A) 78 ans

B) 87 ans

C) 91 ans

7. Quel âge avait le plus jeune lauréat ?

A) 25 ans

B) 32 ans

C) 45 ans

8. Pour laquelle de ces découvertes Albert Einstein a-t-il obtenu le prix Nobel de physique en 1921 ?

A) La théorie de la relativité générale

B) L'effet photoélectrique

C) La théorie des cordes

9. Quelle illustre famille a remporté le plus grand nombre de prix Nobel ?

A) Les de Broglie

B) Les Thomson

C) Les Curie

D) Les Marconi

10. Lequel de ces chercheurs décrocha deux fois le prix Nobel ?

A) Albert Einstein

B) Marie Curie

C) Sigmund Freud

D) Heinrich Hertz

11. Linus Pauling, prix Nobel de chimie en 1954 pour ses travaux sur la nature de la liaison chimique, obtint un second prix en 1962. Celui de :

A) physique

B) chimie

C) médecine

D) la paix

E) littérature

12. Parmi ces grands noms de la science, deux n'ont jamais été récompensés par le prix Nobel. Lesquels ?

A) Henri Becquerel, découvreur de la radioactivité spontanée

B) Édouard Branly, pour le développement de la télégraphie sans fil

C) Stephen Hawking, pour ses théories sur la naissance de l'Univers

D) Robert Koch, pour ses recherches sur la tuberculose

E) Ernest Rutherford, pour ses travaux sur la chimie des éléments radioactifs

2 NOBEL AU FÉMININ

3. Que firent les Irlandaises Mairead Corrigan et Betty Williams, Prix Nobel de la paix en 1975…

A) Elles versèrent l'intégralité de leur prix à leur association « communauté des peuples en paix ».

B) Elles créèrent avec le montant reçu une nouvelle association caritative.

C) Elles dépensèrent l'intégralité de leur prix en fourrures et en bijoux.

4. Qui suis-je ?

Née en 1897, j'ai obtenu en 1935, le Nobel de chimie avec mon époux. J'ai consacré ma vie à la radioactivité mais aussi à défendre la cause féminine et à militer pour la paix. En 1936, je suis la première femme ministre, sous-secrétaire d'État à la recherche. En 1939, je reçois la Légion d'honneur et en 1950, le ¨Prix International de la paix. Je meurs le 17 mars 1956 d'une leucémie résultant d'une surexposition aux rayonnements radioactifs.

3 FLORILÈGE FRANÇAIS

1. Combien la France a-t-elle obtenu à ce jour de prix Nobel?

A) 28 B) 39 C) 45

2. Dans quelle discipline scientifique la France a-t-elle décroché le plus grand nombre de Nobel?

A) Médecine

B) Physique

C) Chimie

3. Lequel de ces Nobel fut décoré pour hauts faits de résistance?

A) Jean-Paul Sartre

B) Frédéric Joliot-Curie

C) Henri Moissan

4. Parmi les lauréats suivants, lequel n'était pas français?

A) Alexis Carrel

B) Gabriel Lippmann

C) Georges Charpak

D) Robert Barany

5. De quelle création Jean Perrin, Nobel de physique en 1926, fut-il à l'origine?

A) De l'École supérieure de physique et de chimie industrielles (ESPCI)

B) Du CNRS

C) Du CEA

6. Qui est qui? Voici les noms de 3 nobélisés français. Rendez à chacun sa photo et son CV:

A) Claude Cohen-Tannoudji

B) Georges Charpak

C) Yves Chauvin

1. Prix Nobel de physique en 1992 pour mes travaux sur les détecteurs de particules élémentaires, je suis né en Pologne, le 1er août 1924. J'arrive en France à 7 ans sans parler le français. Élève brillant, je suis admis à l'École nationale supérieure des mines de Paris mais… ne le saurai qu'à la fin de la guerre, de retour de Dachau où j'avais été déporté pour faits de résistance. En 1948, j'entre au CNRS, puis je travaille avec Frédéric Joliot-Curie au Collège de France. En 1959, j'entre au Cern, à Genève où je mets au point la chambre multifil qui me vaudra le prix Nobel.

2. Prix Nobel de physique en 1997 pour « le développement des méthodes de refroidissement et de capture des atomes par la lumière laser », je s[uis] né le 1er avril 1933 à Constantine, Algérie. J'arrive à Paris en 1953 po[ur] intégrer l'École normale supérieure [où] je fais mes classes sous la houlette [du] Nobel Alfred Kastler qui attisera [ma] passion pour la physique quantiqu[e]. J'enseigne au Collège de France depu[is] 1973. C'est d'ailleurs en préparant m[es] cours que j'ai mené les recherches [qui] m'ont valu le Nobel.

3. Prix Nobel de chimie en 2005 po[ur] mes travaux sur les réactions [de] « métathèse », utilisés en chim[ie] organique, je suis né le 10 octobre 19[30] à Menun, en Belgique. Je ne m'attend[ais] pas à être récompensé pour un procé[dé] découvert… il y a 35 ans! Il est utili[sé] depuis dans l'industrie chimique, po[ur] la production de médicaments et [de] matériaux plastiques.

D

E

F

4 DANS LES COULISSES DES PRIX

1. John Macleod n'aurait pas découvert l'insuline qui lui a valu le Nobel de médecine en 1923 si…

A) sa maîtresse n'avait pas été diabétique

B) il n'avait pas prêté son laboratoire

C) il n'avait pas souffert d'hypoglycémie

2. Sur quel cobaye Wilhelm Röntgen, prix Nobel de physique en 1901, expérimenta-t-il les rayons X?

A) Son singe « Babouche »

B) Son chien

C) Sa femme

3. Quelle était la profession de Werner Forssmann quand il reçut le prix Nobel de médecine en 1956?

A) Laborantin

B) Ingénieur

C) Bûcheron

4. Pourquoi la remise du prix de chimie en 1919 à l'Allemand Fritz Haber a-t-elle suscité l'indignation?

A) Pour des raisons politiques

B) Pour des raisons éthiques

C) Parce qu'il ne s'est pas présenté en queue-de-pie à la cérémonie

5. Le Sud-Africain Max Theiler, nobélisé en 1951 pour ses travaux sur la fièvre jaune…

A) lègue le montant de son prix à Amnesty International

B) s'offre un abonnement à vie aux grands matchs de base-ball

C) crée une maison de retraite pour chercheurs

6. « Je n'ai pas inventé la pénicilline, c'est la nature qui l'a faite! » De qui est cette phrase?

A) Ian Fleming

B) Victor Fleming

C) Alexander Fleming

7. En 1965, Jacques Monod, André Lwoff et François Jacob obtiennent le Nobel de médecine. Mais un lien plus étroit les rapproche…

A) Leur histoire familiale

B) Leurs épouses

C) Une amitié de guerre

8. Quel chercheur, deux fois nobéli[sé], fut l'un des pères de la miniaturi[sa]tion électronique?

A) John Bardeen

B) Roland Moreno

C) Stephen Wozniak

9. En 1962, le Nobel de médecine co[u]ronne la double hélice d'ADN. S[es] auteurs, l'un Britannique, l'autre Am[é]ricain, sont:

A) Francis Crick et James Watson

B) James Smith et Robert Wesson

C) Charles Crick et John Weston

10. Reliez chacune de ces citations [à] son prix Nobel:

A) « On ne fait jamais attention à ce qui a été fait; on ne voit que ce qui reste à faire. »

B) « Si les faits ne correspondent pa[s] à la théorie, changez les faits. »

C) « Si vous allez trop loin, vous n'ire[z] nulle part. »

D) Marie Curie

E) Albert Einstein

F) Jacques Monod

RÉSULTATS & ANALYSE

1

1-B: Physique, chimie, physiologie-médecine, paix, littérature. Le prix des sciences économiques a été créé en 1968 par la Banque royale de Suède qui, depuis, alloue chaque année la somme à la fondation Nobel.

2-C: Est-ce, comme le prétend la rumeur, parce que sa jeune maîtresse, Sophie Hess, lui avait été infidèle en succombant au charme d'un mathématicien, ou simplement par manque d'intérêt pour cette discipline? Alfred Nobel ne légua aucun prix aux mathématiques. La plus haute distinction pour les mathématiciens est la médaille Fields. À noter: les découvertes en physiologie sont récompensées par le prix Nobel de médecine.

3-B: L'Angleterre avec 101 lauréats, devant l'Allemagne avec 75, la France (50) et la Suède (30). Quant aux États-Unis, ils en ont remporté... 286!

4-A: L'Allemagne avec 27 lauréats, devant l'Angleterre (26).

5-C

6-B: L'Américain Raymond Davis Jr, a obtenu en 2002, à 87 ans, le prix Nobel de physique. De même que Vitaly L. Ginzburg en 2003. Et il y en eut quelques autres dans le même cas.

7-A: L'Anglais William Lawrence Bragg obtint en 1915 le prix Nobel de physique alors qu'il était âgé de 25 ans. Le Français Frédéric Joliot-Curie décrocha, lui, le prix Nobel de chimie à l'âge de 35 ans, en 1935.

8-B

9-C: Ils ont reçu cinq prix Nobel, tous liés à la radioactivité: deux pour Marie, dont un avec Pierre, son époux. Leur fille et leur gendre, Irène et Frédéric Joliot-Curie, ont reçu le prix Nobel de chimie en 1935.

10-B: Marie Curie obtint le prix Nobel de physique en 1903 pour la découverte de la radioactivité, et celui de chimie en 1911 pour la découverte du radium et du polonium. Elle est la seule femme mais aussi le seul chercheur français à avoir reçu deux prix Nobel. Einstein n'eut qu'une seule fois le prix Nobel, Freud et Hertz, jamais.

11-D: Pour son combat en faveur du désarmement nucléaire.

12-B et C: C'est pourtant grâce aux travaux d'Édouard Branly que Guglielmo Marconi put établir la première liaison télégraphique en morse en 1899, prouesse pour laquelle il décrocha le prix Nobel de physique en 1909.

2

1-A

2-A: 7 fois contre 2 en physique et 3 en chimie

3-C

4- Irène Joliot-Curie

3

1-C: Certains ont été partagés entre plusieurs lauréats.

2-B: La France a obtenu 9 fois le prix Nobel de physique, 6 fois celui de physiologie-médecine et 6 fois celui de chimie. Elle a aussi obtenu 13 fois celui de littérature et 10 fois celui de la paix. Elle n'a décroché qu'une seule fois le prix Nobel d'économie.

3-B

4-D: Cet Autrichien reçut le prix Nobel de médecine en 1914.

5-B

6 A/2/F, B/1/E, C/3/D

4

1-B: C'est Frederick Banting, qu'il héberge un temps dans son laboratoire, assisté de Charles Best, qui entreprirent les expériences menant à cette découverte. Macleod se joignant sur le tard au tandem fut récompensé au même titre que Banting... Best n'eut jamais le prix Nobel.

2-C

3-C: Las de ne pas voir ses travaux pris au sérieux, ce médecin avait changé de métier depuis une dizaine d'années lorsqu'il reçut cette distinction.

4-B: Inventeur du procédé industriel de synthèse de l'ammoniac, il poussa l'armée allemande à employer des armes chimiques pendant la Grande Guerre. Celles-ci firent 500 000 victimes dans les deux camps, sur le seul front occidental.

5-B: Mais l'Américain Max Delbrück, prix Nobel de médecine en 1969 reversa effectivement l'intégralité de son prix à Amnesty International.

6-C: Prix Nobel de médecine en 1945 avec Howard Florey et Ernst Chain.

7-C: Lwoff hébergea le résistant Monod à l'Institut Pasteur, Jacob se battit avec l'armée française en Afrique.

8-A: Il a reçu le prix Nobel de physique en 1956 avec William Shockley et Walter Brattain pour l'invention du transistor à germanium. Puis, en 1972, avec John Schrieffer et Leon Cooper pour leur théorie de la superconductibilité.

9-A

10: A/D, B/E, C/F

Résultats:

Comptez un point pour chaque réponse juste sur l'ensemble des tests, avec un point par reconstitution juste dans la question 6 du test n° 4.

→ **Moins de 15 points:** En toute apparence vous n'êtes pas passionné d'histoire des sciences, ou du moins peu enclin à retenir chiffres et dates.

→ **Entre 15 et 30 points:** Bien joué! Vous témoignez d'une bonne culture des petites et grandes histoires des sciences... et du prix Nobel.

→ **Plus de 30 points:** Chapeau bas. À défaut de pouvoir vous décerner le Nobel, veuillez recevoir nos sincères félicitations... si vous n'avez pas triché!

« AVEC 11 MÉDAILLES FIELDS ET 28 NOBEL EN SCIENCE, LA FRANCE N'A PAS À ROUGIR »

Interview de Gilles Boetsch

Anthropobiologiste et président du Conseil scientifique du CNRS.

Dans la course au Nobel, la recherche française est bien placée.

Mais ses efforts ne doivent pas faiblir. État des lieux avec Gilles Boetsch, président du Conseil scientifique du CNRS.

Science & Vie: Les scientifiques français sont-ils considérés comme de bons candidats au prix Nobel?

Gilles Boetsch: Avec 28 prix Nobel scientifiques et 11 médailles Fields [son équivalent en mathématiques] nous n'avons pas à rougir. Du reste, si l'on rapporte le nombre de publications scientifiques au nombre de chercheurs, la France est bien placée, notamment en maths et en physique. Cependant, le Nobel arrive souvent comme la consécration d'une recherche passée, réalisée il y a vingt ou trente ans. Il ne reflète donc pas l'état actuel de la recherche.

S&V: Comment expliquez-vous la suprématie américaine?

G.B.: Il y a d'abord la loi du nombre. Ensuite, les Américains sont plus réactifs face aux nouvelles thématiques. Notamment celles répondant à une demande sociale forte. Les fonds d'investissement et les fondations offrent de bonnes opportunités de financement. Ce qui en France ne se fait que dans le domaine médical (Sidaction, Téléthon, etc.). D'où une forte émigration de jeunes chercheurs européens, mais aussi indiens et chinois aux États-Unis. Enfin, le fait d'avoir obtenu un grand nombre de Nobel entretient une dynamique puisque cela attire de jeunes chercheurs dans le domaine consacré.

S&V: Existe-t-il une forme de lobbying dans la course aux Nobel?

G.B.: La science ne se fait pas en solo. Il faut faire partie d'une équipe, dans un milieu porteur. Le Nobel s'obtient surtout par cooptation. Sans parler des accointances politiques: il existe ainsi une tradition d'échanges et de soutien entre Anglais (seconds du classement) et Américains. De son côté, la France favorise les projets permettant de construire une Europe de la recherche. Les scientifiques mandatés par le comité Nobel pour effectuer la sélection intègrent forcément des raisons politiques à leur choix.

S&V: Comment, selon vous, pourrait-on améliorer le palmarès français?

G.B.: La première urgence est le renouvellement des chercheurs. Environ 50 % des effectifs actuels partiront à la retraite d'ici à cinq ans. Ils doivent être remplacés si nous voulons garder notre position! D'autre part, il faut travailler sur des sujets qui répondent à une demande sociale ou de savoir (les nanosciences, les réseaux, l'eau, le climat, etc.), comme le font les Anglo-Saxons tout en conservant notre point fort: la recherche à long terme. Jusqu'à présent, par exemple, il n'existait pas de grands programmes consacrés aux maladies émergentes (grippe aviaire, Sras, etc.). C'est pourquoi le CNRS a décidé d'en instaurer un en association avec l'Inserm. Nous misons aussi sur l'interdisciplinarité. Car, bien souvent, les thèmes « porteurs », comme les nanosciences, intéressent plusieurs disciplines. Il faudrait donc mettre sur pied des programmes communs à plusieurs laboratoires. Cela se fait beaucoup outre-Atlantique où la recherche est centralisée dans les universités. En France, c'est plus laborieux du fait de l'organisation éclatée entre universités, établissements publics, grandes écoles, etc. Ces structures ne communiquent pas toujours bien entre elles. Il y a là un gros travail à faire!

TEST N° 13

VOTRE CERVEAU EST-IL DE DROITE OU DE GAUCHE ?

Ils représentaient environ 3 % de la population au début du siècle dernier, mais comme on ne les contrarie plus à l'école, les gauchers sont aujourd'hui de 12 à 14 %[1]. Pour autant, les droitiers dominent toujours. Et cette inclination est probablement aussi vieille que l'homme. Après tout, les mains représentées sur les grottes préhistoriques étaient des mains gauches, aussi avaient-elles sans doute été esquissées par des mains droites. Tout porte donc à croire qu'*Homo sapiens* n'a jamais compté dans ses rangs plus d'une poignée d'irréductibles vivant à contresens. Autant d'exceptions pour confirmer la règle ? Le fait est que si la nature adore la symétrie, celle-ci n'est jamais parfaite. Cerveau droit, cerveau gauche : nos deux moitiés de cortex travaillent de concert mais ont chacune leurs tâches de prédilection, l'imagerie cérébrale en témoigne. Ainsi, l'hémisphère gauche, qui commande la partie droite de notre corps, est impliqué dans notre maîtrise du calcul, de la résolution logique des problèmes et contrôle en grande partie le langage. L'hémisphère droit, qui actionne notre « gauche », est en charge, lui, de l'analyse des formes dans l'espace, du traitement des informations analogiques, de la reconnaissance des visages, de la mémoire des sons. Mais si nous avons une main « préférée », nous nous servons aussi de l'autre. D'ailleurs, nous ne privilégions pas toujours le même côté pour tous nos organes. Et vous ? Notre test devrait vous aider à déterminer de quel côté votre cerveau balance.

Betty Mamane

1 *Droitiers/gauchers, des asymétries dans tous les sens*, Jacqueline Fagard, éd. Solal.

Nos deux hémisphères travaillent ensemble, mais chacun a ses spécialités. Comment votre tempérament, vos domaines de compétences, votre façon d'agir, de réfléchir reflètent-ils votre propension à solliciter l'un plus que l'autre ? Pour le déterminer scientifiquement, il faudrait filmer en continu votre cerveau en action. À défaut, ces dix situations de la vie courante vous permettront de déterminer votre profil cérébral théorique.

1. En séjour dans une ville inconnue, vous allez avec un groupe d'amis au restaurant, mais vous rentrez seul…

A) Vous êtes complètement perdu

B) Vous retrouvez naturellement votre chemin

C) Vous vous souvenez que votre hôtel se trouve quelque part à droite de l'église

Nos deux hémisphères cérébraux interagissent constamment. Ainsi, si on vous met un objet dans la main gauche sans que vous le voyez, et si on vous demande de le nommer, votre cerveau droit (qui perçoit l'objet mis dans la main gauche) doit transmettre l'information à votre cerveau gauche pour qu'il puisse le nommer. Plus cette vitesse de transmission est élevée, plus elle permet de réagir rapidement. Munissez-vous d'un chronomètre et testez la vôtre grâce aux deux tests suivants.

Test 2-A

Voici trois exercices à réaliser en vous chronométrant. Additionnez le temps que vous avez mis pour faire les deux premiers exercices (T1+T2), divisez par deux le résultat obtenu, puis comparez ce chiffre au temps que vous avez mis pour faire le troisième exercice.

1. De la main dont vous vous servez pour écrire (main préférée), touchez chacun des quatre doigts avec votre pouce (pouce-index, pouce-majeur, pouce-annulaire, pouce-auriculaire) ; répétez cela cinq fois. Notez le temps que vous avez mis pour le faire (T1).

1 QUEL EST VOTRE HÉMISPHÈRE CÉRÉBRAL DOMINANT ?

2. Un ami vous rappelle un événement que vous avez partagé des mois ou des années plus tôt. Vous vous souvenez...

A) avoir passé un excellent moment

B) comment il était habillé ce jour-là

C) ce qu'il vous avait dit

3. Dans une salle de spectacle, vous préférez vous asseoir :

A) du côté droit

B) du côté gauche

C) face à la scène

4. À un rendez-vous, vous arrivez...

A) longtemps en avance

B) quelques minutes avant

C) le plus souvent en retard

5. Vous attendez un couple d'amis à dîner, une demi-heure avant :

A) vous reconnaissez le bruit de leur voiture

B) vous reconnaissez leurs voix dans l'escalier

C) vous êtes surpris lorsqu'ils sonnent à la porte

6. Côté finances...

A) vous connaissez à quelques centaines d'euros près la position de votre compte courant

B) vous savez globalement ce que vous pouvez vous permettre ou pas de dépenser

C) vous êtes systématiquement à découvert

7. Côté humour...

A) Vous aimez Charlot, Laurel et Hardy, Louis de Funès et le comique de situation

B) vous appréciez les jeux de mots et les contrepèteries

C) vous êtes bon public et capable de temps à autre de raconter une bonne blague

8. Vous faites une nouvelle rencontre...

A) vous vous fiez entièrement à votre intuition

B) vous vous méfiez de vos premières impressions

C) vous n'avez pas d'*a priori*

9. En musique...

A) vous savez retrouver un air connu à partir de quelques mesures,

B) vous avez une très bonne oreille, mais vous n'aimez pas trop le solfège

C) vous n'êtes pas mélomane

10. Un voisin vous salue dans l'escalier...

A) vous ne vous souvenez plus qui il est

B) vous avez l'impression de ne l'avoir jamais vu

C) c'est le nouveau locataire du troisième

2 QUELLE EST LA VITESSE D'ÉCHANGE ENTRE VOS DEUX HÉMISPHÈRES ?

2. De la main dont vous ne vous servez pas pour écrire (main non-préférée), touchez chacun des quatre doigts avec votre pouce ; répétez cela cinq fois. Notez le temps que vous avez mis pour le faire (T2).

3. Fermez les yeux et de vos deux mains en même temps, touchez chacun des quatre doigts avec votre pouce. Répétez cela 5 fois. Notez le temps que vous avez mis pour le faire (T3).

Additionnez (T1 + T2) et divisez le résultat par deux. Notez vos résultats :

(T1 + T2) / 2 = ☐ T3 ☐

Test 2-B

Recopiez cette série de 24 cases à la même hauteur sur deux feuilles de papier séparées. Comme pour le test précédent, il vous faudra additionner le temps mis pour faire les deux premiers exercices (T1+T2), diviser par deux le résultat obtenu puis comparer ce chiffre au temps que vous avez mis pour faire le troisième exercice (T3).

1. Dessinez un carré à l'intérieur de chaque case avec votre main préférée. Notez le temps mis pour le faire (T1).

2. Faites la même chose sur l'autre feuille avec votre main non-préférée. Notez le temps mis pour le faire (T2).

3. Recopiez la série ci-dessous et dessinez un carré à l'intérieur de chaque case avec vos deux mains en même temps en commençant à droite (main droite) et à gauche (main gauche). Notez le temps mis pour le faire (T3).

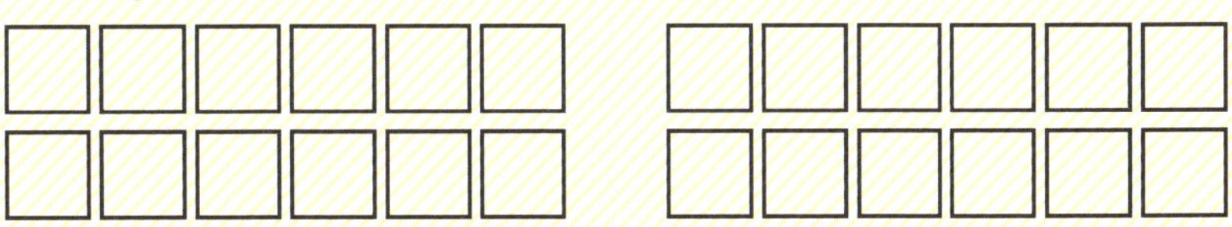

Main gauche Main droite

Additionnez (T1 + T2) et divisez le résultat par deux.

Notez vos résultats : (T1 + T2) / 2 = ☐ T3 ☐

3 QUEL EST VOTRE COEFFICIENT DE LATÉRALITÉ ?

Quelle main utilisez-vous pour chacun des gestes suivants? Placez 2 points dans la colonne correspondante. S'il vous arrive aussi occasionnellement d'utiliser l'autre main pour ce même geste, placez également un point dans la colonne opposée. Si vous vous servez indifféremment de l'une ou l'autre main, mettez un point dans chaque colonne.

	Main gauche	Main droite
Écrire	☐	☐
Se brosser les dents	☐	☐
Lancer une balle	☐	☐
Manger avec une cuiller	☐	☐
Tourner un robinet	☐	☐
Frotter une allumette	☐	☐
Se servir d'un balai (main du haut)	☐	☐
Visser une ampoule	☐	☐
Tenir des ciseaux	☐	☐
Claquer des doigts	☐	☐
	Total 1	Total 2
Faites votre total:		

4 PIED, ŒIL, OREILLE : DROIT OU GAUCHE ?

Test 4-A Quel pied vous mène?

Parmi ces exercices, quel pied utilisez-vous spontanément le plus souvent?

	Pied gauche	Pied droit
Shooter dans un ballon	☐	☐
Monter une marche	☐	☐
Dessiner sur le sable	☐	☐
Écraser quelque chose	☐	☐
Battre la mesure	☐	☐
	Total 1	Total 2
Faites votre total:		

Test 4-B Quel est votre œil dominant?

Relevez dans les situations suivantes quel œil vous utilisez plus volontiers. C'est votre œil dominant. Non pas forcément celui avec lequel vous voyez le mieux (acuité visuelle), mais celui que vous sollicitez le plus.

	Œil gauche	Œil droit
Regarder un objet de loin (avec un télescope ou une feuille roulée comme un télescope)	☐	☐
Observer le fond d'une bouteille à travers le goulot	☐	☐
Regarder dans le viseur d'un appareil photo	☐	☐
Fixer un objet à travers le trou d'une feuille de papier tenue à bout de bras puis rapprochée du visage	☐	☐
Pointer l'index sur un objet au loin puis fermer alternativement un œil puis l'autre. Quand l'objet disparaît c'est que vous avez fermé votre œil préféré	☐	☐
	Total 1	Total 2
Faites votre total:		

Test 4-C Quelle est votre oreille de prédilection?

	Oreille gauche	Oreille droite
Avec quelle oreille, écoutez-vous derrière une porte?	☐	☐
Contre quelle oreille tenez-vous votre téléphone?	☐	☐
Quelle oreille tendez-vous pour repérer l'origine d'un bruit particulier?	☐	☐
	Total 1	Total 2
Faites votre total:		

RÉSULTATS & ANALYSE

1

1 -	A-★,	B-▲,	C-●
2 -	A-●,	B-▲,	C-★
3 -	A-★,	B-▲,	C-●
4 -	A-★,	B-●,	C-▲
5 -	A-▲,	B-●,	C-★
6 -	A-★,	B-●,	C-▲
7 -	A-▲,	B-★,	C-●
8 -	A-▲,	B-★,	C-●
9 -	A-●,	B-▲,	C-★
10 -	A-●,	B-★,	C-▲

Faites votre total:

▲ ☐ ★ ☐ ● ☐

⟶ **Majorité de ★:** vous êtes plutôt cerveau gauche: le spécialiste de la décomposition et de l'analyse des problèmes, du traitement des informations séquentielles et de la communication verbale.

⟶ **Majorité de ▲:** vous êtes plutôt cerveau droit: celui qui s'intéresse au tout et qui innove, à qui l'on prête le sens de la créativité, l'intuition, la compréhension de la musique et la richesse imaginaire.

⟶ **Majorité de ●:** vous ne manifestez pas d'inclination particulière... dans ce test. Vous semblez savoir tirer parti des compétences complémentaires de vos deux hémisphères.

2A-B

Reprenez les résultats que vous avez obtenus à chacun de ces deux tests: (T1 + T2) / 2 et T3. La différence entre ces deux valeurs représente le temps que vous avez gagné (ou perdu) en coordonnant vos deux mains. Plus le temps gagné est important, plus vos deux hémisphères s'échangent efficacement les informations.

Sur les deux tests: ⟶ **vous avez obtenu (T1+T2) / 2 = T3:** Apparemment, vos hémisphères communiquent sans problème et au bon rythme entre eux.

⟶ **vous avez obtenu (T1+T2) / 2 <T3, ou bien une fois (T1+T2) / 2 <T3 et une fois (T1+T2) / 2 = T3:** faites un effort, vous pouvez sans doute faire mieux pour vous rapprocher du résultat précédent.

⟶ **vous avez obtenu (T1+T2) / 2 >T3, ou bien une fois (T1+T2) / 2 > T3 et une fois (T1+T2) / 2 = T3, ou encore une fois (T1+T2) / 2 < T3 et une fois (T1+T2) / 2 >T3:** Bravo (avec une mention spéciale à ceux qui ont obtenu aux deux tests (T1+T2) / 2 >T3)! L'information ne perd pas de temps entre vos deux hémisphères. Feriez-vous partie de ces privilégiés, pour la plupart gauchers, dont la rapidité de transmission hémisphérique est supérieure à la moyenne? Des travaux montrent en effet cette particularité chez certains gauchers dont le corps calleux, le principal faisceau de fibres nerveuses qui relie nos deux hémisphères, est plus épais. L'avantage se traduirait, chez des sportifs notamment (joueurs de tennis, escrimeurs), par une meilleure capacité d'anticipation et de réaction.

3

Pour calculer votre coefficient de latéralité: Faites la différence entre les deux résultats: Total 2 – Total 1 = A Puis, additionnez les deux résultats: Total 1 + Total 2 = B. Votre coefficient de latéralité est obtenu en divisant A part B et en multipliant ce résultat par 100: (A/B) x 100. Ce chiffre est compris entre – 100 et 100.

⟶ **Vous avez obtenu entre 70 et 100:** Vous êtes vraiment droitier. Si votre main gauche ne souffre d'aucun mal, pourquoi ne pas vous en servir un peu.

⟶ **Entre 0 et 70:** Vous êtes droitier, mais vous n'avez pas votre main gauche dans votre poche.

⟶ **Autour de zéro:** Seriez-vous ambidextre? Une particularité qui est le plus souvent l'apanage des gauchers.

⟶ **Entre – 70 et zéro:** Vous êtes gaucher, mais vous avez pris l'habitude, dans certains cas, à user de votre main droite.

⟶ **Entre – 100 et – 70:** Vous êtes un gaucher bien affirmé.

⟶ **Si ce chiffre approche de – 100:** Soit vous vous êtes trompés dans vos calculs, soit vous êtes un gaucher pur, un cas rarissime.

4A-B-C

Notez un point à droite, si vous avez répondu « droit », un point à gauche si vous avez répondu « gauche », et un point dans chaque colonne, si vous avez répondu les « deux ».

⟶ **Vous avez une majorité de points à droite**, votre pied, votre œil ou votre oreille préféré est le droit.

⟶ **Vous avez une majorité de points à gauche**, votre pied, votre œil ou votre oreille préféré est le gauche.

⟶ **Si les résultats des deux colonnes sont égaux ou presque**. Il est probable que vous êtes aussi habile avec vos deux pieds, vos deux yeux ou vos deux oreilles... comme 16 % des gens pour les pieds, 8 % de la population pour les yeux et un tiers pour les oreilles.

BILAN GÉNÉRAL:

faites le point de votre latéralité Comparez vos résultats avec ceux de la population générale sachant que:

⟶ Dans environ 87 % des cas, la main droite est la préférée

⟶ Pour environ 80 %, le pied droit est directeur

⟶ Pour environ 69 %, l'œil droit est dominant

⟶ Pour environ 56 %, l'oreille droite est la préférée

Mais attention, nos préférences sont loin d'être toujours homogènes

⟶ Si vous êtes droitier de la tête au pied: sachez que c'est seulement le fait de 56 % des gens, dont une majorité de femmes.

⟶ Une majorité de personnes ont la main et le pied préférés du même côté. Environ 10 % de la population ont une latéralité croisée dite « main-pied »: ils privilégient l'emploi du pied opposé à leur main préférée

⟶ La latéralité croisée main-œil est plus fréquente: environ 26 % des droitiers et des gauchers manuels ont une préférence pour leur œil opposé

⟶ Pour environ 22 % de la population, l'oreille dominante se situe du côté opposé à la main préférée.

TEST N° 14

QUEL ÂGE A VOTRE MÉMOIRE ?

Après 50 ans, une personne sur deux se plaint de sa mémoire. Le mot sur le bout de la langue et les lunettes introuvables font partie du quotidien. L'érosion des facultés d'apprentissage est-elle inéluctable ? Trop souvent, le fatalisme le dispute à l'angoisse : *« Et si c'était la maladie d'Alzheimer ? »* Et l'on met sur le compte d'une mauvaise mémoire des troubles qui relèvent en fait d'une dépression cachée ou d'un banal déficit de l'attention et de la concentration. Bien sûr, les performances de mémoire évoluent avec l'âge. Chez le jeune adulte, les acquisitions sont rapides mais la mémoire est peu sélective. Par la suite, l'enregistrement des informations est moins efficace mais on renforce ses acquis et on apprend à les utiliser. Cette évolution dépend de facteurs comme l'hygiène de vie, la qualité du sommeil, le surmenage, la consommation de psychotropes… Des facteurs individuels, notamment génétiques, entrent aussi en ligne de compte. Surtout, la baisse des performances dépend du capital que l'on s'est constitué dès le plus jeune âge. À chacun ses points forts et ses points faibles ! Il n'existe donc pas d'échelle de performances de mémoire en fonction de l'âge. Élaborés avec le docteur Philippe Dejardin, directeur de l'Observatoire de l'âge, à Paris[1], les tests que nous vous proposons peuvent vous aider à faire le point. Toutefois, en cas de baisse importante de vos capacités, une consultation mémoire personnalisée est peut-être nécessaire.

Marielle Mayo

1 Département mémoire de l'Observatoire de l'âge : www.memoireetvie.com

1 FAITES LE BILAN

1. Je retiens mal les noms des personnes qu'on me présente.
☐ Jamais (0) ☐ Parfois (1) ☐ Souvent (2)

2. J'ai des difficultés à mettre des noms sur des visages connus.
☐ Jamais (0) ☐ Parfois (1) ☐ Souvent (2)

3. Je ne retrouve pas facilement les noms des célébrités.
☐ Jamais (0) ☐ Parfois (1) ☐ Souvent (2)

4. Je dois recourir à mon agenda pour me souvenir de mes rendez-vous.
☐ Jamais (0) ☐ Parfois (1) ☐ Souvent (2)

5. J'ai besoin d'une liste pour faire les courses.
☐ Jamais (0) ☐ Parfois (1) ☐ Souvent (2)

6. J'oublie ce que je dois faire en passant d'une pièce à l'autre.
☐ Jamais (0) ☐ Parfois (1) ☐ Souvent (2)

7. Je me laisse facilement distraire par des préoccupations passagères.
☐ Jamais (0) ☐ Parfois (1) ☐ Souvent (2)

8. J'ai du mal à retenir les numéros de téléphone.
☐ Jamais (0) ☐ Parfois (1) ☐ Souvent (2)

9. J'oublie où j'ai posé mes clés ou mes lunettes.
☐ Jamais (0) ☐ Parfois (1) ☐ Souvent (2)

10. J'oublie les dates d'anniversaire de mes proches.
☐ Jamais (0) ☐ Parfois (1) ☐ Souvent (2)

Pour cette épreuve, vous devez choisir une chanson que vous aimez ou, à défaut, mettre la radio assez fort. Vous êtes prêt ? Lisez attentivement le texte suivant, puis masquez-le et répondez aux questions posées.

Ce matin-là, le réveil sonna à 6 h 47 précises. Monsieur Jourdain se retourna dans son lit. À 6 h 52, une seconde sonnerie se déclencha. À 7 h 05, il finit par se lever en soupirant : plus que 40 minutes pour se préparer ! Il mit la cafetière en route et passa à la salle de bain. En enfilant ses chaussettes, il survolait mentalement le planning de la journée : téléphoner au transporteur avant 10 h 30 ; réunion à 11 h 00 ; rendez-vous chez le dentiste à 16 h 00. Il finit de s'habiller et consulta sa montre : 7 h 41 ! Il était temps de presser le mouvement.

11. Je crois volontiers que ma mémoire peut me jouer des tours.
☐ Jamais (0) ☐ Parfois (1) ☐ Souvent (2)

12. Je retiens des choses qui ne servent à rien.
☐ Jamais (0) ☐ Parfois (1) ☐ Souvent (2)

13. J'oublie le code secret de ma carte bancaire.
☐ Jamais (0) ☐ Parfois (1) ☐ Souvent (2)

14. J'ai du mal à retenir ce qui ne m'intéresse pas directement.
☐ Jamais (0) ☐ Parfois (1) ☐ Souvent (2)

15. Je retiens difficilement les prix.
☐ Jamais (0) ☐ Parfois (1) ☐ Souvent (2)

16. J'oublie vite le titre du livre que je viens de lire.
☐ Jamais (0) ☐ Parfois (1) ☐ Souvent (2)

17. Apprendre un texte par cœur me prend beaucoup de temps.
☐ Jamais (0) ☐ Parfois (1) ☐ Souvent (2)

18. J'oublie rapidement ce que je viens de voir à la télévision.
☐ Jamais (0) ☐ Parfois (1) ☐ Souvent (2)

Test inspiré du test de MacNair.

3 ÉVALUEZ VOTRE MÉMOIRE À COURT TERME

1re épreuve : mémoire des chiffres
Énoncez les chiffres un à un (par exemple : 1, 8 pour la série 18, puis 2, 5, 3 pour la série 253, etc.), puis cachez-les et notez tous ceux dont vous vous souvenez avant de passer à la série suivante.
(Score : nombre de chiffres retenus sans erreur.)

18	253	8624	96837	320197	5987142	40935618	7204873	59

2e épreuve : mémoire des mots
Lisez attentivement les mots suivants, puis dissimulez la liste et notez en vrac, dans les quinze secondes, tous ceux qui vous reviennent en mémoire.
(Score : nombre de mots retrouvés.)

Robe	Savon	Autobus	Épée
Chaise	Disque	Poire	Coiffeur
Mars	Dahlia	Coude	Marteau
Érable	Renard	Rubis	Chambre

3e épreuve : mémoire visuelle
Regardez attentivement les dessins suivants, puis cachez-les et notez en vrac, dans les 15 secondes, tous ceux qui vous reviennent en mémoire.
(Score : nombre d'images retrouvées.)

UNE FACULTÉ À PRÉSERVER

Certes, la correspondance entre âge et mémoire n'est pas mathématique. Mais certaines grandes lignes se dégagent. Par exemple, si vous réussissez bien les tests 1, 2, 3, vous êtes sans doute jeune ou vous avez su préserver les capacités de votre mémoire. Dans ce second cas, vous obtiendrez sûrement un bon score au test 5. En cas de faible score, pas de panique : sachez que des stratégies de mémorisation existent (test 4).

2 QUELLE EST VOTRE CAPACITÉ DE CONCENTRATION ?

Un café sur le pouce, les clés… Quelques minutes plus tard, il pianotait impatiemment sur le volant de sa Peugeot 206 Turbo Diesel – une occasion à 6 250 euros – bloquée dans les embouteillages. Lorsqu'il s'arrêta enfin sur le parking de la gare, la sonnerie annonçant le train de 8 h 07 retentissait déjà. Il dévala les escaliers, emprunta le passage souterrain et monta quatre à quatre les marches qui débouchaient sur le quai n° 3, voie n° 2. Il était temps…

À quelle heure a sonné le premier réveil ?
☐ 6 h 37 ☐ 6 h 47 ☐ 6 h 49

Sur quelle heure était réglée la seconde sonnerie ?
☐ 6 h 52 ☐ 6 h 58 ☐ 6 h 55

Quand Monsieur Jourdain s'est-il levé ?
☐ à 7 h 03 ☐ à 7 h 00 ☐ à 7 h 05

De combien de temps disposait-il pour se préparer ?
☐ 30 min ☐ 40 min ☐ 50 min

Dans la journée, une réunion est planifiée à
☐ 10 h ☐ 11 h ☐ 10 h 30

Il doit appeler le transporteur
☐ avant 10 h ☐ avant 11 h
☐ avant 10 h 30

Son rendez-vous chez le dentiste est à
☐ 17 h ☐ 15 h ☐ 16 h

Il a consulté sa montre à
☐ 7 h 41 ☐ 7 h 52 ☐ 7 h 57

Sa voiture est une Peugeot
☐ 206 ☐ 306 ☐ 406

Elle a coûté
☐ 9 250 € ☐ 6 250 € ☐ 6 750 €

Où s'arrête le train ?
☐ quai n° 2, voie n° 3
☐ quai n° 1, voie n° 4
☐ quai n° 3, voie n° 2

Il s'agit du train de
☐ 8 h 07 ☐ 8 h 17 ☐ 8 h 27

4 TESTEZ QUELQUES STRATÉGIES DE MÉMORISATION

Observez attentivement ce plan, en élaborant mentalement un itinéraire. Puis cachez-le et essayez de compléter le plan muet.
(Score : nombre de noms de lieux correctement placés sur le plan.)

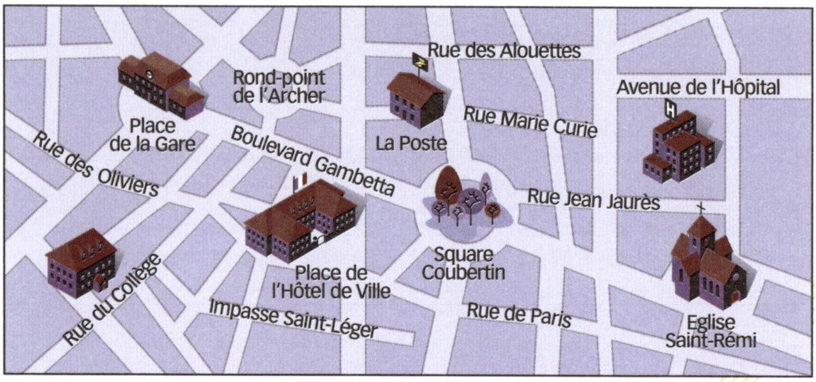

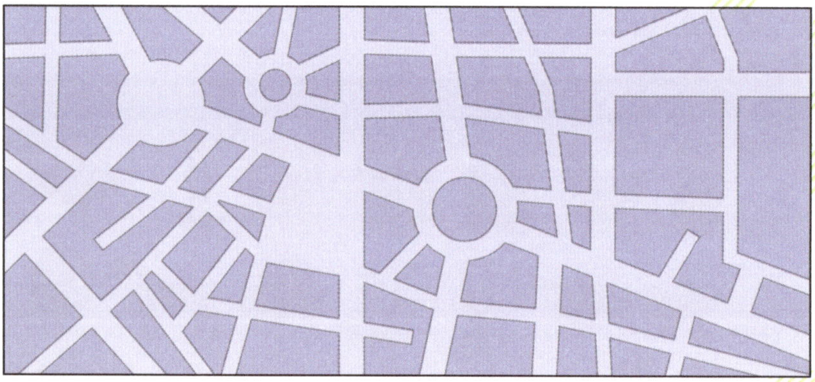

5 ÉVALUEZ VOTRE MÉMOIRE À LONG TERME

Que s'est-il passé le…	Si vous ne parvenez pas à répondre, aidez-vous des indices suivants :
1/… 30 avril 1945	• Suicide
2/…21 avril 1961	• Algérie
3/…21 juillet 1969	• Un petit pas…
4/…10 mai 1981	• Alternance
5/…9 novembre 1989	• Est
6/…11 août 1999	• Lunettes
7/…11 septembre 2001	• Tours
8/…26 décembre 2004	• Vague

(Score : Nombre de réponses justes.)

Réponses
1- Suicide de Hitler. 2 - Putsch des généraux à Alger. 3 - Neil Armstrong marche sur la Lune. 4 - François Mitterrand est élu président de la République. 5 - Chute du mur de Berlin. 6 - Eclipse totale de soleil. 7 - Attentats terroristes aux États-Unis. 8 - Tsunami en Asie du Sud-Est.

RÉSULTATS & ANALYSE

1

→ Score < 10

Votre mémoire est en pleine forme, à moins que vous n'ayez sous-estimé vos difficultés. C'est l'apanage de la jeunesse mais aussi de quelques seniors sachant entretenir leur mémoire.

→ Score ≥ 10 et < 20

Il n'y a pas de quoi s'inquiéter. Avec le stress beaucoup ont du mal à fixer leur attention et mémorisent moins bien. Essayez de penser à ce que vous faites et non à ce qu'il vous reste à faire.

→ Score ≥ 20

Après 50 ou 60 ans, on se plaint souvent de sa mémoire. Mais votre évaluation n'est-elle pas trop pessimiste? En cas de baisse importante de vos capacités, vous pouvez faire le point grâce à une consultation mémoire.

2

Avec l'âge, il est plus difficile de prêter attention à plusieurs tâches en même temps (phénomène dit de l'« attention divisée »). Ce test évalue vos capacités à mémoriser sans vous laisser distraire.

→ Score > 7

Bravo! Vous êtes de ceux qui ne rechignent pas à travailler avec la télévision allumée. N'abusez tout de même pas de cette capacité, vous risqueriez d'avoir de mauvaises surprises.

→ Score > 3 et ≤ 7

Des stimulations externes perturbent votre mémorisation. Passé 30 ans, c'est le lot de beaucoup d'entre nous.

→ Score ≤ 3

Vous peinez à mémoriser si votre attention est sollicitée ailleurs. C'est très commun, surtout si vous avez plus de 50 ou 60 ans. Pour travailler votre mémoire, mettez-vous au calme!

3

Ces épreuves évaluent la capacité de stockage de votre mémoire à court terme en mesurant l'« empan » ou le nombre d'éléments retenus pendant un temps limité (trois minutes au maximum). Il a tendance à diminuer avec l'âge. Par ailleurs, certains retiennent mieux des chiffres, d'autres des mots, d'autres enfin des informations tactiles ou auditives; mais en général c'est avec des images que les résultats sont les meilleurs. Calculez votre score moyen aux trois épreuves.

→ Score moyen > 7

Bravo, vos capacités de mémorisation à court terme sont excellentes.

→ Score moyen ≥ 5 et ≤ 7

Vos capacités de mémorisation à court terme sont dans la moyenne.

→ Score moyen < 5

Pas de panique! Êtes-vous sûr d'avoir réalisé ce test dans des conditions optimales (prise de médicaments, fatigue…)? Et même si vos capacités de stockage à court terme sont limitées, il existe des stratégies pour compenser leur faiblesse (voir test 4).

4

Il existe plusieurs techniques pour renforcer la mémorisation en organisant les données que l'on souhaite retenir. La méthode des lieux (visualisation d'un parcours) donne souvent de bons résultats. Mais certains feront plus volontiers appel à d'autres stratégies (classification, logique, image mentale des mots…). Avec l'âge, l'efficacité de ces stratégies reste assez stable. Un bon point pour les seniors! Calculez votre score moyen.

→ Score moyen ≥14

Votre mémoire est aiguisée dès lors que vous adoptez la bonne stratégie.

→ Score moyen ≥ 8 et < 14

Votre score est correct. S'il est supérieur à celui calculé au test 2 (empan), la méthode vous convient. Pensez à l'appliquer. Rappelez-vous des produits à acheter en imaginant leur emplacement (frigo, placard…).

→ Score moyen < 8

La méthode proposée ne vous aide pas beaucoup à améliorer vos performances. Peut-être d'autres stratégies seraient-elles plus efficaces?

5

Ces questions sollicitent votre mémoire sémantique (les connaissances générales) et autobiographique si vous avez vécu ces événements. Hormis les férus d'histoire, les plus âgés devraient réussir le mieux ce test.

→ Score ≤ 3

Si vous n'avez pas vécu ces événements, ils pourraient faire partie de votre culture générale! Celle-ci s'étoffe avec l'âge, à condition d'être curieux.

→ Score > 3 et ≤ 6

Vous vous êtes probablement souvenu des événements qui vous ont touché le plus. Rien de plus normal!

→ Score > 6

Une belle performance qui témoigne de votre ouverture sur le monde. Cette qualité devrait vous aider à conserver une bonne mémoire jusqu'à un âge avancé.

« LES CONTACTS HUMAINS ET LE PLAISIR, C'EST LE MEILLEUR MOYEN DE STIMULER SA MÉMOIRE »

Interview de B. Défontaines
Présidente du réseau mémoire Aloïs.

Des défaillances? Probablement dues à l'inattention ou à l'âge. Bénédicte Défontaines, neurologue, nous explique comment fonctionne notre mémoire. Et nous dit comment l'améliorer.

Science & Vie: À quoi sert l'évaluation de la mémoire?

Bénédicte Défontaines: A faire la différence entre les problèmes liés au vieillissement cérébral et une pathologie neurologique débutante (dans 60 % des cas la maladie d'Alzheimer). La consultation dure entre 1 h 30 et 2 h. Elle permet de tester les mémoires visuelle et verbale, la reconnaissance des choses, des lieux, des visages...

S&V: Quelles structures cérébrales sont impliquées dans la mémoire?

B.D.: Il n'existe pas un centre de la mémoire, mais des systèmes qui mobilisent tout le cerveau. Leur connaissance a beaucoup progressé grâce à l'étude des maladies et des conséquences des opérations neurochirurgicales, et aussi grâce à l'imagerie cérébrale. L'entrée des informations s'effectue par les organes des sens. La mémoire à court terme - mémoire de travail siégeant principalement dans le lobe frontal — a une capacité limitée. Très dépendante de l'attention et de la concentration, elle est moins performante avec l'âge. Le transfert des informations vers la mémoire à long terme s'effectue via l'hippocampe (situé dans le lobe temporal interne), site du codage et de l'enregistrement des données et première cible de la maladie d'Alzheimer.

S & V: Et la mémoire à long terme?

B.D.: On en distingue deux grands types. La mémoire implicite, inconsciente, concerne surtout les habiletés motrices. Elle permet d'automatiser certaines tâches (faire du vélo, conduire...), est très sensible à la répétition (plus on fait, mieux on fait) et elle persiste! Mobilisant une zone profonde du cerveau, le striatum, la mémoire implicite est peu détruite avec l'âge et préservée dans la maladie d'Alzheimer. La mémoire explicite est, elle, sollicitée par les apprentissages conscients. On peut la diviser en mémoires épisodique (qui stocke les épisodes de la vie) et sémantique (la culture générale). Le support de mémoire épisodique est un circuit de neurones dit "de Papez". Quant à la mémoire sémantique, elle dépend notamment des régions temporales externes. Enfin, le rappel des souvenirs fait intervenir le lobe frontal. Les oublis liés à l'âge sont des troubles des stratégies de rappel. Il y a blocage de l'accès aux souvenirs, mais ils ne sont pas détruits. Seule la maladie d'Alzheimer les efface.

S&V: Des conseils pour conserver une bonne mémoire?

B.D.: On peut apprendre à tout âge: la mémoire ne s'use que si l'on ne s'en sert pas! Les trente premières années de la vie sont essentielles: plus le bagage intellectuel est important, plus les effets du vieillissement ou de la maladie seront tardifs. Multiplier les canaux d'entrée des informations (trucs mnémotechniques...) aide à développer des stratégies de compensation pour "contourner" les trous de mémoire. Enfin, certains facteurs améliorent le vieillissement cérébral: une alimentation équilibrée, un bon sommeil, le traitement du cholestérol, du diabète ou de l'hypertension... Surtout, il faut éviter la solitude. La meilleure stimulation de la mémoire repose sur les contacts humains et sur le plaisir!

TEST N° 15

TESTEZ VOS MÉMOIRES

« Autobiographique », « Photographique »…, nous ne possédons pas une mémoire, mais plusieurs. Cette série de tests vous permettra de les identifier et de les… exercer.

Kheira Bettayeb

1 AVEZ-VOUS LA MÉMOIRE DES NOMS ?

Test inspiré d'une expérience de Harry Bahrick (Ohio wesleyan university)

1re épreuve : Replongez-vous dans l'ambiance de l'une de vos classes de lycée, plus précisément celle de terminale. Essayez alors de vous rappeler le maximum de noms et de prénoms de vos camarades lors de cette année scolaire.

2e épreuve : En vous aidant, cette fois, de l'une de vos anciennes photos de classe (celle de terminale si possible, sinon l'une de celles que vous avez conservées fera l'affaire), retrouvez les noms et les prénoms de vos camarades.

Observez attentivement ce dessin pendant 30 secondes, puis tournez la page.

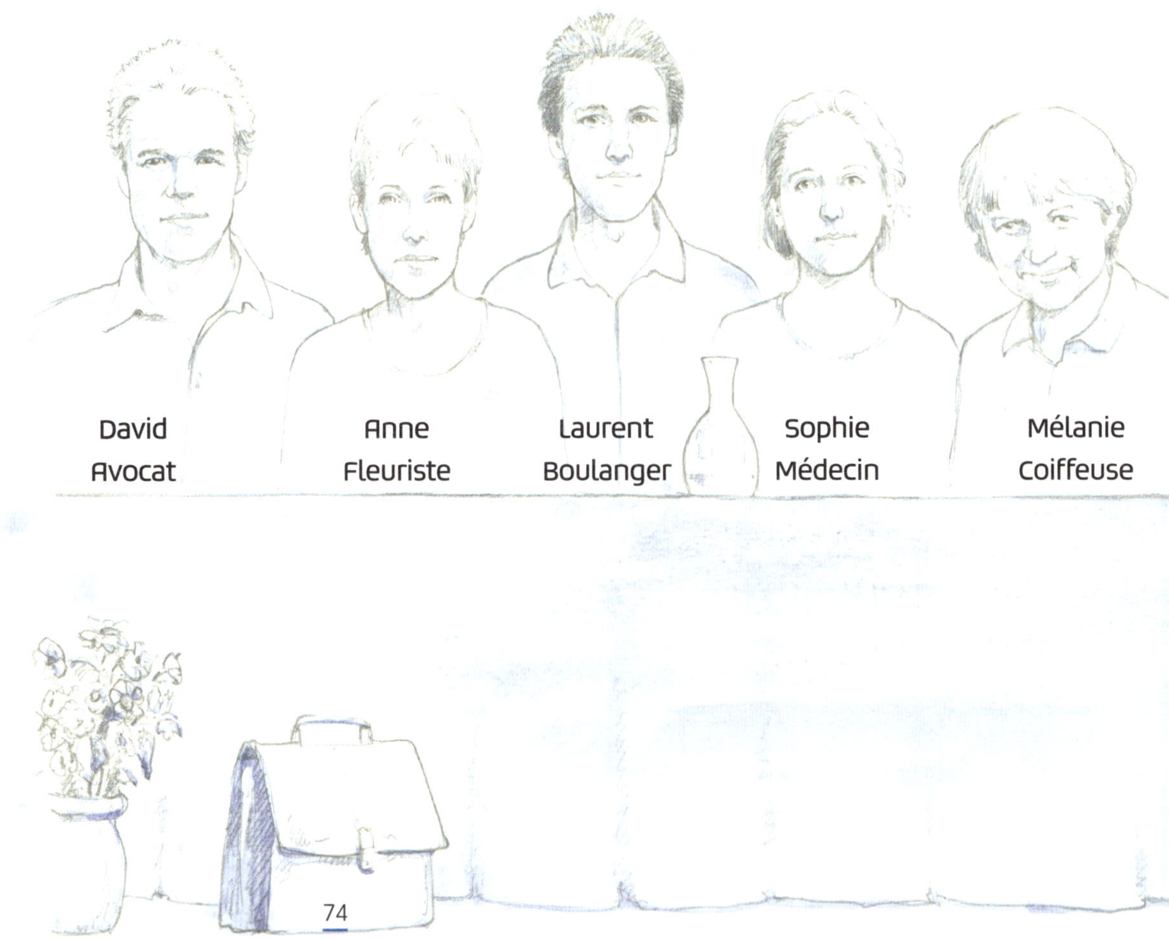

2 POSSÉDEZ-VOUS UNE BONNE MÉMOIRE « PHOTOGRAPHIQUE » ?

Visualisez le tableau ci-dessous avec attention pendant 20 secondes. Puis masquez-le et remettez les lettres dans leur bonne position dans le tableau ci-contre.

q	l	t	a	e	r	n
u	e	e	r	s	i	s
A	c	s	t	s	i	s
N	h	t	i	o	d	n
d	a	p	l	u	a	t

3 QUELLE EST VOTRE MÉMOIRE DES VISAGES ?

1er exercice : Indiquez par un numéro la place de chaque personnage derrière la table en commençant par la gauche.

2e exercice : Retrouvez le prénom correspondant à chaque visage.

3e exercice : Retrouvez les professions exercées par ces personnes.

4e exercice : Vous souvenez-vous des objets qui se trouvent en bas à gauche, en bas à droite et sur la table ?

TESTEZ VOTRE CAPACITÉ À CRÉER DE « FAUX SOUVENIRS »

Faites passer ces tests à une personne de votre entourage. N'expliquez pas le but de ces épreuves, qui est de créer de « faux souvenirs ». (Épreuves réalisées avec l'aide de Denis Brouillet, psychologue expérimental spécialisé dans les illusions mnésiques à l'université de Montpellier).

1. Lisez lentement et à haute voix les quatre suites de mots (voir ci-dessous), mais sans prononcez les derniers termes écrits en couleur (rouge et bleu). Attendez quelques minutes, puis relisez la liste en intercalant au hasard les trois mots pièges : le mot en rouge (ex : araignée) et les deux en bleu (ex : voile et tomate). À chaque mot, demandez à la personne que vous testez si « oui » ou « non » chacun était présent dans la liste que vous aviez lue dans un premier temps.

Insecte, velu, tarentule, peur, bestiole, courir, morsure, plafond, phobie, petite, noir, toile, araignée, voile, tomate

Altitude, vertige, guide, chalet, colline, neige, vallée, sommet, rocher, skier, plaine, refuge, montagne, poisson, ticket

Portable, numéroter, voix, touches, poche, fil, oreillettes, sonner, batterie, répertoire, message, bruit, téléphone, chat, bouteille

Pingre, argent, grigou, pièces, méchant, généreux, harpagon, égoïsme, cupide, sec, cassette, mesquin, avare, libellule, autoroute

2. Lisez ce texte à voix haute : Pierre a fait la fête jusque tard dans la nuit. Quand le réveil sonne, il se lève à moitié endormi et, comme tous les matins, verse du lait dans une casserole, la met sur le gaz qu'il allume avec son briquet. Fatigué, il décide de s'allonger seulement quelques minutes. Une demi-heure après, il se réveille en sursaut.

Laissez passer quelques minutes, puis demandez-vous si ces phrases sont présentes dans le texte :

Pierre a fait la fête jusque tard dans la nuit.

Fatigué, il décide de s'allonger seulement quelques minutes.

Quand il se rend dans la cuisine, le lait a débordé.

3. Lisez cette histoire : Le jeune homm est né dans un quartier populaire de banlieue lyonnaise. Il est le cinquièm enfant d'une famille de sept. À l'éco primaire, il a toujours eu de bons résu tats scolaires. Au collège, ses résulta sont devenus très irréguliers. Il éta souvent absent. Après le collège, il suivi une formation professionnel qu'il n'a pas terminée. Aujourd'hui, il v de petits boulots. La police se deman comment il fait pour posséder une BM

Attendez 5 minutes, puis faites une allusion à une information soi-disant entendue à la radio sur « l'augmentation de 10 % du trafic de drogue en France ». Puis demandez à la personne que vous testez de résumer l'histoire du jeune homme.

4 ÊTES-VOUS DOTÉ D'UNE BONNE MÉMOIRE « AUTOBIOGRAPHIQUE » ?

1. Vous allez essayer de vous souvenir d'un maximum de souvenirs de vos jeunes années (avant vos dix ans). Prenez cinq minutes et notez-les.

2. Notez, ensuite, ceux qui corre pondent à une émotion (la peu la joie, la surprise...).

RÉSULTATS & ANALYSE

1

1RE ÉPREUVE
L'exercice est difficile. Pris au dépourvu, votre résultat risque d'être inférieur à 4.

2E ÉPREUVE
→ Si cette photo a été prise trois mois plus tôt: 70 % des noms et prénoms sont retrouvés en moyenne. Si la photo date de quinze ans: le nombre de camarades correctement nommés tombe à 40 %.

→ S'il s'agit d'une photo de plus de cinquante ans: seuls 20 % des noms et prénoms de vos camarades ont des chances de vous revenir à l'esprit.

2

→ Vous n'avez replacé que quatre ou trois lettres? Normal. Mémoriser ce tableau en entier, à la manière d'une photographie, est une tâche impossible. Personne n'a de mémoire photographique au sens populaire du terme. En revanche, nous avons une mémoire sensorielle visuelle appelée "mémoire iconique". Mais cette mémoire est limitée par la taille réduite du champ visuel chargé d'observer les détails précis d'une image. De plus, cette mémoire est éphémère (250 ms environ). Maintenant, relisez le tableau dans l'ordre de colonnes et vous découvrirez... un proverbe bien connu.

3

1er exercice
Cette première épreuve utilise les capacités de votre mémoire visuo-spatiale. En moyenne, 6 à 8 personnes peuvent être replacées correctement.

2e exercice
L'association prénom-visage fait surtout appel à la mémoire lexicale. En moyenne, 4 à 6 prénoms sont correctement attribués. Mais pour beaucoup d'entre nous, l'épreuve semble complexe. Buter sur le nom d'une personne déjà croisée est une situation classique.

3e exercice
Ici l'important n'était pas la phonétique du mot, mais son sens. Vous avez fait appel à votre mémoire sémantique. C'est elle qui vous a peut-être permis d'écrire « docteur » à la place de « médecin ».

4e exercice
Difficile? Cette simple épreuve démontre que nous n'avons pas une mémoire « photographique ». Si notre regard ne se concentre pas sur une zone précise, elle risque de nous échapper complètement.

4

Avez-vous remarqué que la plupart de vos souvenirs d'enfance sont liés à une émotion forte? La peur, la joie ou la tristesse sont, en effet, de puissants « gardiens » de la mémoire. En revanche, retrouver le jour exact d'un événement de l'enfance est quasiment impossible, sauf s'il correspond à une date particulière (anniversaire...). Pour notre mémoire, le temps n'est pas organisé par des chiffres. Nous utilisons plutôt des balises comme la naissance d'un frère, un déménagement...

LES « FAUX SOUVENIRS »

1er test
En moyenne, votre compagnon de tests sera piégé trois fois sur quatre par les mots en rouge. Il soutiendra mordicus les avoir entendus précédemment. Ces « faux souvenirs » sont dus à une association d'idées. Dans chaque liste, les mots en noir ont une signification qui évoque fortement le mot en rouge. Les mots en bleu, sans rapport, seront reconnus comme des pièges pratiquement à chaque fois.

2e test
Dans la majorité des cas, les trois phrases vont être reconnues. La dernière, qui n'est pas sortie du texte, représente la conclusion logique de l'histoire et elle nous semble exacte.

3e test
Dans 90 % des cas, la personne interrogée fera un « faux témoignage » en assimilant le jeune homme à un dealer. Alors qu'il n'est jamais question de délinquance dans le texte. La mémoire est une reconstruction permanente qui se fait en fonction de nos *a priori*. Cette petite démonstration fait frémir si l'on songe aux témoignages recueillis par la police. Ces expériences sont encore plus efficaces si l'on donne un long délai d'attente entre la lecture et le passage du test.

. Tentez de dater ces souvenirs en répondant à ces quatre questions: En quelle année était-ce? Quel mois? Quel jour? À quel moment dans la journée?

AMÉLIORER VOTRE MÉMOIRE

Si la mémoire ne se muscle pas, elle apprécie, néanmoins, les astuces qui peuvent l'aider dans la vie quotidienne. Libre à vous de les utiliser.

1 RETENIR LES NUMÉROS DE TÉLÉPHONE

Pour se souvenir d'un numéro, visualisez le chemin parcouru par votre doigt sur les touches du téléphone. Répétez le mouvement. Ce chemin constituera une sorte de réflexe qui vous reviendra automatiquement à l'esprit. Vous utiliserez ainsi votre mémoire procédurale, qui vous permet, notamment, de ne jamais oublier comment faire du vélo !

2 SE SOUVENIR DE DATES HISTORIQUES

Ce code "chiffres-sons" nécessite un petit effort d'apprentissage et un entraînement régulier. Mais avec de la pratique, il permet de retenir un nombre impressionnant de dates ou plusieurs dizaines de chiffres situés après la virgule du nombre pi. Ce codage inventé par Aimé-Paris-Guérin, en 1825, utilise les consonnes prononçables :

0 = s, z, ç	2 = n	4 = r	6 = ch, j	8 = f, v
1 = t, d	3 = m	5 = l	7 = k, gu	9 = p, b

Exemple : Au XIXe siècle, en quelle année Nobel a-t-il découvert la dynamite ? Réponse : 1866. Pour la retenir, amusez- vous à faire une phrase utilisant deux fois la consonne « j ». Ex : la dynamite était le « joujou » de Nobel, c'est donc en 18 « 66 ».

Remarque : Les méthodes associant des chiffres à des sons ou des mots sont fastidieuses à utiliser, mais leurs résultats sont redoutables. Certains participants aux championnats du monde de la mémoire les utilisent pour battre leurs records. Quant au code mis au point par Aimé Paris, il aurait été utilisé dans les music-halls par des médiums pour deviner la date de naissance des spectateurs. Un complice tenait en main les documents et lui indiquait tout simplement les nombres sous forme codée en les noyant au milieu de phrases très rapides.

Observez le plan de ce quartier imaginaire, lisez les noms des magasins et des avenues.

La méthode des « images mentales » peut être utilisée pour mémoriser des adresses. Dans l'exemple ci-contre, il suffit d'inventer une image qui associe le nom de la rue à celui du magasin. On peut penser que la boulangerie située rue de la Mare correspond à l'image d'un croissant qui tombe dans une mare, l'hôpital avenue de Madrid à celle d'une infirmière jouant des castagnettes, le bouquiniste, rue des Remparts, à un mur de livres, ou encore la Poste, rue du Chapeau, à un personnage avec une enveloppe sur la tête. Plus l'image est absurde ou humoristique, plus elle marque l'esprit et plus la mémorisation en devient facile.

La méthode des indices

Elle permet, au moins, de doubler les résultats de la mémoire à court terme. Faites effectuer ce test à un membre de votre entourage. Il passera d'environ sept termes retenus à dix-huit, grâce à la méthode des indices.

Le principe

Les vingt mots à retenir sont écrits en gras. Chacun d'entre eux est classé dans une catégorie (ex : dans la catégorie Animal, le mot Tigre). Un mot appartenant à cette même catégorie est indiqué en italique (ex : Éléphant), il servira d'indice.

Trois phases de tests

1. Lisez une fois à haute voix la liste des vingt mots écrits en gras (une seconde par mot). Demandez à votre compagnon de tests de noter le maximum de mots dont il se souvient. Son résultat devrait être d'environ 7 (+ ou – 2).

2. Puis lisez-lui à haute voix les catégories qui correspondent à chaque mot et vous verrez qu'environ seize mots (+ ou – deux) lui reviendront à l'esprit.

3. Pour trouver les derniers mots qui lui échappent encore, donnez-lui le choix entre le mot en gras et l'indice de reconnaissance écrit en italique. Ex : dans la catégorie Animal, c'était le mot Éléphant ou Tigre ? ou dans la catégorie Ville, c'était Madrid ou Rome ? Il devrait se souvenir de pratiquement toute la liste... Alors que vous ne lui avez lu

3 SE SOUVENIR DU PLAN D'UNE VILLE INCONNUE ET EN LOCALISER LES PRINCIPAUX LIEUX

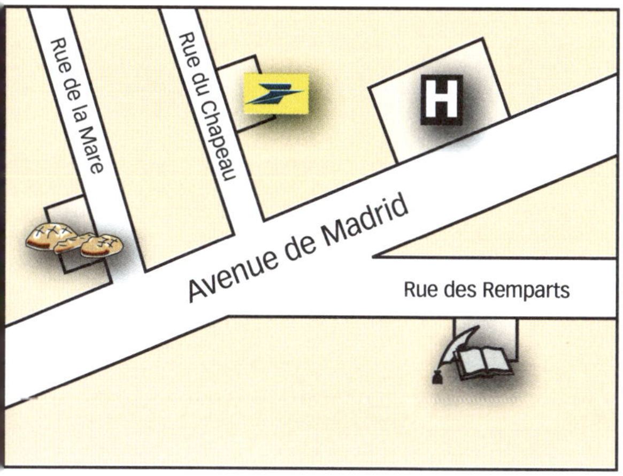

5 ASSOCIER UN VISAGE À UN NOM

Il s'agit d'associer une idée qui résume le nom et le visage d'une personne. Repérez-y un détail important: par exemple, les lunettes de Mme Jélot que vous comparerez aux roues d'un vélo. Cette association mentale vous aidera à connecter son nom et son visage. Une méthode à l'intention des patients touchés par des troubles amnésiques peu sévères.

4 APPRENDRE FACILEMENT UNE LISTE DE MOTS

Animal Tigre Éléphant	Planète Jupiter Vénus	Fleur Renoncule Iris	Arbre Charme Saule	Insecte Puceron Mouche
Fruit Melon Cerise	Prénom François Antoine	Monument Panthéon Obélisque	Ville Madrid Rome	Physique Neutrino Atome
Biologie Synapse Mitochondrie	Couleur Bleu Jaune	Unité Gramme Décimètre	Chaussures Tongs Baskets	Géologie Crétacé Jurassique
Sport Volley Handball	Mythologie Hercule Vulcain	Véhicule Bicyclette Voilier	Lumière Néon Lanterne	Meuble Armoire Table

qu'une seule fois au début du test! Remarque: Ce procédé est classique dans l'enseignement. Étant donné la capacité limitée de la mémoire à court terme (sept items en moyenne), il faut organiser pour apprendre, c'est-à-dire grouper en unités plus grosses les informations que l'on souhaite retenir. Un texte sera ainsi fractionné en paragraphes. Une leçon s'articulera autour de titres et de sous-titres.

La méthode des lieux

Il est possible d'apprendre cette liste de vingt mots sans utiliser d'indices grâce à la méthode des lieux. Procédez en trois étapes. Première étape: visualisez un endroit que vous connaissez sur le bout des doigts. Par exemple, votre appartement. Deuxième étape: distribuez mentalement chaque mot à un endroit précis de ce lieu. Par exemple, le Tigre sous le paillasson de l'entrée, Jupiter sur le sofa, etc. Troisième et dernière étape, pour retrouver votre liste de mots, promenez-vous virtuellement dans votre appartement. Avec un peu d'entraînement, cette méthode permet d'apprendre de quarante à cinquante mots.

« LA MÉMOIRE À TOUT PRIX »

Caroline Tourbe

« *La mémoire ne s'use que si l'on ne s'en sert pas !* » Il y a du vrai dans cet adage. Encore faut-il l'exercer intelligemment, sans tomber dans le travers de certaines recettes qui, malgré tout, rencontrent un succès grandissant auprès de toutes les générations, du retraité encore actif à l'étudiant angoissé par ses examens. Et même des entreprises, lesquelles proposent désormais des formations sur le sujet à leurs salariés ! Le mieux pour cela est d'apprendre à connaître et à utiliser ses différentes formes de mémoires et d'en accepter… les limites.

La mémoire n'a jamais autant suscité pareil intérêt. De fait, c'est un vrai marché qui s'est aujourd'hui constitué. Stages, championnats et méthodes soulignent, par leur variété, la complexité, mais, surtout, la diversité… de nos mémoires. Et pour mieux connaître la vôtre, n'oubliez pas d'exercer vos talents mnésiques tout en faisant la part du vrai et du faux.

Le syndrome de « la mémoire qui flanche » est devenu un véritable fait de notre société qui réclame toujours plus d'efficacité dans les études, le travail voire la vie privée… Résultat : méthodes, livres et stages promettant d'améliorer les capacités du cerveau font recette. Le Britannique Tony Buzan, inventeur des championnats du monde de la mémoire, l'a bien compris. Chaque année, depuis 1991, il organise ces rencontres qui lui permettent au passage de promouvoir ses ouvrages et ses stages de formation.

3 jours d'épreuves intenses

La prochaine édition de ces championnats se déroulera en octobre à Kuala Lumpur, en Malaisie, autour de plusieurs centaines de compétiteurs venus du monde entier… Pendant trois jours, les épreuves se succéderont à un rythme effréné. L'une des plus complexes consiste à retenir l'ordre d'apparition des 52 cartes contenues dans 24 paquets différents. Le record absolu est de 23 séries correctement mémorisées. Soit une suite de près de 1 200 cartes dans l'ordre !

Andi Bell, 30 ans, également britannique et actuel détenteur du titre mondial, utilise un procédé connu sous le nom de méthode des lieux. « Pour retenir une liste d'objets ou de cartes, je visualise des rues de Londres que je connais parfaitement, explique le jeune homme. Puis je range chaque élément à un endroit précis de la ville. Devant la librairie, à côté du passage piétons… Et pour retrouver la liste, je n'ai plus qu'à refaire le parcours dans ma tête. » Le spectacle des champions est aussi impressionnant que les affaires de Tony Buzan sont florissantes – elles lui auraient, en effet, rapporté 140 millions d'euros ! En France, la grande papesse de la mémoire est une ancienne chercheuse en biologie, Monique Le Poncin. Dans ses bureaux parisiens, elle a créé un centre de réhabilitation et d'optimisation de la mémoire où elle organise régulièrement des stages.

Collégiens en difficulté, étudiants angoissés par les examens, cadres débordés… Les stagiaires ont des profils très divers, mais suivent tous les mêmes exercices. Par exemple : mémoriser des listes de mots, lire et retenir rapidement un texte ou reproduire des figures géométriques. « Après deux jours d'entraînement, cette gymnastique du cerveau permet de multiplier par deux les performances de mes stagiaires », assure Monique Le Poncin.

Championne… « incroyable étourdie »

« Toutes ces méthodes aident, sans nul doute, à mémoriser un poème ou à retenir une longue liste de mots. Mais facilitent-elles l'apprentissage de nouvelles informations dans la vie quotidienne ? », s'interroge Serge Nicolas, professeur en psychologie à l'université René-Descartes de Paris. « Développer son aptitude à réussir des exercices de "gymnastique" ne permet pas de muscler le cerveau. Simplement parce que la mémoire n'est pas un muscle. »

Pour s'en convaincre, il suffit de se pencher sur le cas de Tatiana Cooley. En 1997, alors âgée de 25 ans, elle a remporté le titre de championne de mémoire des États-Unis. Elle est capable de mémoriser le nom et le visage de 70 personnes en 15 minutes et de retenir une liste de 500 mots. Mais elle ne peut pas vivre sans ses Post-it et se définit comme une « incroyable étourdie ». Retenir les dates d'anniversaire ou son programme de la journée ne lui est pas plus facile que le commun des quidams. Cette propension à l'étourderie lui viendrait de son manque de concentration sur les tâches quotidiennes. « Bien des personnes pensent ainsi avoir des troubles de la mémoire alors qu'elles ont simplement mal écouté une information, note Alain Lieury, psychologue à l'université de Rennes et spécialiste des souvenirs. C'est pourquoi les exercices d'évaluation et de mémorisation ne sont pas dénués d'intérêt. Au-delà de leur aspect ludique, « ils nous apprennent comment le cerveau emploie, à notre insu, différents systèmes mnésiques », poursuit Alain Lieury à qui nous avons demandé de préparer une série de tests pour Science & Vie. « Mais attention, prévient-il, le mieux pour entretenir sa mémoire, c'est la lecture, car elle met en jeu l'attention, la perception visuelle, la reconnaissance de mots, la construction d'images mentales… »

TEST N° 16

QUEL MALADE ÊTES-VOUS?

Augmentation de l'espérance de vie de cinq ans ces vingt dernières années (75,9 ans pour les hommes et 82,9 ans pour les femmes), baisse de la mortalité liée aux troubles cardio-vasculaires, premiers du classement 2000 des systèmes de santé des 191 pays de l'OMS… Les Français ont la forme. Ils sont presque neuf sur dix à se dire en bonne santé, selon la Direction de la recherche, des études, de l'évaluation et des statistiques (Drees). Jugement qui décroît avec l'âge, mais aussi chez les chômeurs, les ouvriers, les non diplômés… et chez les femmes, qui consultent 6 fois par an (4,2 fois pour les hommes). Par ailleurs, la France est le premier pays prescripteur de médicaments en Europe ! Selon la Cnam, neuf consultations sur dix aboutissent à une ordonnance. Contre moins d'une sur deux au Pays-Bas, où on prescrit deux fois moins de médicaments. « *C'est une forme de réflexe ancré dans nos mœurs*, analyse Sylvie Fainzang, directrice de recherche à l'Inserm[1]. *Les habitudes de prescription chez les médecins sont en partie liées à l'incitation faite par l'industrie pharmaceutique. Chez les patients, l'engouement pour les médicaments favorise aussi l'automédication* ». Les milieux favorisés et bien informés étant ceux qui ont le plus tendance à se soigner tout seuls. Reste qu'au-delà des statistiques, nos origines sociales, culturelles et religieuses influencent nos comportements. Ainsi, selon Sylvie Fainzang, les catholiques consomment plus de médicaments que les protestants, tandis que les musulmans portent une attention particulière aux traitements du cœur. Et vous, quelles relations entretenez-vous avec votre santé ? Notre test du mois vous propose de faire un check-up de vos connaissances et un diagnostic de vos attitudes en la matière.

Betty Mamane

1 Membre du Centre de recherche médecine, sciences, santé et société et auteur de *Médicaments et société*, éditions PUF, 2001.

Pour chacune de ces affirmations, indiquez si elle est vraie ou fausse.

1. H5N1 est le nom…
A) d'une nouvelle forme de virus du sida
B) du virus responsable de l'épizootie de grippe aviaire
C) scientifique du Chikungunya

2. On peut attraper la grippe aviaire…
A) au contact d'une volaille infectée
B) en mangeant une volaille infectée
C) au contact d'une personne malade

3. Les virus sont des microbes.
☐ Vrai ☐ Faux

4. Les antibiotiques agissent sur tous les microbes.
☐ Vrai ☐ Faux

5. Fumer 20 cigarettes par jour…
A) multiplie par 2 le risque d'avoir un cancer du poumon
B) multiplie le risque par 5
C) multiplie le risque par 15

6. Quel trouble peut vous conduire chez un orthopédiste ?
A) Un cor au pied
B) Un problème de strabisme
C) Une scoliose

7. Le soleil est plus dangereux pour la peau sur la plage qu'en ville.
☐ Vrai ☐ Faux

8. Les crèmes solaires à indice de protection supérieur à 45 empêchent de bronzer.
☐ Vrai ☐ Faux

9. Parmi les causes suivantes, quelles sont les deux qui font perdre le moins de vies aux Français ?
A) Le tabac
B) Les violences volontaires
C) Le couple sédentarité/suralimentation
D) Le sida
E) L'alcool
F) Les accidents de la route

10. La pollution atmosphérique est responsable d'une majorité de cancers.
☐ Vrai ☐ Faux

11. L'alcool n'est pas un facteur de risque du cancer.
☐ Vrai ☐ Faux

12. « Tumeur » est un autre mot pour cancer.
☐ Vrai ☐ Faux

1 TESTEZ VOS CONNAISSANCES MÉDICALES

13. La différence entre médicaments génériques et non génériques concerne…

A) le contrôle

B) l'emballage et le nom

C) l'efficacité

D) la composition du produit actif

14. Paracétamol et aspirine ont la même molécule active.

☐ Vrai ☐ Faux

15. Pour faire baisser la fièvre, il faut (plusieurs réponses possibles)…

A) prendre de l'aspirine ou du paracétamol

B) prendre un antalgique

C) ne pas être trop couvert

D) boire beaucoup

E) éviter de manger

16. Un incendie s'est déclaré en bas de votre immeuble. Vous êtes au troisième étage (plusieurs réponses possibles)…

A) vous vous ruez dans la cage d'escalier pour sortir

B) vous prenez l'ascenseur pour descendre au plus vite

C) vous calfeutrez votre porte d'entrée et celles communicant avec d'autres appartements.

D) vous ouvrez une fenêtre qui donne sur la rue et vous vous y postez

17. Vous arrivez le premier sur les lieux d'un accident de la route. Le conducteur est inconscient. En attendant les secours (plusieurs réponses possibles)…

A) vous coupez le contact

B) vous sortez le conducteur de la voiture pour le coucher sur le côté en position latérale de sécurité

C) vous l'installez dans une position plus confortable

D) vous allez en amont de l'accident pour prévenir les autres automobilistes

E) vous agissez en fonction de ce que vous avez appris à faire

18. Les symptômes de la grippe sont…

A) violents maux de tête, grande fatigue, courbatures et fièvre

B) maux de gorge, nez qui coule, toux grasse et fièvre

C) point de côté thoracique et fièvre

D) difficulté à respirer et fièvre

19. Toutes les angines se soignent avec des antibiotiques.

☐ Vrai ☐ Faux

20. En cas d'intoxication, la première mesure est…

A) de boire du lait

B) de vomir

C) d'appeler le centre antipoison

D) de boire de l'eau

21. En cas de brûlure importante, en attendant les secours, il faut (plusieurs réponses possibles)…

A) rincer la zone atteinte à l'eau froide

B) l'enduire d'une crème grasse

C) la recouvrir de dentifrice ou d'un emplâtre

D) la protéger avec un linge propre

E) ne rien faire

22. La réforme de la Sécurité sociale exige de passer par son généraliste pour être adressé à un spécialiste. Mais trois spécialités restent en « accès libre ». Lesquelles ?

A) Cardiologie

B) Pédiatrie

C) Dermatologie

D) Chirurgie

E) Gynécologie

F) Ophtalmologie

2 ÊTES-VOUS HYPOCONDRIAQUE ?

« Hypocondrie » vient du grec *hypocondria*, signifiant partie de l'abdomen. Jadis, « l'hypocondriaque » désignait celui qui se plaignait de maux de ventre. Et aujourd'hui, celui qui est obsédé par l'idée d'être malade. En avez-vous les symptômes ? Voici quelques questions pour le savoir

1. L'actualité médicale vous intéresse…

A) un peu

B) beaucoup

C) passionnément

2. Vous lisez…

A) de temps en temps un article sur un sujet de santé qui vous intéresse

B) régulièrement la rubrique santé des magazines

C) régulièrement plusieurs revues spécialisées en médecine

3. En moyenne, vous allez chez le médecin (sans compter les consultations pour longue maladie, grossesse ou maladie chronique)…

A) moins de 4 fois par an

B) de 4 à 7 fois par an

C) plus de 7 fois par an

4. Face à la vache folle, la tremblante du mouton, la grippe aviaire aujourd'hui…

A) vous continuez à déguster du poulet à toutes les sauces

B) vous ne manger plus de volaille

C) Vous ne consommez plus ni œufs ni viande

5. Où en êtes-vous des vaccinations ?

A) vous ne vous y êtes pas intéressé depuis que vous avez quitté l'école.

B) vous êtes à jour, vous avez fait celles recommandées par votre médecin

C) vous les avez toutes faites, mais vous avez peur maintenant de certaines complications possibles

6. Quand vous êtes malade vous consultez généralement…

A) un médecin

B) parfois deux

C) plus de deux

7. Après une consultation médicale, le plus souvent…

A) vous êtes satisfait

B) vous êtes rassuré

C) vous avez l'impression que le médecin ne prend pas vos symptômes au sérieux

8. Quand vous avez un traitement à suivre, vous avez tendance à…

A) l'abandonner dès que vous allez mieux

B) respecter la prescription du médecin

C) augmenter légèrement les doses

9. Lorsque vous entendez parler d'une maladie…

A) vous ne voyez pas de raison d'être inquiet

B) vous vous assurez rapidement que vous ne souffrez pas des symptômes décrits

C) vous avez souvent l'impression d'en être atteint

10. Vous avez mal à la tête depuis deux jours…

A) vous prenez de l'aspirine en attendant que cela passe

B) vous vous demandez ce qui a pu déclencher une telle migraine

C) ce n'est pas la première fois ! Vous demandez à votre généraliste de vous prescrire un scanner

11. Subitement, vous avez ressenti une douleur aiguë dans la poitrin Puis, plus rien. Votre réaction…

A) aucune importance, c'est passé !

B) le stress, sans doute. Vous décid de ralentir le rythme

C) et si c'était un infarctus du myocarde ?

12. Ce matin, votre urine a une coule un peu rosée…

A) vous trouvez ça joli

B) vous vous souvenez que la veill vous avez mangé des betteraves

C) du sang dans les urines ! Vous pensez, au mieux, à une infection urinaire, au pis, à une tumeur du re

3 COMMENT VOUS SOIGNEZ-VOUS ?

Mieux connaître ses modes de consommation médicale, identifier ses besoins et ses attentes en matière de santé… Autant d'éléments qui varient d'un individu à l'autre, selon l'âge, le sexe, l'éducation, le niveau socioprofessionnel, etc. Ce questionnaire vous aidera à établir votre profil.

1. Avez-vous déjà fait un bilan de santé ?

A) Oui, à la demande d'un médecin ★

B) Oui, de ma propre initiative ■

C) Jamais ●

2. Ne pas être en surpoids, pour vous, c'est…

A) très important ■

B) assez important ★

C) sans importance ●

3. Pratiquez-vous une activité physique pour vous tenir en forme ?

A) Oui, mais pas assez régulièrement ★

B) Oui, très régulièrement ■

C) Pas spécialement ●

4. Y a-t-il des médecins dans votre entourage ?

A) Parmi vos parents et amis ■

B) Parmi vos relations ★

C) Non, aucun ●

5. Lorsque vous êtes malade, vous consultez :

A) toujours votre médecin habituel ★

B) le premier médecin disponible ■

C) personne, si possible ●

6. Dans votre carnet d'adresses, vous avez les coordonnées…

A) de votre médecin de famille ★

B) de plusieurs généralistes et spécialistes ■

C) d'aucun médecin ●

7. Migraine, maux de ventre, de dos…

A) vous avez du mal à comprendre ce qui vous arrive ★

B) vous soignez seul ces maux familiers ■

C) vous ne vous écoutez pas ●

8. En consultation…

A) vous n'osez pas demander de précisions au médecin ★

B) vous lui posez des questions ■

C) plus vite c'est fini, mieux c'est ●

9. Vous arrive-t-il parfois de demander un autre avis médical ?

A) À un proche ●

B) À un autre médecin ■

C) Jamais ★

10. Vous arrive-t-il de ne pas prendre un médicament prescrit par votre médecin ?

A) Jamais

B) Parfois, par crainte d'effets secondaires

C) Souvent, car ce n'est pas indispensable

11. Maux de gorge, toux, nez qui coul cet hiver encore vous n'y avez pas échappé…

A) au bout de deux jours, vous demandez des antibiotiques à votr médecin

B) paracétamol, suppositoires, collutoire : vous piochez dans l'armoire à pharmacie

C) inhalations, grogs, pastilles au miel : vous prenez votre mal en patience

12. Avez-vous déjà utilisé sans avis médical, un médicament prescrit pour un précédent trouble ?

A) Jamais

B) Parfois

C) Souvent

13. Prenez-vous un médicament sur les conseils d'un proche ?

A) Rarement

B) Oui, s'il est délivré sans ordonnance

C) Souvent

RÉSULTATS & ANALYSE

1

1-B; 2-A (éventuellement b, si la viande est consommée crue).

3-vrai (« microbe » désigne un organisme microscopique: virus, bactéries...)

4-faux (les antibiotiques n'agissent que sur certaines bactéries)

5-C; 6-C

7-vrai (du fait de la réverbération des rayons sur le sable et l'eau)

8-faux; 9-B et D

10-faux (la pollution compte pour de 2 à 3 % des cancers)

11-faux (l'alcool est lié aux cancers de la bouche, de la gorge, du larynx, de l'œsophage, du foie, etc.)

12-faux (une tumeur désigne la croissance anarchique d'un groupe de cellules. Bénigne, elle est peu grave et se développe lentement. Maligne, elle est cancéreuse)

13-B; 14-faux; 15-A, C et D

16-C et D (ouvrir la fenêtre ne fait pas d'appel d'air si vous avez calfeutré la porte)

17-A, D et E; 18-A

19-faux (pas les angines virales)

20-C; 21-D et E; 22-B, E et F

Comptez un point par réponse exacte

→ **Moins de 7 points:** les questions de santé vous préoccupent peu. Vous soigner? Vous laissez sans doute cela aux autres. Un parent, votre conjoint, votre médecin.

→ **Entre 8 et 17 points:** vous êtes bien renseigné. Et donc pas complètement perdu à la moindre égratignure.

→ **Plus de 17 points:** si vous n'avez pas prêté le serment d'Hippocrate, vous avez néanmoins les bons réflexes et connaissez le sujet.

2

Comptez 1 point pour chaque réponse « A », 2 pour chaque réponse « B » et 3 pour chaque réponse « C ».

→ **Moins de 18 points:** bon vivant, vous vous souciez peu des petits bobos voire des grands maux du corps. Vous avez une santé de fer, ou un brin d'inconscience.

→ **Entre 18 et 30 points:** mieux vaut prévenir que guérir, vous le savez sans céder à la panique. Vous êtes à l'écoute de vous-même et évaluez à juste titre les risques pour votre santé.

→ **Plus de 30 points:** à défaut d'être malade, vous êtes pour le moins très inquiet. Un peu trop peut-être? Est-ce seulement vis-à-vis de votre santé? Attention, l'hypocondrie vous guette. Hélas! la peur n'évite pas le danger.

3

→ **Une majorité de ★:** l'univers médical ne vous est pas familier et vous impressionne parfois. Vous avez une confiance totale en la médecine et ses praticiens. Trop, sans doute? Informez-vous mieux et n'hésitez pas à faire preuve d'esprit critique.

→ **Une majorité de ■:** vous prenez en mains votre santé et attendez de votre médecin qu'il soit efficace. Pour vous, c'est un expert comme un autre, susceptible donc de se tromper. Attention à ne pas surévaluer vos connaissances et à vous laisser tenter par l'automédication.

→ **Une majorité de ●:** les progrès de la médecine vous laissent dubitatifs. Vous refusez la médicalisation à outrance et craignez parfois que le remède soit pire que le mal. Vous préférez d'autres alternatives et trouvez le milieu médical alarmiste... Au risque de négliger votre santé.

« LES FRANÇAIS SONT DEVENUS PLUS LUCIDES FACE AUX RISQUES DE LA PRATIQUE MÉDICALE »

Interview du Pr Claude Got

Anatomopathologiste, spécialiste des questions de santé publique.

Ce test a révélé votre rapport à la santé. Le Pr Claude Got[1], qui ausculte nos comportements depuis de longues années, établit un diagnostic précis de la santé publique à la française.

Science & Vie: Quelles sont aujourd'hui les priorités en matière de santé publique?

Claude Got: Quatre causes de mortalité sur lesquelles on peut agir efficacement, font perdre chaque année à l'ensemble des Français l'équivalent de plus de 100 000 années de vie: le tabac, l'alcool, l'accident de la route et le couple suralimentation/sédentarité. Le gouvernement le sait, les spécialistes de la prévention le clament, ce n'est pas pour autant que l'on fait respecter la loi Evin pour protéger les non-fumeurs, ou que l'on maîtrise les excès de l'industrie automobile, de l'agroalimentaire, ou du lobby de l'alcool.

S&V: Pensez-vous que les Français sont suffisamment « responsables » de leur santé?

C.G.: Oui, dans une certaine mesure, et surtout les femmes. Mais il reste encore une grande part de la population qui, faute de connaissances ou de moyens, se préserve mal. La responsabilité individuelle doit être relayée par celle des acteurs de la santé publique. La politique de sécurité routière, depuis trois ans, a été un extraordinaire succès: aucun autre pays n'a eu 35 % de réduction de la mortalité sur les routes en un temps aussi court. Ce résultat est dû à des décisions politiques, à une meilleure application des règles et à une très bonne adhésion de la population. Les médias ont aussi joué un rôle important. C'est un exemple assez exceptionnel de bon fonctionnement d'une chaîne de responsabilités.

S&V: Le monde médical n'a-t-il pas aussi perdu de sa crédibilité?

C.G.: Le public est soumis au flux continu d'une information qui ne correspond pas aux besoins de santé publique. Le rôle des chercheurs s'efface et leurs certitudes ne sont pas toujours entendues. Les drames du sang contaminé ou de l'hormone de croissance, le retrait de certains médicaments du marché, l'importance des infections nosocomiales (contractées à l'hôpital), ont sans doute réduit la crédibilité du système de soins ces dernières années. On constate aussi une plus grande lucidité face au risque inhérent à l'action médicale. Pour autant, une grande confiance demeure dans les médecins.

S&V: Comment développer une bonne politique sanitaire sans semer l'inquiétude?

C.G.: La population doit bénéficier d'une information précise sur les problèmes et les solutions relevant de l'action de chacun. Or, ce sont surtout les événements nouveaux qui monopolisent les médias. La grippe aviaire a envahi les esprits avant même d'avoir tué une seule personne en France. Je ne dis pas qu'il n'y aura pas une pandémie grippale majeure dans les années à venir, mais la prévention revient à l'État. Elle doit se faire sérieusement, dans le calme, et pas au niveau d'individus cessant d'acheter du poulet ou abandonnant leur chat.

1 Ouvrages récents: *L'Expertise en santé publique*, éditions PUF, collection « Que sais-je ? », 2005 et *Comment tuer l'État, précis de malfaçons et de malfaisances*, éditions Bayard, 2005.

TEST N° 17

QUE SAVEZ-VOUS DE LA DOULEUR ?

« *Sois sage, ô ma douleur, et tiens-toi plus tranquille !* », écrivait Baudelaire. Chacun n'a-t-il pas murmuré la même chose face à cette sensation physiologique qui sait si bien prendre mille visages : mal de tête, blessures, lombalgies, caries, arthrose ? Pour autant, pas facile de donner un sens médical précis à ces symptômes. L'Association internationale pour l'étude de la douleur (IASP) la définit comme une « *expérience sensorielle et émotionnelle désagréable liée à une lésion tissulaire existante ou potentielle, ou décrite en termes d'une telle lésion* ».

En France, en 2007, 31 % des personnes déclaraient souffrir d'une douleur chronique (quotidienne, et depuis plus de trois mois) et 20 % d'une douleur chronique modérée à sévère. Principales causes : la maladie (rhumatismes, douleurs lombaires, mal de gorge…), pour 32 % des individus ; les accidents pour 20 % ; les opérations chirurgicales pour 15 % ; des examens médicaux ou des soins pour 14 %. Quant aux douleurs de la grossesse, elles touchent 4 % de la population.

Sur les 86 % de ceux ayant consulté à ce sujet au cours des deux dernières années, 74 % ont eu une prescription médicale (paracétamol, antalgiques opiacés faibles, antidépresseurs, anxiolytiques). Toutefois, nous ne sommes pas égaux face à la douleur. Sur l'ensemble des personnes confrontées à la douleur, 56 % sont de sexe féminin et 44 % de sexe masculin… Et vous, êtes-vous douillet, ou faites-vous partie des 5 % qui ne le sont pas ? Et, au juste, savez-vous comment naît la douleur ? Voici une petite piqûre de rappel.

Florence Heimburger

Sources : sofres médicale-tns-sofres

1. L'insensibilité à la douleur est-elle dangereuse ?
☐ Oui ☐ Non

2. Une douleur aiguë est toujours plus forte qu'une douleur chronique.
☐ Vrai ☐ Faux

3. Une douleur peut-elle augmenter avec le stress ?
☐ Oui ☐ Non

1. Les médicaments à prendre diffèrent-ils selon le type de douleurs ?
☐ oui ☐ Non

2. Quel est l'antalgique le plus utilisé ?
A) L'aspirine
B) Le paracétamol

3. Quel est le principe actif de l'aspirine ?
A) L'acide ascorbique
B) L'acide acétylsalicylique

3 LA LOI

1. La prise en charge de la douleur est une obligation réglementaire pour tout établissement de santé et pour tous les soignants.
☐ Vrai ☐ Faux

2. Les prescriptions d'opioïdes forts doivent être rédigées sur des ordonnances sécurisées.
☐ Vrai ☐ Faux

3. Pour certaines douleurs, le patient a le droit de s'administrer de la morphine lui-même.
☐ Vrai ☐ Faux

1 LES SYMPTÔMES

4. Plus on vieillit, plus on devient douillet.
☐ Vrai ☐ Faux

5. Les nourrissons ne souffrent pas.
☐ Vrai ☐ Faux

6. Parmi ces douleurs, lesquelles sont consécutives à une brûlure?
A) Les douleurs nociceptives
B) Les douleurs neuropathiques
C) Les douleurs psychogènes

7. Pourquoi les dents peuvent-elles faire si mal?
A) Parce que la face est la région la plus innervée du corps.
B) Parce que les dents se trouvent sur la face, région du corps la plus proche du cerveau. L'information nerveuse est transmise plus rapidement.
C) Parce que nous sommes obligés de les utiliser en permanence ou presque.

2 LES TRAITEMENTS

4. Quelle est la principale différence entre l'aspirine et le paracétamol, hormis leur composition?
A) Seule l'aspirine possède une activité analgésique.
B) Seule l'aspirine est antipyrétique.
C) Seule l'aspirine a un effet anti-inflammatoire.

5. Le protoxyde d'azote, ou gaz hilarant, est toujours utilisé en anesthésie.
☐ Vrai ☐ Faux

6. De quelle plante est dérivée la morphine?
A) Camomille
B) Pavot
C) Eucalyptus
d) Chanvre

7. Les opioïdes (dérivés de l'opium et de la morphine) existent à l'état naturel dans notre organisme.
☐ Vrai ☐ Faux

8. La morphine entraîne une dépendance.
☐ Vrai ☐ Faux

9. Si un patient prend de la morphine pour une douleur forte d'emblée, plus rien ne marchera quand il aura encore plus mal.
☐ Vrai ☐ Faux

10. Pour calmer une douleur locale, la diffusion d'un courant électrique peut être:
A) Vivement déconseillée
B) Recommandée

4 COMPORTEMENT FACE À LA DOULEUR

1. Il faut attendre le plus longtemps possible avant de prendre un médicament contre la douleur.
A) Vrai
B) Faux

2. Il est possible de soigner la douleur autrement qu'avec des médicaments.
A) Vrai
B) Faux

3. Que faire devant une douleur aiguë d'origine inconnue?
A) Prendre un traitement antalgique.
B) Consulter un médecin.
C) Ne rien prendre pour ne pas masquer le diagnostic et attendre que cela passe.

4. Quel traitement choisir en première intention pour traiter une douleur chronique?
A) Du paracétamol, de l'aspirine ou un anti-inflammatoire non stéroïdien.
B) Un antalgique opiacé faible.
C) Un antalgique opioïde fort.
d) Cela dépend, entre autres, de l'intensité de la douleur.

5 MESURE DE LA DOULEUR

1. Comment évalue-t-on l'intensité d'une douleur?
A) Par une prise de sang
B) Par un scanner
C) Par des échelles d'évaluation

2. Comment savoir si une personne âgée atteinte de la maladie d'Alzheimer souffre?
A) En lui faisant passer des examens médicaux
B) En lui faisant passer des tests d'évaluation
C) En observant son comportement

3. Peut-on évaluer la douleur chez l'enfant qui ne parle pas encore?
A) Non
B) Oui

6 ET VOUS ?

1. Êtes-vous migraineux ?
Répondez par « oui » ou par « non » aux affirmations suivantes :

Votre mal de tête évolue par crises (durée de quelques heures à trois jours) entrecoupées de périodes de rémission
☐ Oui ☐ Non

Vous avez déjà vécu au moins cinq crises
☐ Oui ☐ Non

Votre mal de tête présente au moins deux des aspects suivants : localisé d'un côté de la tête, pulsatif, accru par l'effort physique, douleur forte à très forte
☐ Oui ☐ Non

Votre mal de tête s'accompagne d'au moins l'un des signes suivants : nausées ou vomissements, gêne à la lumière et au bruit.
☐ Oui ☐ Non

2. Êtes-vous sensible au froid ?
Prenez un glaçon, enveloppez-le dans un sac en plastique et apposez le sac sur la paume de la main, puis chronométrez la durée pendant laquelle vous supportez la douleur. Est-elle :

A) inférieure à 30 secondes ?

B) égale ou légèrement supérieure (de 2 ou 3 secondes) à 30 secondes ?

C) largement supérieur à 30 secondes ?

3. Êtes-vous sensible au chaud ?
Faites chauffer un verre d'eau ou, mieux, un récipient hermétique contenant de l'eau, aux micro-ondes à 46 °C (mesurez la température avec un thermomètre pour le bain des bébés, par exemple). Apposez ensuite le verre ou le récipient fermé (pour éviter de se mouiller) sur la paume de la main pendant 30 secondes. Choisissez une note, entre 0 et 10, qui décrit le mieux l'importance de la douleur que vous avez ressentie.

4. Êtes-vous un « catastrophiste » ?
Mal de tête, douleur dentaire, chacun de nous peut présenter une douleur au cours de sa vie. Mais nous ne ressentons pas tous les mêmes sentiments et émotions quand nous avons mal. Vous trouverez ci-dessous treize énoncés décrivant plusieurs types de sentiments et émotions pouvant être associés à la douleur. En vous remémorant un souvenir de douleur forte, indiquez au moyen de l'échelle ci-dessous (de 0 à 4) à quel point vous ressentez ces pensées ou impressions.

0) Pas du tout : 0

1) Un peu : 1

2) Modérément : 2

3) Beaucoup : 3

4) En permanence : 4

Quand j'ai mal...

1) je me préoccupe constamment de savoir si la douleur s'arrêtera

2) j'ai l'impression que je ne pourrai pas continuer ainsi

3) c'est terrible et je pense que ça ne s'améliorera jamais

4) c'est affreux et je sens que c'est plus fort que moi

5) j'ai l'impression de ne plus pouvoir supporter la douleur

6) j'ai peur que la douleur ne s'aggrave

7) je ne cesse de penser à d'autres expériences douloureuses

8) je souhaite avec angoisse que la douleur disparaisse

9) je ne peux pas m'empêcher d'y penser

10) je ne cesse de penser à quel point ça fait mal

11) je ne cesse de penser à quel point je veux que la douleur disparaisse

12) il n'y a rien que je puisse faire pour réduire l'intensité de la douleur

13) je me demande s'il va m'arriver quelque chose de grave

Total :

1

1. Oui. C'est même une maladie grav (l'anhydrose), qui met en danger vie des sujets atteints.

2. Faux. Une douleur aiguë est tran toire alors qu'une douleur chroniq persiste quotidiennement depuis a moins trois à six mois.

3. Oui.

4. Faux. C'est même plutôt contraire, car les seuils de doule augmentent avec l'âge. En revanch le risque de souffrir de douleurs chr niques s'accroît en vieillissant.

5. Faux.

6. A) Les plus courantes font suite un coup, une brûlure, une opératio une inflammation, une fracture, un infection...

7. A)

RÉSULTATS & ANALYSE

2

1. Oui. Chaque douleur implique un traitement spécifique (antalgiques, opioïdes, anesthésiques, antidépresseurs…)

2. B) Les trois médicaments les plus prescrits en France sont tous à base de paracétamol.

3. B)

4. C)

5. Vrai. Il s'utilise pour des interventions de courte durée (de trente à quarante-cinq minutes), sous forme de mélange équimolaire d'oxygène et de protoxyde d'azote (MEOPA).

6. B) La morphine est un alcaloïde extrait de l'opium du pavot *Papaver somniferum*.

7. Vrai. De nombreux organes (cerveau, tube digestif…) fabriquent et libèrent des substances appelées opioïdes endogènes.

8. Faux. Les études scientifiques montrent que la morphine utilisée dans de bonnes conditions pour traiter la douleur, n'entraîne pas de toxicomanie, même si elle est prise à long terme…

9. Faux. Il n'y a pas de dose de morphine maximale. La dose administrée se module selon son seuil d'efficacité et l'apparition d'effets indésirables.

10. B) Une stimulation électrique superficielle empêche la transmission de la douleur.

3

1. Vrai.

2. Vrai. Ces ordonnances sont commandées auprès d'imprimeurs agréés par le Conseil de l'ordre des médecins.

3. Vrai. Dans le cas de douleurs intenses, le malade peut utiliser une pompe intraveineuse à morphine qui lui permet de déterminer lui-même la dose dont il a besoin.

4

1) Faux. La douleur devient plus difficile à soulager, une dose plus importante de médicament sera nécessaire pour la calmer, avec un risque plus élevé d'effets indésirables.

2) Vrai. On peut faire appel à des traitements comme la masso-kinésithérapie, les contentions (corset de maintien lombaire, collier en mousse), la chaleur, le froid ou l'électrothérapie. La relaxation et différentes psychothérapies contribuent à faire décroître la perception de la douleur.

3) A et B. Réagir face à une douleur aiguë est une urgence. Diagnostic et traitement antalgique doivent être mis en œuvre en parallèle.

4) D. Les professionnels de santé prescrivent des antalgiques ou des analgésiques, adaptés à l'intensité du phénomène douloureux. Face à une douleur faible ou modérée, le médecin prescrit du paracétamol, de l'aspirine ou autres anti-inflammatoires non stéroïdiens (AINS) tels que l'ibuprophène ou la noramidopyrine (ou métamizole). Si la douleur s'intensifie, le praticien passe aux antalgiques opiacés faibles (dérivés allégés de l'opium et de la morphine, comme la codéine, la dihydrocodéine, le dextropropoxyphène et le tramadol). En cas de douleurs intenses, il peut directement prescrire des antalgiques opioïdes forts : de la morphine ou ses dérivés (péthidine, hydromorphone, etc.).

5

1. C) La douleur est un phénomène subjectif, sa mesure est donc difficile et il n'existe pas de méthode clinique de référence pour l'évaluer. On utilise donc trois échelles subjectives : l'échelle visuelle analogique (EVA), l'échelle numérique (EN) et l'échelle verbale simple (EVS).

2. C) Une personne atteinte de cette maladie est incapable d'évoquer l'intensité de ce qu'elle éprouve. Agitation, désintérêt, repli sur soi, crispations du visage, pleurs, gémissements, gestes pour protéger certaines parties du corps, refus de s'alimenter sont alors autant de signes révélateurs de douleurs.

3. Oui. Les soignants disposent de grilles d'observation du comportement de référence, évaluant expression du visage, pleurs, jeu, sommeil, appétit, humeur…

6

1. Si vous avez répondu quatre fois « oui », vous êtes vraiment migraineux. Si vous avez répondu trois fois « oui », vous êtes probablement migraineux. Si vous avez répondu une ou deux fois « oui », vous n'êtes *a priori* pas sujet aux migraines.

2. A) : vous êtes plus sensible à la douleur que la moyenne. b) : vous êtres dans la norme. c) : vous faites partie des 5 % de la population française qui possède un seuil de tolérance plus élevé que la normale.

3. Entre 0 et 5, vous n'êtes pas ou peu douillet. Vous faites partie des 5 % des Français qui résistent bien à la douleur. 5, 6 ou 7 : vous êtes dans la moyenne. 8, 9 ou 10 : vous êtes très sensible, et risquez davantage d'être sujet à une douleur chronique.

4. Si votre total est inférieur à 38, vous n'êtes pas particulièrement embarrassé par la douleur. Si votre score est compris entre 38 et 52, vous présentez probablement un degré significatif de catastrophisme. Or, plus d'une centaine d'études ont démontré un lien très fort entre catastrophisme et douleur chronique. Les sujets catastrophistes ont plus de difficultés à contrôler leurs douleurs, développent davantage de « ruminations » mentales sur leur douleur, et anticipent plus la douleur que les non catastrophistes. Mais pas de panique, le catastrophisme peut être réduit, notamment par le biais des techniques cognitivo-comportementales.

TEST N° 18

QUEL CRÉATIF ÊTES-VOUS ?

« *Imaginez toutes les utilisations possibles d'une boîte en carton. Essayez de trouver des idées auxquelles les autres n'auraient pas pensé. Vous avez dix minutes…* » En 1958, c'est à peu près en ces termes que fut soumis le premier test de créativité. Son auteur, l'Américain Paul E. Torrance, professeur de psychologie, venait de lancer le concept de « pensée créative », selon lequel il n'est nul besoin d'être Léonard de Vinci pour faire preuve d'imagination. Cinquante ans plus tard, dans une société en perpétuelle quête d'innovation, un marché s'est ouvert sur le développement de la créativité. Méthodes et séminaires se multiplient, pendant que les spécialistes des sciences cognitives en font un objet de recherches, proposant une définition : la créativité est la capacité de réaliser une production nouvelle et adaptée. Comment booster le processus ? « *La démarche créative est un moteur à deux temps : un temps ou l'on s'éloigne et un temps pour revenir au sujet. Et plus on s'éloigne, plus on est créatif*, répond Guy Aznar[1], président de l'Association française pour le développement de la créativité. *La difficulté au sein de l'entreprise est qu'on y attend des idées efficaces tout de suite. D'où un milieu peu réceptif aux propositions nouvelles. On n'imagine pas perdre du temps pour en gagner.* » Timidité, peur de l'erreur ou du ridicule… il faut se sentir en confiance pour livrer ses idées. Un conseil pour y parvenir : face à toute nouvelle idée, dites-vous « pourquoi pas ? ».

En attendant, êtes-vous du genre à bricoler un prototype dans votre garage ou à cacher un début de roman dans votre tiroir ? À refaire le monde à l'heure de l'apéro ? À vous produire le week-end dans un groupe rock, ou à révolutionner votre entreprise à chaque *brain-storming* ? Rien de tout ça. Pourquoi ne pas tester votre créativité ?

Betty Mamane

1 Auteur de *Idées : 100 techniques de créativité pour les produire et les gérer*, éditions d'Organisation.

La créativité ne se nourrit pas seulement d'inspiration et de l'air du temps, les études montrent qu'une certaine capacité de raisonnement favorise la créativité. Voici quelques problèmes qui tournent autour de cette question.

1. Dans une ville, 15 % des abonnés au téléphone sont sur la liste rouge. Vous sélectionnez 200 noms au hasard dans l'annuaire de votre département. Combien des personnes ainsi sélectionnées vous attendez-vous à voir figurer sur la liste rouge ?

Créer, c'est prendre des risques. Jusqu'où êtes-vous prêt à aller ?

Vous êtes illustrateur et vous venez d'être engagé par un grand éditeur de livres pour enfants. Pour votre première commande, on vous demande d'illustrer un livre sur les voitures de pompiers. Vous pensez à deux styles d'illustrations : le style réaliste, utilisé le plus souvent et qui se vend toujours très bien, et le style cubiste qui n'est généralement pas employé dans les livres pour enfant mais dont l'idée vous séduit beaucoup. Différentes probabilités que le style cubiste reçoive un accueil favorable sont énumérées ci-dessous. Quelle probabilité jugez-vous acceptable pour vous lancer dans des illustrations de style cubiste ?

Ces tests sont une adaptation libre d'épreuves issues de travaux de recherche, fournies par Todd Lubart, professeur en psychologie et son équipe (A. Georgsdottir, A.-Y. Jacquet, C. Mouchiroud, C. Pacteau et F. Zenasni) du laboratoire « cognition et comportement » (CNRS) de l'université René-Descartes/Paris V.

1 TESTEZ VOTRE INTELLIGENCE CRÉATIVE

2. J'ai acheté une action de la société Monkey Business pour 70 euros. Je l'ai vendue 80 euros. Je l'ai rachetée pour 90 euros et revendue pour 100 euros. Combien ai-je gagné ?

3. Un directeur de cirque envoie un de ses clowns à la rivière puiser 33 litres pour les éléphants. Il donne au clown un seau de 24 litres et un autre de 15 litres et lui demande de ramener exactement 33 litres d'eau. Sans deviner la quantité, comment le clown s'y prendra-t-il pour mesurer exactement 33 litres d'eau en utilisant exclusivement les deux seaux que le directeur lui a donnés ? Écrivez les étapes de la démarche suivie par le clown.

4. Combien avez-vous d'animaux de compagnie si tous sauf deux sont des oiseaux, si tous sauf deux sont des chiens et si tous sauf deux sont des chats ?

5. Vos chaussettes sont rangées dans un tiroir de la commode mais elles sont toutes mélangées. Vous savez qu'elles sont vertes et grises et qu'il y a quatre chaussettes vertes pour cinq grises. Dans le noir, combien devez-vous prendre de chaussettes pour être sûr(e) d'avoir au moins une paire de la même couleur ?

6. Dans la famille Dupont, il y a cinq frères et chacun des frères a une sœur. Avec Madame Dupont, combien de personnes de sexe féminin la famille Dupont comporte-t-elle ?

7. Quelle est la façon la plus simple de faire cuire un rôti dont la cuisson demande treize minutes avec deux minuteurs, l'un de cinq minutes, l'autre de neuf minutes ?

(Source : Lubart & Sternberg, « An investment approach to creativity » in *The Creative Cognition Approach*, MIT Press, 1995)

2 COMMENT OSEZ-VOUS ?

A) aucune. Vous écartez complètement cette idée.

B) la probabilité que le style cubiste marche est de 9/10.

C) la probabilité que le style cubiste marche est de 7/10.

D) la probabilité que le style cubiste marche est de 5/10.

E) la probabilité que le style cubiste marche est de 3/10.

F) La probabilité que le style cubiste marche est de 1/10.

(Source : Lubart, Mouchiroud, Tordjman, Zenasni, *Psychologie de la créativité*, éd. Armand Colin)

3 AVEZ-VOUS ASSEZ D'IDÉES ?

Vous avez dix minutes pour résoudre le problème suivant :

Que peut-on faire pour que les conducteurs soient moins agressifs au volant ? Trouvez le plus de réponses possibles et essayez de privilégier les idées originales.

(Source : Lubart, Mouchiroud, Tordjman & Zenasni, *Psychologie de la créativité*, éd. Armand Colin

4 QUEL CRÉATIF PENSEZ-VOUS ÊTRE ?

1. Comment considérez-vous votre activité professionnelle ?

A) Pas du tout créative

B) Un peu créative

C) Moyennement créative

D) Très créative

E) Exceptionnellement créative

2. Pensez à la production la plus créative que vous ayez jamais réalisée dans le cadre de votre travail. Comment la décririez-vous ?

A) Une production assez ordinaire

B) Assez créative

C) Originale

D) Très originale

E) Extraordinaire

3. Dans quelle mesure avez-vous des idées dans le cadre professionnel ?

A) Je n'ai jamais d'idées

B) J'ai une ou deux idées par an

C) J'ai une ou deux idées par mois

D) J'ai de nouvelles idées plusieurs fois par mois

E) J'ai chaque jour de nouvelles idées

4. En dehors du travail, comment vous estimez-vous ?

A) Pas du tout créatif

B) Peu créatif

C) Créatif

D) Très créatif

E) Exceptionnellement créatif

5. Dans quelle mesure avez-vous des idées dans votre vie de tous les jours ?

A) Je n'ai jamais d'idées

B) J'ai une ou deux idées par an

C) J'ai une ou deux idées par mois

D) J'ai de nouvelles idées plusieurs fois par mois

E) J'ai chaque jour de nouvelles idées

(Source : Richards & Lubart)

5 VOUS FIEZ-VOUS À VOTRE INTUITION ?

1. Pour décider de la destination de vos prochaines vacances, vous êtes plutôt du genre à…

A) lancer une fléchette sur une mappemonde pour faire votre choix

B) envisager plusieurs destinations et vous renseigner sur les diverses offres des compagnies aériennes et des tour-opérateurs

2. Patron d'une entreprise, vous décidez d'investir dans un nouveau projet en vous appuyant sur…

A) des études de marché

B) votre instinct

3. Lorsque vous devez résoudre un problème…

A) vous en analyser méthodiquement les données

B) vous vous laissez guider par votre intuition

4. L'un de vos amis a rencontré pour la première fois son nouveau collègue de bureau qui lui a paru d'emblée efficace et très sympathique. Il est convaincu que leurs relations seront excellentes. Vous pensez que votre ami…

A) devrait d'abord évaluer son partenaire sur des situations concrètes avant de lui faire confiance

B) n'a pas tort de se fier à ses impressions

5. Vous êtes en situation conflictuelle avec trois de vos meilleurs amis…

A) vous tentez de faire la part des choses entre les raisons et les torts de chacun

B) vous tentez de pressentir quelle serait la meilleure attitude à adopter

6. Dans une librairie ou un magasin de disques, vous avez plutôt tendance à…

A) acheter ce dont vous avez de bonnes raisons de croire que cela vous plaira

B) vous laisser simplement tenter par une couverture ou un titre

7. En situation de recherche d'emploi…

A) vous envoyez des candidatures spontanées aux entreprises qui vous sont sympathiques

B) vous adoptez une stratégie bien étudiée

8. Dans une relation avec quelqu'un, vous êtes plutôt du genre à…

A) deviner

B) analyser

(Source : Raidl & Lubart, « An Empirical Study of Intuition and Creativity », in *Imagination, Cognition & Personality*, 2000-2001)

1

1-0. **2**-20 euros. **3**-Remplir le seau 24 l, le vider dans le 15 l. Il reste do 9 l dans le seau de 24 l. Vider le se de 15 l et le remplir des 9 l. Remp à nouveau le seau de 24 l. 24 l + = 33 l. **4**-3. **5**-3. **6**-2. **7**-Mettre les de minuteurs en même temps 9 m + 5 min. Quand celui de 5 min son mettre le rôti dans le four. Il res alors 4 min sur celui de 9 min (9 m - 5 min). Quand celui de 9 min son (au bout des 4 min), le remettre route. 4 min + 9 min = 13 min.

Comptez un point par réponse exac

⟶ **Moins de 3 points :** soit vo avez vraiment la tête ailleurs, s vous n'avez pas envie de vous la cre ser. Vous ne risquez pas d'inventer poudre comme ça.

⟶ **Entre 3 et 5 points :** vous po sédez un solide bon sens mais vo peinez parfois à réfléchir hors d sentiers battus.

⟶ **De 6 à 7 points :** bravo ! Vo conjuguez intelligence pratique ouverture d'esprit.

6 AVEZ-VOUS L'ESPRIT SOUPLE ?

1. Voici plusieurs images à la suite les unes des autres. En réalité, c'est la même image qui se transforme peu à peu. À partir de quelle image le lion devient-il un singe ?

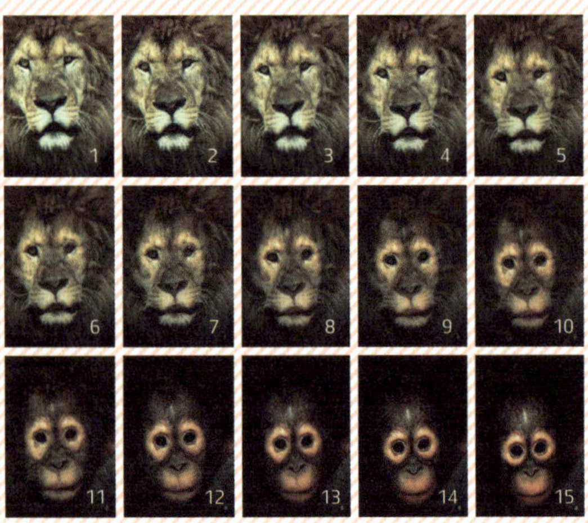

(Source : Georgsdottir & Lubart, « La Flexibilité cognitive et la créativité » in *Psychologie française*, 2003)

2. Vous disposez d'une boîte de bougies, d'une boîte d'allumettes et d'une boîte de punaises. Comment faire en sorte qu'une bougie tienne sur le mur sans que la cire coule par terre quand la bougie brûle ?

(Source : Duncker, 1945).

3. Voici 14 mots différents. Regrouper ceux qui, à votre avis, vont bien ensemble (ne faites pas de groupes sur la base de l'orthographe des mots).

Éléphant	Automobile	Canari
Nager	Écureuil	Canoë
Léopard	Bicyclette	Chat
Moto	Chien	Navire
Lion	Marcher	

RÉSULTATS & ANALYSE

2

→ **Réponse A):** vous avez sérieusement peur de l'imprévu. Comptez 0 point.

→ **Réponse B):** prudent à l'extrême, vous vous fermez à des opportunités. Comptez 1 point.

→ **Réponse C):** vous n'êtes ni plus ni moins téméraire que la moyenne. Comptez 2 points.

→ **Réponse D):** vous êtes capable de prendre des risques. Comptez 3 points.

→ **Réponse E):** vous croyez en vos idées… et en la chance. Comptez 4 points.

→ **Réponse F):** vous ne croyez qu'en vos idées. Comptez 5 points.

3

Pour désigner la capacité à produire des idées, les spécialistes parlent de fluidité. Une capacité liée à l'originalité, car plus on a d'idées, plus on a de probabilités d'en avoir de bonnes. Comptez 1 point par idée.

→ **Moins de 6 idées:** faites un petit effort pour vous creuser la tête.

→ **Entre 6 et 12:** c'est bien mais n'hésitez pas à laisser un peu plus courir votre imagination.

→ **Entre 13 et 18:** bravo! Vous réfléchissez vite et vous êtes imaginatif.

→ **Plus de 18:** n'en jetez plus! Ou plutôt si, pour faire le tri, mais qu'importe. Vous débordez d'inspiration et dans le nombre, vous proposez sans doute des solutions exceptionnelles.

4

Comptez un point pour chaque réponse A), 2 points pour chaque réponse B), 3 points pour chaque réponses C), 4 points pour chaque réponse D), 5 points pour chaque réponse E).

→ **Vous avez entre 5 et 9 points:** à vous croire, vous êtes totalement dénué d'imagination. À défaut de développer vos capacités artistiques, commencez par croire un petit peu plus en vous.

→ **Vous avez entre 10 et 20 points:** créatif, vous l'êtes sans aucun doute, comme vous pensez que c'est le cas pour un grand nombre de personnes. Vous êtes réceptif, ouvert et si vous ne vous trouvez aucun talent particulier, c'est sans doute que vous n'avez pas assez cherché…

→ **Vous avez plus de 20 points:** êtes-vous écrivain, peintre, musicien? Artiste ou inventeur? En tout cas, vous êtes convaincu d'avoir une créativité exceptionnelle! Qu'en pense votre entourage?

5

Comptez 2 points si vous avez répondu a) aux questions 1, 7 et 8. Comptez 2 points si vous avez répondu b) aux questions 2, 3, 4, 5, 6.

→ **Moins de 6 points:** pragmatique, vous n'écoutez aucune petite musique dans votre tête. Vous vous en remettez à la pensée logique.

→ **Entre 6 et 12 points:** vous utilisez vos intuitions même si vous craignez parfois qu'elles ne vous trompent.

→ **Plus de 12 points:** coup de tête, inspiration, vous fonctionnez à l'intuition.

6

1- Si pour vous, la transformation est apparente avant la 7e image: comptez 15 points.

→ Entre la 7e image et la 9e image: comptez 10 points.

→ Sur la 10e et la 11e: comptez 5 points.

→ Au-delà de la 11e image: comptez 0 point.

2-Une solution consiste à vider une des boîtes, à la fixer au mur avec des punaises et à mettre la bougie dessus, en se servant ainsi de la boîte comme d'une étagère. Comptez 5 points si vous avez trouvé cette solution où une autre qui s'en approche.

3-Comptez un point par catégorie créée. La flexibilité est l'un des facteurs essentiels de la créativité. Additionnez les points obtenus dans ces trois étapes pour évaluer la vôtre.

→ **Moins de 10 points:** vous êtes inflexible. Vous avez une façon de voir les choses et vous n'en démordez pas.

→ **Entre 10 et 19 points:** vous faites preuve d'une bonne flexibilité. Vous êtes capable d'aborder une idée sous des angles différents.

→ **Entre 20 et 30 points:** vous êtes très flexible. Très sensible au changement, vous êtes toujours prêt à explorer de nouvelles pistes.

→ **Plus de 30 points:** vous avez triché… ou vous êtes hors norme!

Évaluez votre profil:

Additionnez les points que vous avez recueillis au fil de toutes les épreuves.

→ **Moins de 30 points:** en toute apparence, vous n'êtes pas prêt à laisser vagabonder votre esprit hors des sentiers battus. Mais jusqu'où êtes-vous capable de contrôler vos pensées?

→ **Entre 30 et 59 points:** vous possédez de bonnes capacités de raisonnement et savez faire preuve de créativité quand c'est nécessaire.

→ **Entre 60 et 95 points:** la créativité fait partie de votre vie. Vous avez des idées et vous vous en servez!

→ **Plus de 95 points:** une chose est sûre, vous ne pensez pas comme tout le monde Sans doute êtes-vous déjà célèbre? Ou en tout cas faites-vous parler de vous. Cette créativité hors norme est-elle mise au service de l'art, de la science ou plus simplement de votre épanouissement personnel?

« STIMULER CERTAINS FACTEURS, ACQUÉRIR DES CONNAISSANCES PEUT RENDRE PLUS CRÉATIF »

Interview de Todd Lubart

Professeur en psychologie
(CNRS/université René-Descartes/Paris V).

La créativité est devenue un véritable sujet d'étude, via des concepts empruntés aux sciences cognitives. Explications de Todd Lubart[1], professeur en psychologie (CNRS-université Paris V)

Science & Vie: Peut-on mesurer précisément la créativité?

Todd Lubart: Il n'existe pas de norme absolue. L'évaluation d'une création implique, de fait, un consensus social. Une société évalue des œuvres et détermine leur degré de créativité par rapport à d'autres productions. De la même façon, le niveau de créativité d'une personne est évalué par rapport à celui d'autres individus. Dans ce contexte, les psychologues ne mesurent pas la créativité mais les performances créatives. L'évaluation se fait soit à travers des productions, soit par des tests de « pensée divergente » qui mesurent la capacité à générer des idées nombreuses et variées. Dans ces épreuves, la créativité est évaluée par la "fluidité" des réponses à un problème (soit le nombre de réponses différentes), et leur « flexibilité ». C'est-à-dire le nombre de catégories dans lesquelles elles peuvent être classées. À cela s'ajoute le degré d'originalité des réponses. Ces tests sont utilisés surtout dans le contexte scolaire et en entreprise (ressources humaines) afin d'identifier le potentiel créatif, ou de mesurer l'effet d'un programme éducatif censé promouvoir la créativité.

S&V: Qu'est-ce qui détermine notre potentiel créatif?

T.L.: Plusieurs facteurs interviennent: les facultés intellectuelles bien sûr, mais aussi la personnalité, les émotions et l'environnement. Certains traits de caractère la favorisent (persévérance, tolérance à l'ambiguïté, ouverture à de nouvelles expériences, individualisme, goût du risque). Des études montrent aussi que les créatifs sont plus intuitifs que la moyenne. Ou que les émotions peuvent être un moteur. Enfin, l'éducation, le contexte professionnel, familial, la culture, l'époque ont un rôle clé.

S&V: Existe-t-il différentes formes de créativité?

T.L.: Oui, chaque personne présente un profil particulier sur ces différents facteurs qui peut plus correspondre aux exigences d'un certain domaine: artistique, scientifique, littéraire... Par ailleurs, une production créative doit, par définition, répondre à deux critères: la nouveauté et l'adaptation. Or, le poids accordé à ces deux critères varie selon les individus et l'activité. Par exemple, l'adaptation importe plus pour un ingénieur que pour un artiste. Plus généralement, il existe différentes formes de créativité: de type « amélioration » ou de type « rupture », à vocation de « production » ou en tant que processus de découverte personnelle, etc.

S&V: Peut-on devenir plus créatif?

T.L.: Bien sûr, on peut stimuler certains facteurs, acquérir de nouvelles connaissances. Par ailleurs, la créativité varie selon le contexte. S'il est favorable, en situation collective, la créativité sera stimulée. À l'inverse, elle risque d'être inhibée dans un climat de compétition (stress, peur de l'échec). Cependant, un haut degré de persévérance peut compenser en partie un environnement peu favorable. Enfin, le meilleur moyen d'augmenter ses performances reste d'optimiser l'adéquation du profil d'un individu avec la tâche qu'il entreprend.

1 Auteur de *Psychologie de la créativité*, éd. Armand Colin, 2003.

TEST N° 19

ÊTES-VOUS CYBER-DÉPENDANT ?

Vous aimez surfer sur le Net ? Attention ! Car une menace guette les internautes (en France, ils sont 24 millions, soit 34 % des foyers, selon Médiamétrie) : la « cyberdépendance ». Soit un véritable trouble, caractérisé par l'incapacité à maîtriser le temps passé sur le Web, malgré tous les efforts (la durée n'est pas ici un critère). À la clé de cette moderne addiction : échec scolaire, difficultés conjugales, problèmes professionnels pouvant entraîner une perte d'emploi…

Pour le psychiatre Marc Valleur, il s'agit d'une « toxicomanie sans drogues », comme l'addiction aux jeux d'argent, la propension aux achats compulsifs ou le travail pathologique. C'est un questionnaire, soumis en 1999 à 18 000 internautes américains *via* la chaîne de TV ABCNews, qui a montré que 5,7 % d'entre eux étaient cyberdépendants ! En France, depuis 2002, des unités spécialisées à l'hôpital Marmottan, à Paris (qui reçoit déjà 200 patients par an !), ou à la clinique Montevideo de Boulogne accueillent ce nouveau type de patients.

Et vous ? Quelle est la nature de vos rapports avec le « réseau des réseaux » ? Pour le savoir, voici un test qui permet de détecter l'existence des symptômes de l'addiction, tels qu'ils ont été décrits en 1990 par Aviel Goodman, directeur de l'Institut de psychiatrie du Minnesota[1]. Sachant que vos résultats ne remplaceront pas le diagnostic d'un spécialiste…

Nicolas Revoy

1 Cette liste, qui fait référence en psychiatrie, se trouve en p. 4 du document « www.drogues.gouv.fr/fr/pdf/professionnels/ressources/Addictions_sansdrogues.pdf ».

Pour remplir ce test, munissez-vous d'un crayon… et soyez honnête dans vos réponses, sous peine d'obtenir un résultat ne décrivant pas votre véritable usage de l'Internet. Ne cochez qu'une seule réponse par question.

1. Vous arrive-t-il de rester connecté plus longtemps que ce que vous aviez initialement prévu ?

0) Jamais
1) Exceptionnellement
2) Parfois
3) Souvent
4) À chaque fois

2. Lorsque vous êtes chez vous, vous arrive-t-il de délaisser les tâches dont vous savez devoir vous acquitter (courses, ménage, correspondance administrative…) afin de passer plus de temps sur Internet ?

0) Jamais
1) Exceptionnellement
2) Parfois
3) Souvent
4) Systématiquement

3. Trouvez-vous difficile de ne pas être connecté pendant plusieurs jours (lors de vacances, par exemple) ?

0) Pas du tout
2) Un peu
4) Oui, très

4. Perdez-vous des heures de sommeil à la suite de soirées passées sur Internet trop tardives ?

0) Jamais
2) Parfois
4) Souvent

5. Rencontrez-vous d'autres usagers d'Internet en surfant, avec qui vous ne cultivez ensuite des relations que par ce biais ?

0) Jamais
2) Parfois
4) Souvent

6. Des personnes de votre entourage se plaignent-elles du temps que vous passez sur Internet ?

0) Jamais
1) Exceptionnellement
2) Parfois
3) Souvent
4) Tout le temps

1

7. Arrive-t-il que le temps que vous passez sur Internet nuise à vos tâches scolaires (si vous êtes lycéen ou étudiant) ou professionnelles (si vous êtes dans la vie active)?

0) Jamais
1) Exceptionnellement
2) Parfois
3) Souvent
4) Tout le temps

8. Consultez-vous votre boîte mail avant d'effectuer une tâche que vous devez faire?

0) Jamais
1) Exceptionnellement
2) Parfois
3) Souvent
4) Toujours

9. Avez-vous le sentiment que votre usage d'Internet nuit à votre vie sociale (par une moindre disponibilité pour des sorties entre amis, par exemple)?

0) Pas du tout
2) Un peu
4) Beaucoup

10. Vous arrive-t-il de refouler les soucis issus de votre vie professionnelle ou familiale avec des pensées plaisantes issues de votre usage d'Internet?

0) Jamais
1) Exceptionnellement
2) Parfois
3) Souvent
4) Systématiquement

11. Vous arrive-t-il de décider d'écourter votre temps de connexion et de ne pas y parvenir?

0) Jamais
1) Parfois
2) Souvent

12. Cela vous énerve-t-il d'être dérangé alors que vous êtes sur Internet?

0) Jamais
1) Exceptionnellement
2) Parfois
3) Souvent
4) Toujours

13. Vous arrive-t-il de préférer le plaisir d'utiliser Internet au détriment de moments de tendresse avec votre partenaire?

0) Jamais
1) Exceptionnellement
2) Parfois
3) Souvent
4) Tout le temps

14. Pensez-vous que la vie sans Internet serait ennuyeuse et dépourvue de plaisir?

0) Non
4) Oui

15. Cela vous arrive-t-il de vous dire mentalement « juste quelques minutes de plus » lorsque vous êtes connecté?

0) Jamais
1) Exceptionnellement
2) Parfois
3) Souvent
4) À chaque fois

16. Avez-vous le sentiment de perdre de la satisfaction personnelle à cause d'Internet?

0) Pas du tout
2) Un peu
4) Oui, beaucoup

SCORES

Pour calculer votre score, additionnez les chiffres situés en face de chacune de vos réponses, puis reportez-vous à la section qui vous concerne:

→ **De 0 à 20:** vous n'êtes probablement pas cyberdépendant. Cependant, rien ne dit que cette conduite additive n'affectera pas votre comportement au fil du temps. Demeurez vigilant! En refaisant ce étape de temps à autre, par exemple, afin de vérifier que votre score reste stable.

→ **De 21 à 42:** il y a un risque que vous deveniez cyberdépendant. En effet, même si vous semblez en maîtriser encore l'usage, l'Internet paraît avoir une emprise importante sur vous. Nous vous conseillons donc de renforcer votre contrôle sur cet outil. Vous pouvez, par exemple, définir avant chaque connexion la durée d'utilisation que vous prévoyez... et vous y tenir!

→ **De 43 à 64:** vous êtes probablement cyberdépendant. De toute évidence, Internet a pris une place dans votre vie que vous ne maîtrisez plus. Si des efforts personnels s'avèrent indispensables pour reprendre le contrôle de son usage, le soutien de médecins spécialisés dans la cyberdépendance semble indiqué. Si vous décidez de vous faire aider, vous pouvez contacter le service spécialisé dans le traitement de la cyberdépendance de l'hôpital Marmottan, à Paris[1], ou de la clinique Montevideo, à Boulogne-Billancourt[2]. Si vous habitez en province: l'équipe médicale de ces établissements vous orientera vers le service ad hoc de l'hôpital de votre région.

1 Hôpital Marmottan, 19, rue Armaillé, 75017 Paris.

2 Clinique Montevideo (établissement privé), 44, rue de la Tourelle, 92100 Boulogne-Billancourt.

TEST N° 20

QUEL UTILISATEUR DE MOBILE ÊTES-VOUS?

« *Allô, t'es où?* » Cette question apparemment anodine traduit en fait une vraie révolution: celle du téléphone portable, fer de lance d'une communication libre, s'adaptant aux circonstances. En France, c'est en 1992 qu'il a fait son apparition, connaissant depuis un essor sans précédent pour une nouvelle technologie, avec plus de 49 millions d'utilisateurs, soit 8 Français sur 10. Il faut dire qu'aucun objet technologique n'était parvenu à entrer si avant dans notre intimité. Car ce n'est pas qu'un téléphone: instrument de pouvoir et de reconnaissance sociale dans les années 90, le mobile est devenu un objet personnel en se démocratisant. Et son usage s'étend aujourd'hui à des activités non-téléphoniques. Résultat: « *Il a révolutionné nos façons de communiquer, mais aussi nos comportements* », remarque Joëlle Menrath, du Celsa[1].

Reste qu'à travers son utilisation se dessine une fracture générationnelle: « *les plus jeunes sont les mieux équipés et les plus experts* », rapporte Anne-Hélène Mangin, de TNS-Sofres. Selon l'institut de sondage[2], 95 % des 15-24 ans possèdent un mobile (contre 53 % des plus de 60 ans). Ils entretiennent avec leur mobile une relation affective: ils le personnalisent. Les femmes, quant à elles, seraient plus discrètes que les hommes dans l'usage du mobile, l'éteignant plus souvent en réunion. Et vous, comment vivez-vous avec le vôtre?

Betty Mamane

1 Celsa : École des hautes études en sciences de l'information et de la communication. Joëlle Merath est co-auteur de *Mobile Attitude, ce que les portables ont changé dans nos vies* (Hachette Littératures).

2 Sondage commandé par l'Association française des opérateurs mobiles effectué en 2005-2006.

Que savez-vous de cet objet du quotidien qu'est devenu le téléphone mobile? En connaissez-vous bien le fonctionnement, les risques et les usages? Évaluez votre niveau d'expertise… (À noter: tous les tests suivants ont été réalisés sur la base des enquêtes de l'Observatoire sociétal du téléphone mobile AFOM/TNS Sofres réalisées en 2005 et 2006.)

1. Vous savez utiliser…

A) toutes les fonctions de votre mobile

B) une bonne partie

C) quelques-unes seulement

2. Comme fond d'écran, vous avez choisi…

A) une photo que vous avez prise avec votre téléphone

B) une image parmi celles proposées sur votre mobile

C) celui d'origine

3. Avez-vous déjà utilisé votre téléphone pour vous connecter à Internet?

A) Oui, pour surfer ou consulter et envoyer des e-mails

B) Oui, pour vous rendre sur le site de votre opérateur

C) Non, jamais

4. Pour chacun des usages suivants, indiquez si vous le faites : « souvent », « de temps en temps », « jamais ».

a) Regarder l'heure
- ☐ Souvent
- ☐ De temps en temps
- ☐ Jamais

b) L'utiliser comme répertoire
- ☐ Souvent
- ☐ De temps en temps
- ☐ Jamais

c) Envoyer des SMS
- ☐ Souvent
- ☐ De temps en temps
- ☐ Jamais

d) Relire des SMS déjà reçus
- ☐ Souvent
- ☐ De temps en temps
- ☐ Jamais

e) L'utiliser comme réveil
- ☐ Souvent
- ☐ De temps en temps
- ☐ Jamais

1 ÊTES-VOUS BIEN MAÎTRE DE VOTRE TÉLÉPHONE ?

f) Changer de sonnerie
- □ Souvent
- □ De temps en temps
- □ Jamais

g) L'utiliser comme calculatrice
- □ Souvent
- □ De temps en temps
- □ Jamais

h) Prendre des photos
- □ Souvent
- □ De temps en temps
- □ Jamais

i) Jouer
- □ Souvent
- □ De temps en temps
- □ Jamais

5. Laquelle de ces activités, à durée pourtant égale, fait consommer le plus d'énergie à votre téléphone portable ?
A) Téléphoner
B) Prendre une photo
C) Jouer

6. Qu'est ce qui se révèle souvent irrémédiable pour un téléphone mobile ?
A) Subir un grand choc
B) Tomber dans l'eau
C) Être exposé plusieurs heures au soleil

7. Qu'est ce que le numéro IMEI ?
A) Une autre appellation du code Pin qui permet l'accès à votre téléphone
B) Le numéro d'immatriculation de votre mobile
C) Le numéro à appeler d'urgence si l'on vous a volé votre téléphone portable

8. Que signifie l'abréviation MMS ?
A) Minimum Multimedia Service
B) Mini Message Service
C) Multimedia Messaging Service

9. L'utilisation intensive du téléphone mobile augmente les risques de cancer.
- □ Vrai
- □ Faux
- □ Ce n'est pas prouvé

10. Indiqué par le fabricant, l'indice DAS (débit d'absorption spécifique) mesure, en watt par kg de tissu, le niveau de radiofréquences absorbé par l'usager quand le téléphone fonctionne à pleine puissance. En France, cet indice ne doit pas dépasser…
A) 2 W/kg
B) 20 W/kg
C) 200 W/kg

11. Il est permis de téléphoner en conduisant (sans kit mains libres) quand on est à l'arrêt à un feu rouge ou dans un embouteillage.
- □ Vrai
- □ Faux

12. En cas d'accident, la police peut vérifier si le conducteur était ou non en communication.
- □ Vrai
- □ Faux

13. Les études montent qu'il n'est pas dangereux de téléphoner au volant si l'on est équipé d'une oreillette ou d'un kit mains libres.
- □ Vrai
- □ Faux

14. Il est possible de changer d'opérateur sans changer de numéro de téléphone.
- □ Vrai
- □ Faux

2 AVEZ-VOUS LA BONNE « MOBILE-ATTITUDE » ?

Que valent vos bonnes manières en matière de téléphonie ?

1. Comment réglez-vous le plus souvent la sonnerie de votre téléphone ?
A) Sur le mode vibreur
B) A faible volume
C) Assez fort pour l'entendre en toutes circonstances

2. Avant de prendre un appel, prenez-vous en compte le lieu où vous êtes ?
A) Toujours
B) Souvent
C) Rarement

3. Selon vous, l'utilisation des téléphones mobiles au volant pose…
A) de très gros problèmes
B) d'assez gros problèmes
C) peu de problèmes

4. Avant de prendre un appel, prenez-vous en compte les personnes avec qui vous êtes ?
A) Toujours
B) Souvent
C) Rarement

5. Quelle situation trouvez-vous la plus agaçante ?
A) Une personne qui chuchote dans son téléphone en marchant
B) Un téléphone qui n'arrête pas de sonner dans un lieu public
C) Aucune

6. Au bureau, lorsque vous êtes en réunion de travail…
A) vous éteignez votre portable
B) vous le mettez en mode vibreur
C) vous le laissez en mode sonnerie

7. Quelle est votre réaction si l'un de vos collègues répond à un appel personnel sur son mobile ? Vous êtes…
A) agacé
B) compréhensif
C) indifférent

8. Que pensez-vous de l'utilisation d'un téléphone mobile dans les circonstances suivantes ?

Au café ou au restaurant
A) Inadmissible
B) Gênant
C) Sans problème

Dans le train
A) Inadmissible
B) Gênant
C) Sans problème

Dans le bus ou le métro
A) Inadmissible
B) Gênant
C) Sans problème

Dans une salle d'attente
A) Inadmissible
B) Gênant
C) Sans problème

Dans une bibliothèque
A) Inadmissible
B) Gênant
C) Sans problème

Pendant un cours
A) Inadmissible
B) Gênant
C) Sans problème

Dans un cinéma
A) Inadmissible
B) Gênant
C) Sans problème

Au théâtre ou au concert
A) Inadmissible
B) Gênant
C) Sans problème

Dans un hôpital
A) Inadmissible
B) Gênant
C) Sans problème

9. À table avec des amis, vous recevez un appel professionnel
A) Vous attendez la fin du repas pour rappeler votre interlocuteur
B) Vous vous excusez et vous levez de table pour répondre à votre appel
C) Vous décrochez et vous vous absorbez dans votre conversation en oubliant votre entourage

10. Quelle est votre réaction quand vous recevez un appel tardif dans la soirée?
A) Ce n'est pas une heure pour appeler
B) Cela vous inquiète
C) C'est sûrement un ami ou un proche

11. Vous êtes en train de faire la queu à la poste quand votre portable sonne...
A) vous ne répondez pas
B) vous répondez et expliquez brièvement à votre interlocuteur que vous le rappellerez plus tard
C) vous décrochez et entamez naturellement la conversation

12. Laquelle de ces affirmations correspond le mieux à ce que vous pensez?
A) Une majorité de gens manque de politesse et de civisme dans leur usage du téléphone mobile
B) Il n'est pas gênant d'utiliser son téléphone en société si on le fait discrètement
C) Il n'y a rien de choquant aujourd'hui à téléphoner de partout et à n'importe quel moment

3 QUEL MOBILOMANIAQUE ÊTES-VOUS ?

Jusqu'à quel point êtes-vous attaché à votre mobile?

1. Pour vous, le téléphone portable est un objet...
A) contraignant, qui enlève une part de liberté ■
B) utile, mais dont on peut se passer ★
C) indispensable ▲

2. En moyenne, vous changez de téléphone...
A) plus d'une fois par an ★
B) tous les ans ▲
C) tous les deux ans ou plus ■

3. Vous venez d'acheter un nouveau portable. Qu'est-il arrivé à l'ancien?
A) Il était cassé ■
B) Il était dépassé ★
C) Il ne vous plaisait plus ▲

4. Que faites-vous généralement de vos anciens portables?
A) vous les jetez ou les rapportez au magasin ★
B) vous les donnez à un ami ■
C) vous les gardez en souvenir ▲

5. Vous arrive-t-il de passer une journée sans utiliser votre mobile?
A) Souvent ■
B) Parfois ★
C) Jamais ▲

6. Trouvez-vous important de personnaliser votre téléphone?
A) Très important ▲
B) Assez important ★
C) Pas du tout important ■

7. Lorsque votre téléphone sonne dans un endroit où il y a du monde...
A) vous l'entendez immédiatement car sa sonnerie est particulière ▲
B) vous pensez toujours que c'est celui de quelqu'un d'autre ■
C) vous aviez pris soin de le mettre en mode vibreur ★

8. Le téléphone portable est essentiellement pour vous...
A) un outil professionnel ■
B) un moyen d'être toujours joignable pour vos proches ▲
C) un objet de mode qui peut être très joli ★

9. Quels sont vos principaux critères c choix pour acheter un téléphone?
A) design, forme, couleur
B) taille, facilité d'emploi
C) possibilités techniques, options avancées

10. Voilà cinq minutes que vous êtes parti et vous réalisez que vous ave oublié votre téléphone...
A) vous êtes content de déconnecter
B) vous n'êtes pas tranquille
C) vous retournez le chercher

11. Ce qui vous contrarie le plus quan vous n'avez pas votre téléphone, c'est...
A) de ne pas pouvoir téléphoner
B) d'être injoignable
C) de ne pas avoir accès à votre répertoire et autres informations

12. Vous êtes plongé dans un travail minutieux quand votre téléphone sonne...
A) vous arrêtez séance tenante pour décrocher
B) vous jetez un œil pour savoir qui vous appelle
C) vous ne bougez pas et regrettez de ne pas l'avoir éteint

RÉSULTATS & ANALYSE

1

5-C. **6**-B. **7**-B: ce code IMEI (International Mobile Equipement Identity) est inscrit sur l'emballage, sous la batterie et s'affiche sur l'écran si vous composez *#06#. **8**-C: ces messages peuvent être enrichis d'un son, d'un morceau de musique, d'une photo ou d'une vidéo. **9**-C: les dernières conclusions d'une étude internationale menée depuis dix ans (Interphone) sont attendues dans les prochains mois. Entre autres résultats, seule une étude suédoise a pour l'instant montré un accroissement des risques de tumeurs bénignes du nerf acoustique et du cerveau, mais pas de cancer. **10**-A: aux États-Unis, il est limité à 1,6 W/kg. **11**-faux. **12**-vrai. **13**-faux. **14**-vrai.

Comptez 2 points par réponse a, 1 par réponse b et aucun par réponse c aux questions 1, 2 et 3; comptez 2 points pour chaque réponse « souvent », un point pour « de temps en temps » et aucun point pour « jamais » à la question 4; comptez un point pour chaque réponse exacte aux questions 5 à 14.

→ **moins de 12 points:** Vous n'êtes pas un bidouilleur ni un passionné de gadgets électroniques. Votre mobile répond surtout à un besoin défini: téléphoner!

→ **entre 12 et 27 points:** Certes, vous n'êtes pas du genre à vous plonger dans la notice ou à explorer les fonctions avancées, mais vous avez su vous approprier les quelques options bien pratiques: réveil, calculatrice, appareil photo…

→ **plus de 27 points :** Vous êtes un maestro de la téléphonie. Sans doute faites-vous partie de ces « moins de 40 ans » qui, comme le rapportent les résultats de la dernière enquête AFOM-TNS Sofres, « appréhendent le mobile d'une manière fluide, intuitive… »

2

→ **une majorité de C:** Êtes-vous si agrippé à votre mobile que vous en oubliez le monde qui vous entoure? Certes, utiliser son mobile est devenu naturel, mais votre liberté ne doit pas empiéter sur celle des autres. Apprenez à raccrocher dans certaines circonstances.

→ **une majorité de A:** Vous êtes un modèle de maîtrise et de civisme et vous admettez mal que les autres ne se montrent pas aussi irréprochables. N'en devenez pas intolérant pour autant. Cela ne vous arrive-t-il vraiment jamais de répondre à un appel urgent en société?

→ **une majorité de B:** Bravo! Vous faites preuve de tact et de maîtrise. Vous avez trouvé la juste mesure pour utiliser votre portable sans gêner les autres.

3

→ **Vous avez une majorité de ▲: Tendance « doudou-mobile ».** Votre adage: « téléphone maison ». Votre mobile est un objet intime. Il abrite vos données personnelles comme autant de petits secrets et il maintient le lien avec tous ceux qui comptent dans votre vie. Véritable compagnon de route auquel vous attachez une valeur sentimentale, il reflète votre personnalité, au point de s'habiller à votre goût. Et quand il reste muet, vous vous sentez abandonné.

→ **Vous avez une majorité de ★: Tendance néo-branché.** Votre adage: « Je communique donc je suis ». En osmose avec les avancées techniques de votre époque, vous aimez l'objet pour son côté couteau suisse et pour l'image sociale qu'il renvoie de vous. Vous vous en servez pour optimiser votre rendement professionnel et l'organisation de votre vie.

→ **Vous avez une majorité de ■: Tendance intermittent de la téléphonie.** Comme 60 % des Français, vous êtes convaincu que le téléphone portable est un objet utile dans l'organisation de votre vie… mais vous clamez haut et fort que vous n'êtes pas esclave de votre mobile. Vous entretenez avec lui une relation pragmatique, utilitaire: ce n'est qu'un objet comme un autre… En êtes vous aussi intimement convaincu?

13. Vous arrivez en avance de dix minutes à un rendez-vous…
- A) juste le temps de passer un appel à un ami ▲
- B) vous en profitez pour écouter et nettoyer votre messagerie ou consulter les infos sur votre téléphone ★
- C) vous sortez votre journal ■

14. Laquelle de ces situations vous ennuierait le plus?
- A) Sortir sans votre mobile ▲
- B) Sortir sans papiers d'identité ■
- C) Sortir sans argent ni carte bleue ★

15. Le kit mains-libres vous est très utile pour:
- A) parler en prenant des notes ■
- B) discuter avec des amis en bricolant ou en faisant la cuisine ▲
- C) écouter de la musique en faisant son jogging ★

16. Si vous perdiez votre mobile, vous seriez?
- A) Triste ▲
- B) Contrarié ■
- C) Content de l'occasion de le remplacer par un modèle plus récent ★

17. Pour vous, être équipé d'un téléphone portable est un gage de…
- A) liberté ■
- B) sécurité ▲
- C) efficacité ★

18. Quelle est, selon vous, la conséquence la plus négative de l'usage du portable?
- A) On téléphone trop ou pour rien ■
- B) On est tout le temps dérangé ★
- C) Cela crée une dépendance ▲

TEST N° 20

QUELLE EST VOTRE CONDUITE AU VOLANT ?

Dix mille vies épargnées sur les routes en cinq ans ! Les Français se conduisent de mieux en mieux au volant. À tel point que le bilan 2006 s'avère être le plus bas de l'histoire de la sécurité routière : 4703 tués, soit 11,6 % de moins qu'en 2005. L'explication ? D'une part, le succès des politiques de prévention et de sanction, face à la consommation d'alcool au volant et la vitesse excessive. D'autre part, les travaux des spécialistes en neurosciences qui viennent éclairer nos comportements à risque. En effet, la fatigue et la distraction provoquent près d'un tiers des accidents. Car notre état émotionnel aussi bien que le fonctionnement inconscient de notre système visuel peuvent induire un mauvais réflexe ou produire une perception erronée de la situation. Un exemple : lorsque la route disparaît dans le brouillard, il semble évident que rouler moins vite s'impose. Il n'en est rien : des études menées au Pays de Galles montrent que l'on a alors tendance à augmenter sa vitesse d'environ 30 km par heure. Car l'automobiliste est victime d'une illusion d'optique : les objets rendus flous par le brouillard sont interprétés par l'œil comme se déplaçant plus lentement. En conséquence, le conducteur accélère, croyant maintenir son allure. Si une tâche ou une pensée l'absorbe, les mêmes objets iront jusqu'à disparaître de son champ de vision. Un phénomène que les spécialistes appellent la « cécité inattentionnelle ». Alors, êtes-vous bien concentré au volant ? En route pour une série de tests pour évaluer votre bonne conduite.

Betty Mamane

Prenez une feuille, un stylo, et un chrono pour évaluer une faculté vitale au volant : votre capacité d'attention.

1. Un peu de concentration

Barrez le plus de panneaux en 10 secondes ! (figure 1 ci-contre)

2. Êtes-vous multitâche ?

Ce test, conçu par le psychologue américain John Ridley Stroop, illustre un effet qui se manifeste quand le contenu et la forme d'un message entrent en contradiction.

Suivez les consignes suivantes et chronométrez-vous à chaque étape :

A) Lisez les noms de couleur suivants :

ROUGE BLEU VERT JAUNE VERT BLEU ROUGE VERT BLEU JAUNE

B) Énoncez la couleur de chaque séquence :

XXX XXX XXX XXX XXX XXX XXX XXX XXX XXX

C) Lisez les noms de couleur suivants :

ROUGE BLEU VERT JAUNE ROUGE BLEU ROUGE JAUNE BLEU VERT

D) Énoncez la couleur de chaque mot :

BLEU VERT ROUGE JAUNE VERT BLEU ROUGE VERT JAUNE BLEU

1 ÊTES-VOUS BIEN ATTENTIF ?

3. Jeux de mémoire

A) Lisez la suite de chiffres suivante :

2-1-7-4-6-5-8-9-3

Cachez-la et écrivez-la maintenant de mémoire dans le bon ordre.

B) Lisez la suite de chiffres suivante :

1-9-4-2-6-3-8

Cachez-la et écrivez-la maintenant de mémoire dans l'ordre inverse de sa présentation.

4. Le coût de l'émotion

Résolvez le plus vite possible le problème suivant, en vous chronométrant.

A) Agnès a 50 €.

Elle achète 3 livres à 5,50 € chacun et un CD à 12 €. À la fin de la journée, elle s'offre une viennoiserie à 1,50 €.

Combien Agnès a dans son porte-monnaie à la fin de la journée ?

Maintenant, concentrez vous pendant au moins trois minutes sur un très mauvais souvenir, une situation triste que vous avez vécue. Prenez le temps de vous remémorer en détail, le lieu, les circonstances. Puis passez à l'exercice suivant et chronométrez-vous.

B) Une boîte de chocolats coûte 20 €.

Sur ces 20 €, 3,80 € sont destinés au packaging. La publicité et le transport sont évalués chacun à 4,50 €. La matière première coûte 5,20 €.

Quel est le coût relatif aux frais de personnel dans le prix de vente d'une boîte de chocolats ?

5. Alterner deux tâches

Relier les chiffres (allant de 1 à 13) et les lettres (de A à L) dans l'ordre croissant numérique et alphabétique en alternant 1 chiffre avec 1 lettre (1-A-2-B- 3-C…) en vous chronométrant (figure 2 ci-contre).

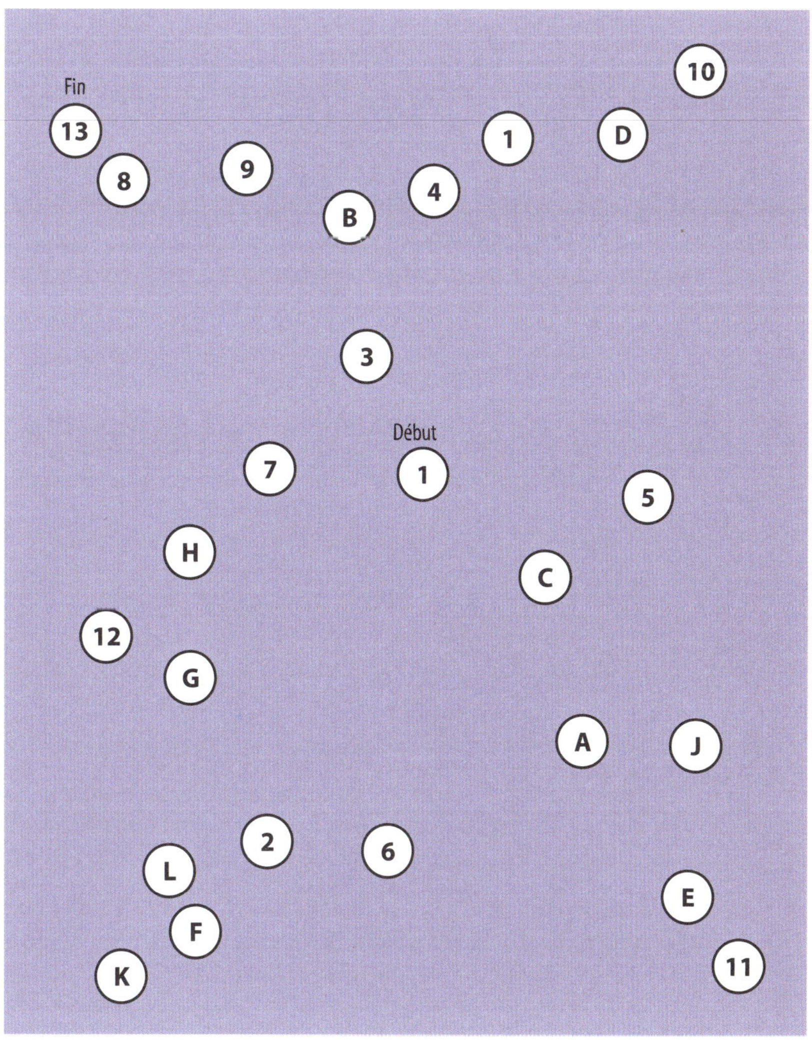

2 SAVEZ-VOUS ÉVALUER LES RISQUES ?

Êtes-vous bien informé sur les risques au volant? Avez-vous une bonne conscience du danger? Vérifiez-le à travers le questionnaire suivant.

1. Vous êtes :

A) un homme.

B) une femme.

2. À 30 km/h, notre champ visuel est de 100°. À 100 km/h il est de :

A) 45°

B) 55°

C) 65°

3. Lorsque vous conduisez :

A) vous respectez toujours les limitations de vitesse.

B) vous êtes toujours au-dessus des limitations de vitesse.

C) Tout dépend de la route et de l'état dans lequel vous vous sentez.

4. Vous roulez à 130 km/h depuis un bon moment sur l'autoroute, derrière la même voiture sur la file de gauche. Celle-ci réduit son allure à 110 km/h :

A) vous faites un appel de phare.

B) vous changez de file pour pouvoir la dépasser plus loin par la droite.

C) vous en profitez pour ralentir.

5. Vous roulez à 90 km/h sur une nationale, une voiture veut vous dépasser :

A) vous accélérez.

B) vous conservez votre vitesse.

C) vous ralentissez.

6. Vous partez en vacances, avec plus de 5 heures de route. Vous partez :

A) à 15 h.

B) à 2 h du matin.

C) à 6 h du matin.

7. Vous prenez cette route presque tous les jours, la probabilité que vous y ayez un accident est :

A) moins élevée qu'ailleurs.

B) égale.

C) plus élevée.

8. La saison où l'on compte le plus grand nombre d'accidents est :

A) L'hiver.

B) Le printemps.

C) L'été.

D) L'automne.

9. Votre téléphone portable sonne alors que vous êtes au volant :

A) vous ne répondez pas. Vous écouterez vos messages à l'arrêt.

B) vous répondez uniquement si le contexte de conduite est simple car vous n'avez pas de kit mains-libres.

C) vous répondez grâce à votre kit mains-libres

10. À quelle heure de la journée y a-t-il le plus d'accidents graves ?

A) Entre 7 et 8 h du matin.

B) Entre 16 et 17 h.

C) Entre 18 et 19 h.

11. Quel est le seuil légal du taux d'alcool toléré dans le sang pour prendre le volant :

A) moins de 0,5 g/litre.

B) 0,8 g/litre.

C) 1 g/litre.

12. La distance d'arrêt d'un véhicule est égale à la distance parcourue dans l'intervalle de temps :

A) entre la vision du danger et le coup de frein.

B) entre la vision du danger et l'arrêt du véhicule.

C) entre le coup de frein et l'arrêt du véhicule.

13. Pour que la distance d'arrêt corresponde à la longueur d'un terrain de football, il faut circuler à :

A) 100 km/h

B) 120 km/h

C) 140 km/h

14. En cas de choc, la force d'impact d'un véhicule lancé à 90 km/h est :

A) 3 fois supérieure à celle d'un véhicule lancé à 30 km/h.

B) 6 fois supérieure à celle d'un véhicule lancé à 30 km/h.

C) 9 fois supérieure à celle d'un véhicule lancé à 30 km/h.

15. Le système ABS réduit de 10 % la distance de freinage.

A) Vrai

B) Faux

16. La distance de sécurité sur l'autoroute est au minimum de deux traits de marquage au sol. Soit :

A) 20 m

B) 50 m

C) 90 m

17. Vous roulez sur l'autoroute en ét et l'un de vos pneus éclate. La raison plus probable est :

A) qu'il n'était pas assez gonflé.

B) qu'il était trop gonflé.

C) le frottement et la chaleur.

18. Dans un virage, la force centrifug est une force qui pousse le véhicu vers :

A) l'intérieur de la courbe.

B) l'extérieur de la courbe.

19. Vous allez voir un ami à 20 km c chez vous. Vous trouvez moins dang reux d'y aller par :

A) l'autoroute.

B) une route nationale.

C) une route départementale.

20. Le gain de temps sur un parcours c 200 km à 100 km/h au lieu de 90 km est de :

A) 12 min

B) 22 min

C) 32 min

ponses :

B) 1 point. Pour le même nombre de omètres parcourus, les femmes ont 3,7 fois oins de risques d'être tuées que les hommes.

A) 1 point

A) 2 points, C) 1 point

B) 1 point, C) 2 points

B) 2 points, C) 1 point

A) 1 point, C) 2 points. Un tiers des accidents porels se produit la nuit, alors que le trafic représente que 10 % du trafic global. C'est tre 2 h et 5 h du matin que la vigilance du nducteur est la plus faible.

C) un point. C'est au cours des déplacements tous les jours que les risques sont les plus avés. 65 % des accidents ont lieu à moins de km du domicile du conducteur.

D) 1 point

A) 2 points, B) 1 point. Téléphoner avec un kit ains-libres n'est pas moins dangereux qu'avec téléphone à la main (voir p. 150). Dans tous s cas, le conducteur est moins attentif. Son amp visuel utile va se rétrécir, impliquant une duction des contrôles sur les rétroviseurs ou périphérie.

: C) 1 point

: A) 1 point. Entre 0,5 et 0,8 g/litre, il y a un ongement des temps de réaction et un uble de la vision latérale, ce qui augmente le que d'accident.

: B) 1 point. Elle est la somme de la distance réaction et de la distance de freinage.

: réponse : A) 1 point

: réponse : C) 1 point

nergie cinétique croît en fonction de la asse du véhicule et de sa vitesse initiale.

: B) 1 point. L'ABS permet juste, lors d'un inage brusque, de garder un meilleur ntrôle de sa trajectoire.

: C) 1 point

: A) 1 point

: B) 1 point

: A) 1 point. On compte 8 fois moins ccidents corporels sur autoroute que sur ute départementale, 4 fois moins que sur tionale.

: A) 1 point.

RÉSULTATS & ANALYSE

1

Question 1

→ Vous avez barré moins de 4 panneaux: vous avez des difficultés à ignorer les informations distractives dans votre environnement quand vous vous consacrez à une tâche prioritaire. Ne comptez aucun point.

→ Vous avez barré entre 5 et 7 panneaux: une bonne moyenne, comme une majorité de la population de moins de 70 ans. Sachant que cette capacité à sélectionner les informations pertinentes décline avec l'âge. Comptez 1 point.

→ Vous avez barré entre 8 et 10 panneaux: félicitations, vous montrez de très bonnes capacités d'attention sélective. Comptez 2 points.

Question 2

Ce test mesure l'interférence d'un processus automatique (la lecture) sur un processus contrôlé (la dénomination de couleurs). Comme la lecture est un processus automatique, elle n'est pas gênée par la reconnaissance des couleurs. Aussi, on effectue, dans un temps à peu près équivalent, les tâches A) et C). Alors que la tâche B) prend un peu plus de temps. La tâche D) est encore plus longue à exécuter car elle demande un double effort: ignorer la lecture du mot pour pouvoir dénommer correctement la couleur.

→ Si vous avez réalisé la tâche D) en 2 ou 2,5 fois plus de temps que la tâche B): vous savez partager efficacement votre attention. Comptez 1 point.

→ Si vous avez mis moins d'une fois et demie le temps de la tâche B): vous êtes « multitâche ». Comptez 2 points.

Question 3A

→ Vous en avez retenu moins de 5: votre mémoire à court terme est un peu limitée. Peut-être un léger coup de fatigue. Faites une pause. Pour vous aider dans ce type d'exercice dans la vie courante, adoptez une stratégie: groupez, par exemple, les chiffres par deux ou par trois pour les retenir. Ne comptez aucun point.

→ Vous avez retenu 5 ou 7 chiffres: vous êtes tout à fait dans la moyenne. Comptez 1 point.

→ Vous avez retenu plus de 7 chiffres: vous avez une excellente capacité à retenir les informations sur le moment. Comptez 2 points.

Question 3B

→ Vous avez retenu moins de 3 chiffres: vous montrez une faible capacité à mémoriser et traiter en même temps une information sur le moment. Mais vous pouvez vous améliorer. Ne comptez aucun point

→ Vous avez retenu 3 ou 4 chiffres: vous n'avez pas de souci à vous faire. Comptez 1 point.

→ Vous avez retenu plus de 5 chiffres: bravo! Vous avez une excellente mémoire de travail. Comptez 2 points.

Question 4A

50 – (3 x 5,5 – 12 – 1,5) = 20 €.

Question 4B

20 – (3,8 – 2 x 4,5 – 5,2) = 2 €.

→ Vous avez mis plus de temps à résoudre l'exercice b), et peut-être même vous êtes-vous trompé: vous confirmez les études qui montrent une baisse de notre capacité attentionnelle, sous le coup de l'émotion. Soit une difficulté de concentration. Comptez un point si vous ne vous êtes pas trompé.

→ Vous avez mis autant de temps (ou plus) pour résoudre le problème a) que le problème b): *a priori* vous vous laissez rarement dominer par vos émotions. À moins que vous n'ayez pas vraiment joué le jeu et renoncé à vous mettre dans un état d'esprit négatif. Dans tous les cas, comptez 2 points.

Question 5

(D'après un étalonnage effectué par l'université de Poitiers.)

→ Vous avez mis plus de 1 min 30 pour réaliser cet exercice: vous êtes plutôt lent pour basculer d'une tâche cognitive à l'autre. Évitez autant que possible de manger, boire ou changer de station de radio en conduisant. Mais c'est un très bon score si vous avez plus de 50 ans. Ne comptez aucun point.

→ Vous avez mis entre 1 min et 1 min 30: vous êtes dans la bonne moyenne, et particulièrement alerte pour votre âge si vous avez plus de 40 ans. Comptez 1 point.

→ Vous avez mis moins d'une minute: chapeau! Vous êtes vraiment rapide... mais n'en profitez pas pour accélérer sur la route. Comptez 2 points.

Score étape 1:
Additionnez le nombre de points obtenus dans toute cette série d'épreuves.

→ Vous avez obtenu moins de 3 points: Soyez prudents... Vos facultés attentionnelles ne sont pas à leur meilleur niveau. Il serait bon que vous vous reposiez un peu et que vous adoptiez une conduite tranquille et dans les meilleures conditions.

→ Vous avez obtenu entre 3 et 9 points: vous êtes en pleine possession des facultés nécessaires pour conduire. Restez à l'écoute de vos éventuels signes de fatigue.

→ Vous avez obtenu plus de 9 points: Vous êtes vif et réactif, vigilant, et *a priori*, vous ne vous laissez pas facilement déconcentrer. Vous avez d'excellentes aptitudes pour tenir la route. Faites-en donc bon usage.

Score étape 2:
Faites le total de tous les points accumulés.

→ Moins de 9 points: Êtes-vous nerveux au volant, ou trop insouciant? À moins que vous ne conduisiez pas. Toujours est-il que vous maîtriser mal la question. Révisez le sujet, ou votre attitude, avant de prendre la route.

→ Entre 9 et 18 points: Ça roule! Vous avez de solides notions sur les dangers de la route et une bonne expérience de la conduite. Avec une petite tendance, peut-être, à sous-évaluer les risques.

→ Plus de 18 points: Bravo! Vous maîtrisez votre attitude au volant. Vous avez aussi eu un bon score au test n° 1? Vous méritez un certificat de bonne conduite.

→ Vous avez mis moins d'une minute: chapeau! Vous êtes vraiment rapide... mais n'en profitez pas pour accélérer sur la route. Comptez 2 points.

TEST N° 22

ÊTES-VOUS LOGIQUE?

La logique n'appartient pas aux seuls logiciens. Car si ces derniers tentent d'en formaliser les contours, les psychologues proposent de se pencher sur les processus mentaux du raisonnement. Il y a encore une quarantaine d'années, ils tentaient d'évaluer les compétences en « logique pure » comme une aptitude indépendante de toute donnée factuelle ou connaissance. Mais comment analyser le comportement d'un individu en le dissociant de son milieu, de son histoire? C'est ainsi que les tests de logique générale croisent aujourd'hui différents types d'épreuves de façon à évaluer divers types d'aptitudes: numérique, spatiale, verbale…

Dans ce contexte, existe-t-il une logique spécifiquement féminine ou masculine? Si aucune démonstration n'a pu en apporter la preuve, des études[1] montrent cependant de légères différences entre les sexes: les garçons apparaissent sensiblement meilleurs en logique spatiale et en géométrie, et les filles en arithmétique et en algèbre. Autre antienne: les femmes seraient plus à l'aise dans les matières littéraires et les hommes en mathématiques? Là encore, une étude de l'Éducation nationale réalisée en 2003 et portant sur des tests de compréhension logique de l'écrit semble confirmer cette idée reçue: 74,2 % de réussite pour les filles, contre 68 % pour les garçons. Selon Véronique Chauveau, présidente de l'association « Femmes et mathématiques », il s'agirait ici d'une question de valorisation sociale: les filières mathématiques, aujourd'hui les plus valorisées dans la plupart des pays d'Europe, comptent une majorité de garçons. CQFD? En tous les cas, voici une série de tests pour vous amuser à évaluer vos propres capacités logiques.

Betty Mamane

TEST 1-A

Déterminez la valeur du carré.

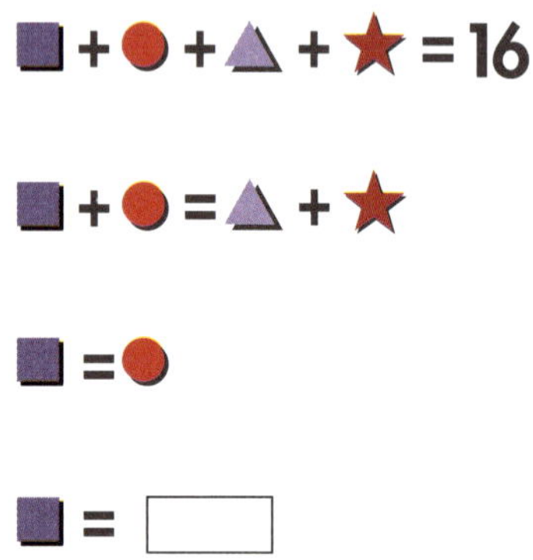

TEST 1-B

Trouvez les valeurs du domino qui continue la série (de a à f).
Attention: chaque face peut varier de 0 à 6.

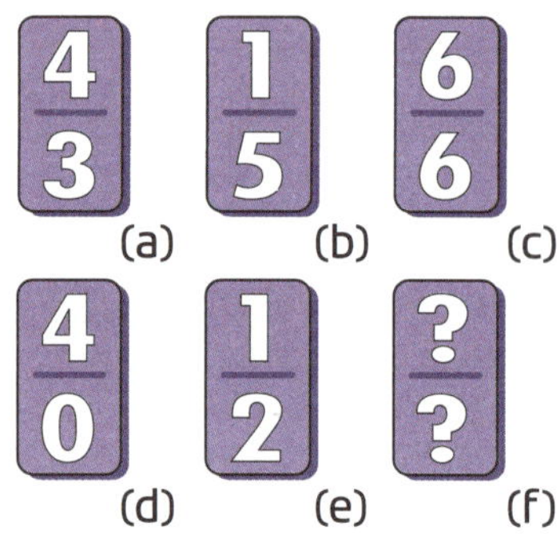

TEST 1-C

Trouvez les valeurs du domino qui continue la série (de a à g).

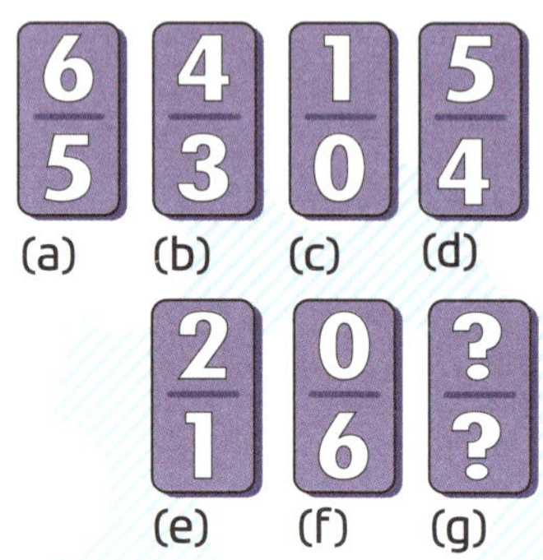

1 *De l'instinct maternel à la bosse des maths*, de Françoise Vouillot, Autrement dit CNDP, 2000.

Voici 20 problèmes pour mettre à l'épreuve vos facultés de raisonnement. Ces questions sont réparties en quatre séries portant sur différentes aptitudes. À vous de jouer en temps limité (une heure), de tête ou avec un stylo et un papier…
Les tests des séries 1, 2 et 3 sont adaptés de questionnaires fournis par l'Institut national d'étude du travail et d'orientation professionnelle (INETOP), les questions de la série 4 ont été réalisées par Guy Politzer, chercheur au CNRS et à l'institut Jean-Nicod (EHESS).

1

TEST 1-D

Découvrez la carte retournée…
Attention : seules les cartes de l'as au 10 sont utilisées.

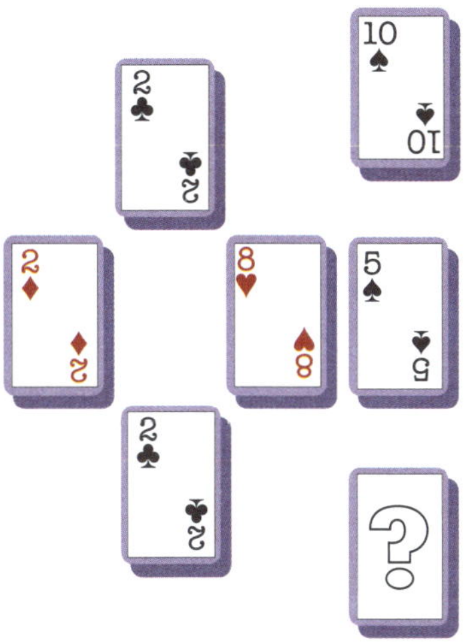

TEST 1-E

Découvrez la carte retournée…

2

TEST 2-A

Qu'observeriez-vous si vous étiez derrière le tas de briques suivant et que vous regardiez dans le sens de la flèche ?

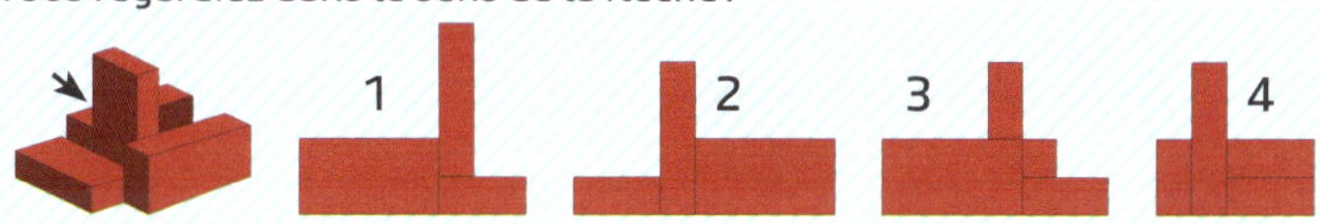

TEST 2-B

Même question :

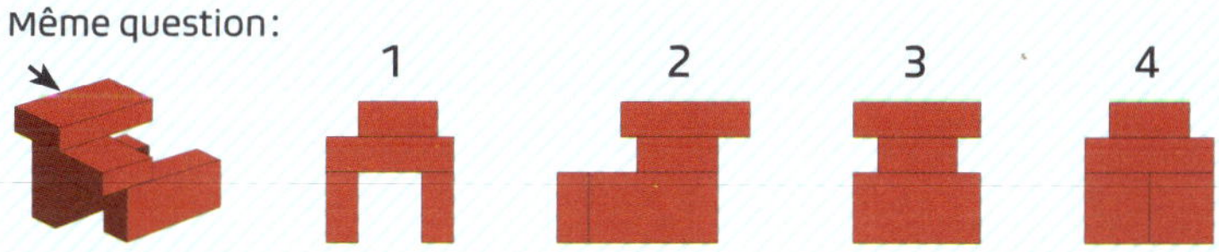

TEST 2-C

Même question :

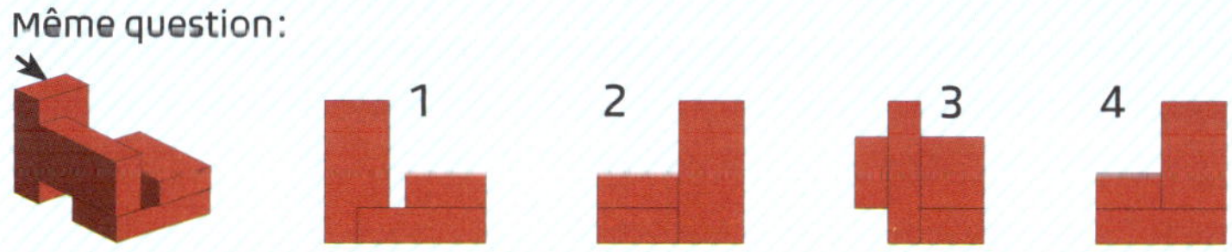

TEST 2-D

Parmi ces quatre carrés, un seul correspond exactement au carré plié de gauche : lequel ?

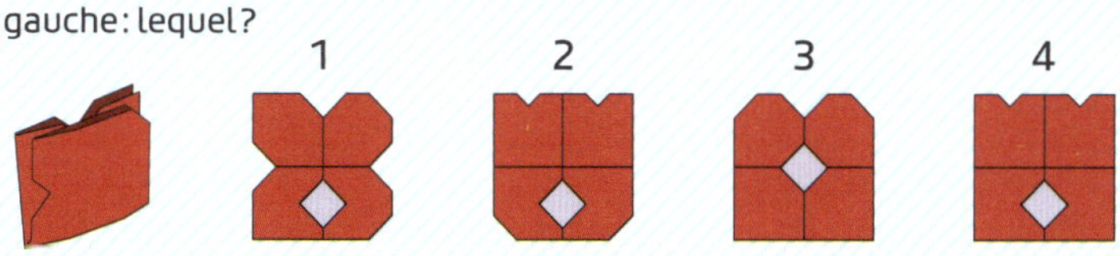

TEST 2-E

Même question :

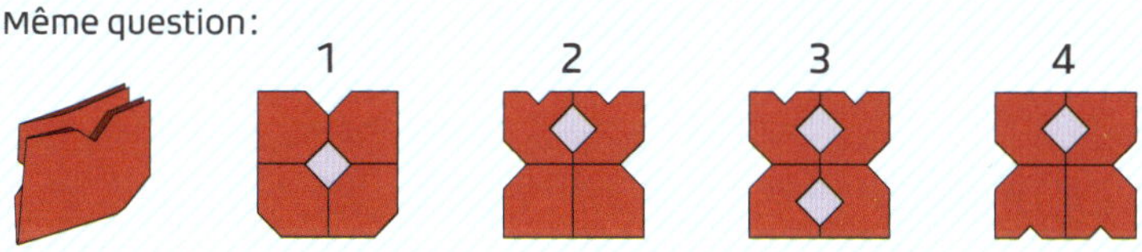

3

TEST 3-A

Si la roue tourne dans le sens de la flèche qu'arrive-t-il?

1) Le poids monte

2) Le poids descend

3) Le poids reste immobile

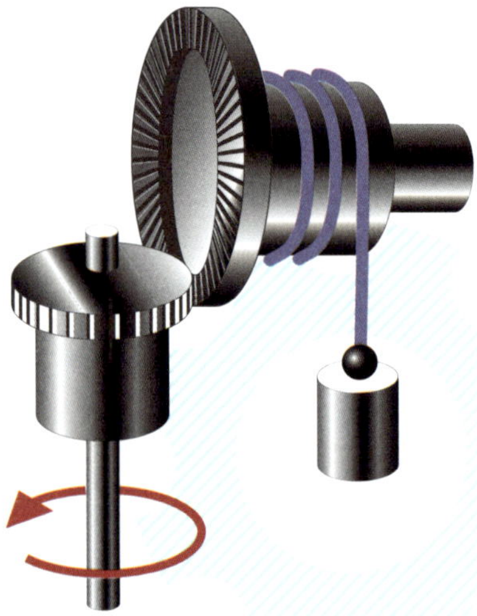

TEST 3-B

Dans quelle direction se dirige le bateau?

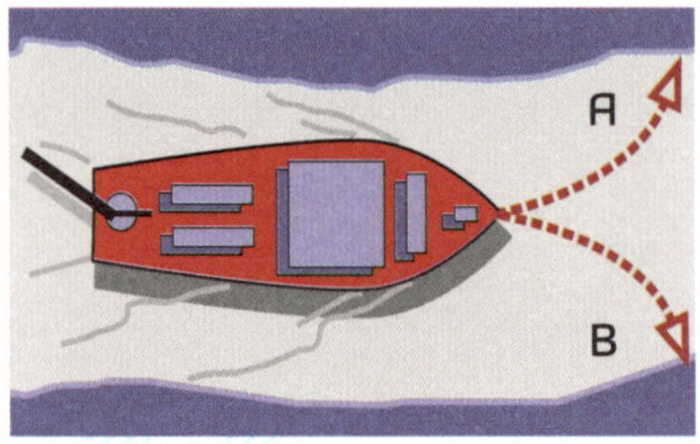

TEST 3-C

Quelle vache est la plus difficile à voir d'avion?

TEST 3-D

De quel côté le cycliste devrait-il se pe cher dans le virage pour garder s équilibre?

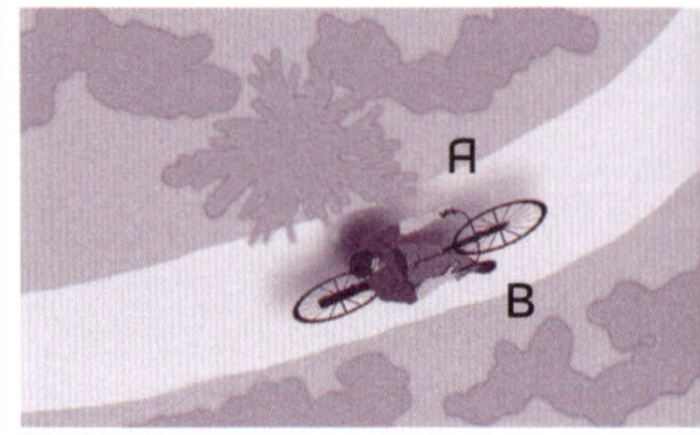

TEST 3-E

Quelle est celle de ces deux horlog dont le tic-tac est le plus rapide?

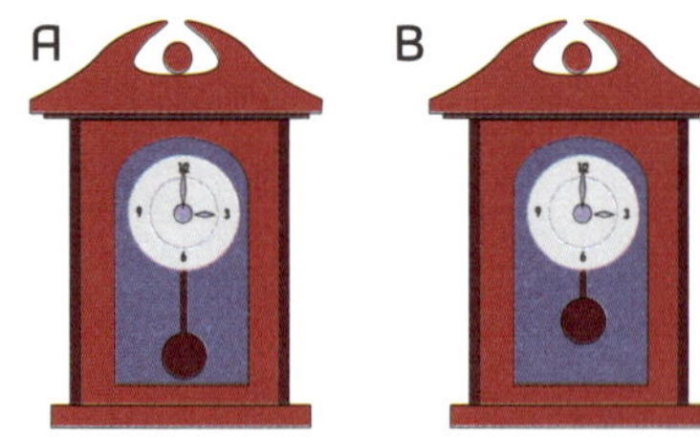

4

TEST 4-A

Un représentant se déplace régulièrement chaque jour de la semaine dans une ville différente. Indiquez dans quelle ville il se trouve chaque jour, sachant que:

Mardi, jeudi, vendredi, et dimanche il a visité Lille, Bordeaux, Toulouse et Marseille. Lundi, jeudi, vendredi et samedi, il a visité Toulouse, Lyon, Bordeaux et Strasbourg. Lundi, mardi, samedi et dimanche, il a visité Lyon, Marseille, Lille et Strasbourg. Lundi, mercredi, vendredi et dimanche, il a visité Strasbourg, Nice, Toulouse et Marseille. Mercredi, jeudi, et vendredi, il a visité Toulouse, Bordeaux et Nice.

TEST 4-B

Dans une ville, tous les cordonniers sont myopes. Peut-on dire que, dans cette ville, il y a des myopes qui ne sont pas cordonniers? Cette conclusion est:

1) forcément vraie

2) forcément fausse

3) ni forcément vraie ni forcément fausse.

TEST 4-C

Un entraîneur de football craint que son équipe soit handicapée sur terrain boueux. Il consulte les archives de l'année et dresse un tableau qui indique les matchs perdus et gagnés selon le terrain (boueux ou sec).

Terrain	Résultats	
	perdus	gagnés
Boueux	12	6
Sec	9	2
Total	21	8

Cochez-la ou les réponses qui vous semble(nt) correcte(s) parmi ces quatre options:

L'entraîneur a raison parce que:

1) La situation la plus fréquente pour l'équipe est de perdre un match sur deux sur terrain boueux (12 cas).

2) Dans les cas où l'équipe a perdu, c'était plus souvent sur terrain boueux que sur terrain sec (12 fois contre 9).

L'entraîneur a tort parce que:

3) L'équipe a perdu encore plus souven sur terrain sec (9 fois sur 11) que sur terrain boueux (12 fois sur 18).

4) L'équipe n'a pas joué le même nomb de matches sur terrain boueux que sur terrain sec, donc on ne peut rien conclure.

TEST 4-D

Dans un zoo, les animaux ont été ch sis de façon que:

- tous les mammifères sont des a maux rares; et aussi

- tous les mammifères sont des a maux féroces.

Il en résulte que dans ce zoo,

(Choisir une option. S'il s'agit d'une des quatre premières, remplir les blancs).

1) tous les________________

sont________________

2) certains________________

sont________________

3) certains________________

ne sont pas________________

4) aucun________________

n'est________________

5) il manque des informations pour tire une conclusion.

RÉSULTATS & ANALYSE

1

Symboles numériques

A - Le carré est 4.

Dominos

B - 0/2. Face du bas = 2. Cette suite numérique prend en compte alternativement les faces hautes et basses, en commençant par 4, soit: 5, 6, 0, 1... 2. Face du haut = 0. Même logique mais en retirant 2 entre chaque domino: donc, 3, 1, 6, 4, 2... 0.

C - 3/2. soit: 3, le chiffre manquant dans la série de 0 à 6 en partie supérieure. 2 étant le chiffre qui manque dans la même série en partie inférieure.

Cartes à jouer

D - as de pique: la deuxième colonne correspond au produit de la première par 2 (2x2 = 4), dans la dernière colonne on doit alors trouver le produit de 8 par 2, soit 16. Donc, 10 + 5 + as de pique (1) = 16.

E - 2 de trèfle: suite numérique + 2 en colonne et suite + 1 en diagonale.

2

Briques

A - 3. - B - 2. - C - 2.

Carrés pliés

D - 2. - E - 4.

Vous pouvez maintenant vérifier en découpant vous-même un carré de papier!

3

A - Le poids descend. B - A. C - B: selon le principe du camouflage qui consiste à casser les formes et à brouiller les couleurs... D - A: pour garder son équilibre, il doit se pencher vers le centre du virage. E - B: la période d'oscillation est proportionnelle à la longueur du balancier. Plus celui-ci est court, plus il va vite.

4

A - Lundi, Strasbourg; mardi, Lille; mercredi, Nice; jeudi, Bordeaux; vendredi, Toulouse; samedi, Lyon; dimanche, Marseille. B - 3: ni forcément vrai, ni forcément fausse. C - 3: l'entraîneur a tort. D - 2: certains animaux rares sont féroces; ou certains animaux féroces sont rares. C'est ce que l'on appelle un syllogisme catégorique. E - 7: il manque des essais pour savoir.

ANALYSEZ VOS SCORES

Comptez un point par bonne réponse. (Notez bien que ces différents exercices vous donnent seulement quelques pistes sur vos capacités logiques: le nombre trop restreint d'exercices ne permet pas d'en avoir une mesure complète).

LE SCORE GÉNÉRAL

→ **Plus de 15 bonnes réponses:** Bravo! Vous êtes l'homme (ou la femme) de toutes les situations! Aucun problème ne prend à dépourvu votre esprit de déduction et d'induction...

→ **Entre 10 et 15 bonnes réponses:** Vous raisonnez en toute logique quel que soit le type d'information: dessin, chiffres, lettres....

→ **Moins de 10 bonnes réponses:** Vous avez sans doute l'esprit logique mais vous ne l'utilisez, ou ne pouvez l'utiliser, que dans certaines situations. Pour en savoir plus, détaillez votre score total, en fonction des domaines évalués, comme suit:

LE SCORE DÉTAILLÉ

Si vous avez obtenu:

→ **Une majorité de points dans la série n° 1:** Vous êtes à l'aise dans les situations qui reposent sur des chiffres. Vous êtes sans doute bon en calcul mental et en arithmétique. Votre « logique » est surtout « numérique ».

→ **Une majorité de points dans la série n° 2:** Vous êtes fort en « logique spatiale ». Ce n'est pas donné à tout le monde. C'est peut-être la série la plus difficile pour l'ensemble des individus, sauf pour ceux qui, dans leurs études ou leur profession, ont l'habitude de visualiser les objets en plusieurs dimensions (designers, architectes, etc.).

→ **Une majorité de points dans la série n° 3:** Vous avez un bon score en « raisonnement mécanique » Autrement dit, vous vous débrouillez bien dans les situations dans lesquelles, il vous est demandé d'anticiper des événements de nature physique. C'est ce qu'on appelle « l'intelligence pratique ». Bien entendu une formation initiale en physique aide à résoudre ce type de problèmes...

→ **Une majorité de points dans la série n° 4:** Vous êtes doté d'une bonne intelligence verbale. Une aptitude qui repose sur l a connaissance et la compréhension du vocabulaire et la faculté de manipuler les mots et les phrases tout en respectant des principes logiques. En d'autres termes, vous avez sans doute des facilités de langage et de raisonnement formel.

TEST 4-E

Une lessive contient des produits efficaces contre les taches de rouille. Un concurrent, qui cherche à percer le secret de la formule sait qu'elle doit contenir deux produits parmi quatre (A, B, C, D). Il fait des tests pour les découvrir. Le tableau ci-dessous indique les produits testés et leur résultat.

Produits testés ensemble	efficacité
A B C D	oui
A C D	non
A B C	oui
C D	non

Les deux produits nécessaires pour être efficaces sont:

1) A et B 2) A et C 3) A et D
4) B et C 5) B et D 6) C et D
7) il manque des essais pour savoir.

« ON PEUT DIRE QUE LA LOGIQUE REPRÉSENTE L'ASPECT 'ACADÉMIQUE' DE L'INTELLIGENCE »

Interview de Philippe Chartier

de l'Institut national d'étude du travail et d'orientation professionnelle.

Vous en savez désormais plus sur votre "esprit logique". Philippe Chartier, chercheur à L'Inetop, maître de conférences en psychologie, éclaire l'histoire de ce type de tests, leur utilité, leur fiabilité.

Science & Vie: Comment définissez-vous l'esprit logique?

Philippe Chartier: La logique peut être définie comme la capacité à trouver des points communs entre plusieurs informations. À comprendre, par exemple, des relations de transformation entre des éléments, à trouver des lois de progression, à anticiper le résultat de ces transformations. On sait qu'il existe des différences entre les individus sur cette capacité. On peut dire que la logique représente l'aspect de l'intelligence "académique" ou "logico-mathématique". Il existe bien entendu d'autres aspects de l'intelligence…

S&V: Existe-t-il plusieurs formes de logique?

P.C.: Le psychologue anglais Charles Spearman définissait, au début du XXe siècle, la notion de "facteur g", comme représentant ce qu'il y a de commun à un ensemble varié de situations logiques. Il n'existerait alors qu'un seul type de logique, une capacité générale pouvant être appliquée par chaque sujet dans un ensemble varié de situations. Mais les capacités réelles des individus dépendent également du contexte, de la nature des informations à traiter. Certains sont plus performants avec les chiffres, d'autres avec des dessins, d'autres encore sont plus à l'aise avec les mots… Dans les années 30, le psychologue américain Louis Thurstone proposait de décrire les capacités humaines par une série d'aptitudes différenciées: aptitude verbale, aptitude spatiale ou encore aptitude numérique… Aujourd'hui, on prend en compte à la fois le facteur g et l'existence de différentes aptitudes.

S&V: Dans quelle finalité ont été conçus les tests de logique?

P.C.: Les premiers tests de ce type ont été réalisés de façon empirique, en 1905, par Alfred Binet et Théodore Simon, créateurs de la première échelle d'intelligence. Ces tests avaient été mis au point à la demande de l'État, pour détecter les élèves scolairement faibles et l'on a continué ainsi à mesurer l'intelligence "logico-mathématique", la plus adaptée à la réussite scolaire. Par la suite, sont apparus des tests centrés sur la mesure du facteur g, puis des épreuves évaluant des aptitudes différenciées. Certains exercices proposés ici sont issus de cette approche. En France, une batterie de tests, conçus par des psychologues de l'Inetop, a été utilisée dans les années 50/60 par l'Éducation nationale pour évaluer les capacités logiques des élèves à partir de supports différents pour la sélection d'entrée en formation. Il était ainsi possible d'établir le profil de chaque élève sur quatre grandes dimensions: raisonnements général et numérique, logiques verbale et spatiale.

S&V: Quelle utilisation en a-t-on aujourd'hui?

P.C.: Ils sont utilisés auprès d'adolescents (en difficultés d'acquisition scolaire) ou d'adultes (dans les bilans de compétences), employés pour le recrutement ou la sélection à l'entrée d'une formation, apportant souvent des éléments fiables sur les capacités des candidats, en complément des entretiens, CV, qualifications… Et ils peuvent avoir un réel pouvoir prédictif par rapport aux situations professionnelles.

TEST N° 23

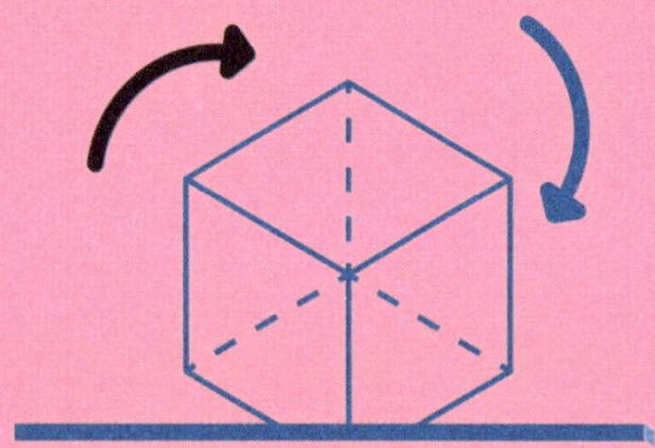

ÊTES-VOUS À L'AISE EN 3D?

Quand les taxis londoniens évoquent « The knowledge » (« La connaissance »), il s'agit du test d'orientation et de repérage visuels qu'ils doivent passer pour obtenir leur licence! Au total, ce sont 320 courses que les chauffeurs doivent apprendre au cours de leurs quarante mois de formation. Le prix à payer pour maîtriser l'espace londonien, c'est-à-dire s'y repérer quel que soit l'endroit où l'on se trouve et se rendre sans problème d'une adresse à une autre… en rivalisant avec les GPS dernière génération!

Se repérer dans l'espace – réel ou virtuel – n'a rien d'évident: vous-même, êtes-vous à l'aise avec l'orientation dans l'espace et la représentation mentale des objets en trois dimensions? Plus accessible que le fameux test de connaissance outre-Manche, celui que nous vous proposons vous permettra d'explorer plusieurs composantes indispensables à votre appréhension de l'espace et des objets qui vous entourent. Il va vous mettre à contribution intellectuellement… et physiquement. Car si certaines questions ne nécessitent qu'une feuille et un stylo, d'autres demandent de faire appel à votre corps tout entier! Vous découvrirez ainsi que votre pouvoir de représentation des objets dans l'espace passe par la perception de votre propre corps… et comprendrez comment vos yeux et votre cerveau vous font perdre le nord!

À l'issue de ce test, sans doute ne posséderez-vous pas « La connaissance », mais vous aurez assurément enrichi les vôtres sur la maîtrise de la 3D. Aux dernières nouvelles, question temps de parcours, les chauffeurs de taxi battaient encore les GPS. Ces derniers ayant du mal à connaître les travaux ou les zones d'embouteillage… Le cerveau servirait donc encore à quelque chose! Paré à en faire votre meilleure boussole?

Jérémie Bazart

Percevoir et identifier les éléments de l'espace tridimensionnel est primordial pour donner un sens à l'environnement qui nous entoure. Connaissez-vous les particularités de notre perception de l'espace?

1. À quelle distance se trouve la limite de notre espace 3D, c'est-à-dire l'horizon?

A) À l'infini

B) À 50 km

C) À 5 km

2. Fixez un objet droit devant vous. À votre avis, de combien baisse votre acuité visuelle pour les objets situés à 10° de part et d'autre de votre point de mire?

A) 0 % B) 40 % C) 80 %

Arrivez-vous à déterminer précisément les distances et les limites de votre espace environnant?

1. Prenez une feuille blanche dans le sens horizontal et placez votre crayon sur le côté gauche. Tracez l'itinéraire que vous devriez suivre pour vous déplacer en véhicule en respectant ces instructions:

« Allez tout droit pendant 3 km puis tournez à droite et roulez 10 km. Puis tournez à gauche et roulez 2 km avant de tourner à droite et de parcourir 20 km. Ensuite, tournez à droite et roulez 17 km, puis tournez à nouveau à droite et roulez 5 km. Enfin, tournez à droite et roulez 12 km, puis tournez à gauche et parcourez 25 km. »

Où vous trouvez-vous?

A) en dehors de la feuille

B) au point de départ

C) au milieu d'un carré

2. Prenez S&V dans vos mains et mettez-vous au centre de la pièce où vous vous trouvez. Fermez les yeux puis indiquez avec votre bras où se trouve la porte, sans vous déplacer. Maintenant, retournez-vous, et, toujours les yeux fermés, recommencez l'expérience. D'après vous, qu'avez-vous effectué pour réaliser cette tâche?

A) un raisonnement logique pour trouver la direction

B) vous avez instinctivement perçu la porte là où elle se trouve dans l'environnement

C) vous vous êtes représenté la porte comme projetée dans une scène intérieure que vous imaginez

1 PERCEPTION DES TROIS DIMENSIONS

3. Fermez un œil. Puis pointez vos deux index l'un vers l'autre devant l'autre œil (sans étirer complètement les bras), puis essayez de les faire se toucher.

A) Le contact se fait sans aucun problème.

B) Le contact se fait avec un léger décalage.

C) Le contact ne se fait pas entre les deux doigts.

4. Vous regardez deux immeubles situés à plusieurs kilomètres, de même taille apparente. Qu'est-ce qui vous permet de savoir lequel est le plus proche de vous ?

A) La convergence oculaire

B) La perspective atmosphérique

C) La parallaxe binoculaire

5. La nuit, l'espace 3D que vous percevez vous paraît-il :

A) compressé

B) dilaté

C) comme en plein jour

6. Après avoir observé la figure suivante pendant 30 secondes, cachez-la puis replacez de mémoire les 12 points dans un cercle de diamètre identique à la sphère. En comparant les deux figures, vous observez que :

A) la reproduction et le modèle sont identiques

B) la reproduction et le modèle sont sans ressemblance

C) la reproduction est une forme simplifiée du modèle

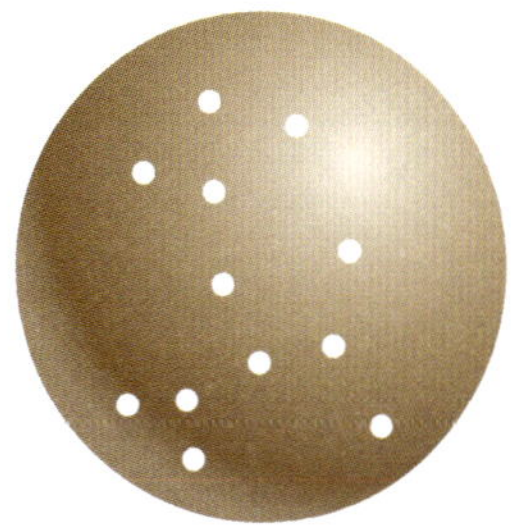

2 DISTANCE ET ESPACE PÉRI-PERSONNEL

3. En vous replaçant au centre de la pièce, fermez les yeux et imaginez maintenant que vous avez le dos contre la porte. Désignez l'emplacement du meuble (ou la fenêtre) qui se trouve sur le mur de droite. Vérifiez ensuite l'exactitude de la direction que vous avez montrée en vous plaçant réellement le dos contre la porte :

A) vous pointez parfaitement l'objet choisi

B) vous pointez un point proche de l'objet choisi

C) vous pointez un point éloigné de l'objet choisi

4. Asseyez-vous devant une table ou un bureau et mettez les mains dans le dos. Faites un quart de tour sur la droite. Sans bouger les bras, localisez sur la table le point ou l'objet le plus éloigné que vous pourriez atteindre avec votre bras droit. Puis faites un demi-tour sur la gauche et refaites le test, toujours avec le bras droit. Vous constatez que :

A) le point est plus éloigné quand vous êtes tourné sur la droite

B) le point est plus éloigné quand vous êtes tourné sur la gauche

C) les deux points sont au même endroit quel que soit le côté

3 OBJETS ET SCÈNES EN 2D ET EN 3D

Notre façon de voir les objets dans l'espace passe par plusieurs étapes ; parfois, c'est un vrai film !

1. Laquelle des trois images de droite ne se superpose pas à l'image de gauche ?

A) La 1

B) La 2

C) La 3

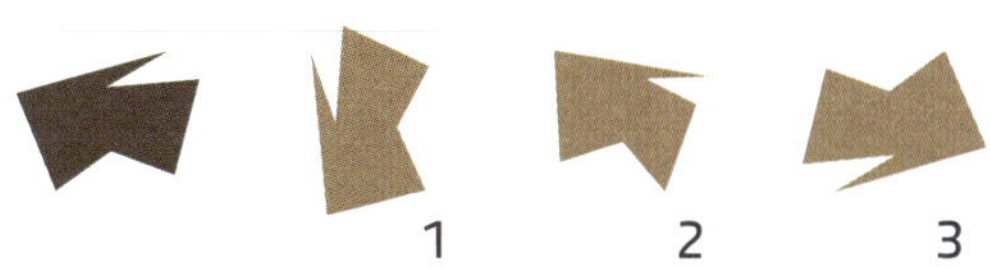

2. Quelle image est identique à la figure 1 ?

A) La A

B) La B

C) La C

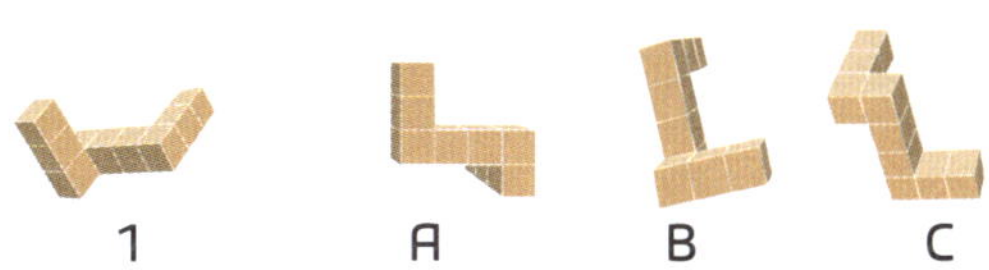

3. Quel objet allez-vous mettre dans l'ouverture ?

A) La sphère

B) Le cube

C) L'ellipsoïde

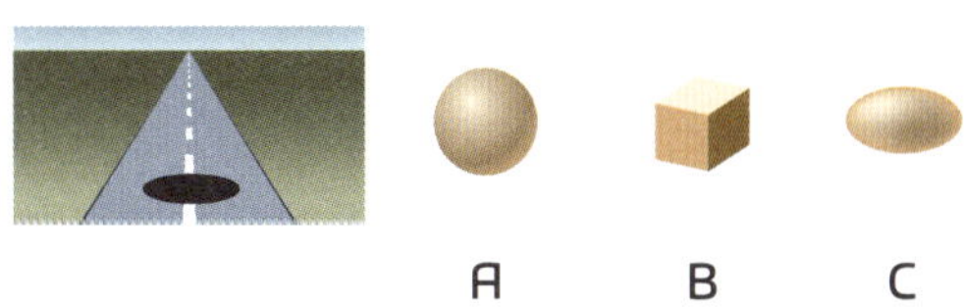

4. Quel objet allez-vous mettre dans l'ouverture ?

A) La sphère

B) Le cube

C) L'ellipsoïde

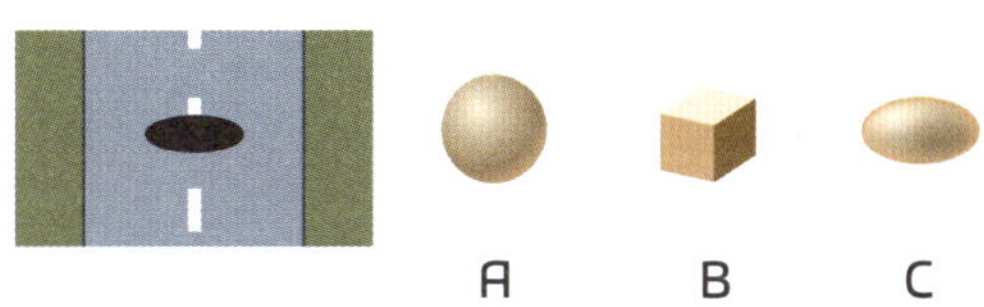

5. Regardez les deux tables de droite. Selon vous, laquelle est identique à la table de référence ?

A) La A

B) La B

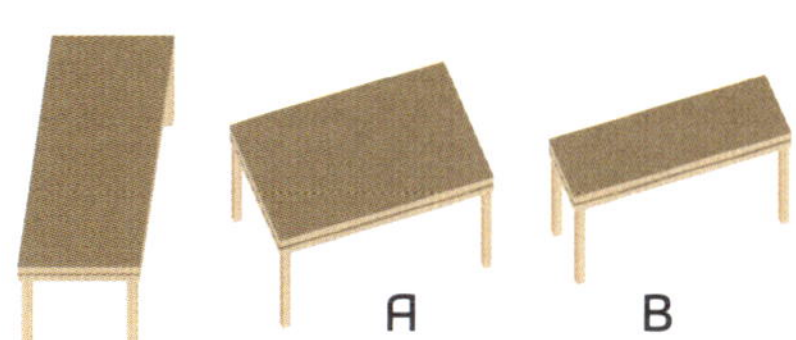

4 REPÉRAGE ET DESCRIPTION D'UN ESPACE 3D

Se représenter, se déplacer ou décrire un espace 2D n'est pas une mince affaire. Le faire dans un espace tridimensionnel l'est encore moins…

1. Suivez cet itinéraire sur le plan ci-après : « Prenez en face de la gare, allez jusqu'au bout de la rue Faidherbe, tournez à gauche, rue des Manneliers, et allez au centre commercial (matérialisé par un sac à main). » Maintenant, détachez les yeux du plan. Répondez à la question suivante : où est l'église ?

A) Au nord de la rue Faidherbe

B) Au sud de la rue Faidherbe

C) À l'est de la rue Faidherbe

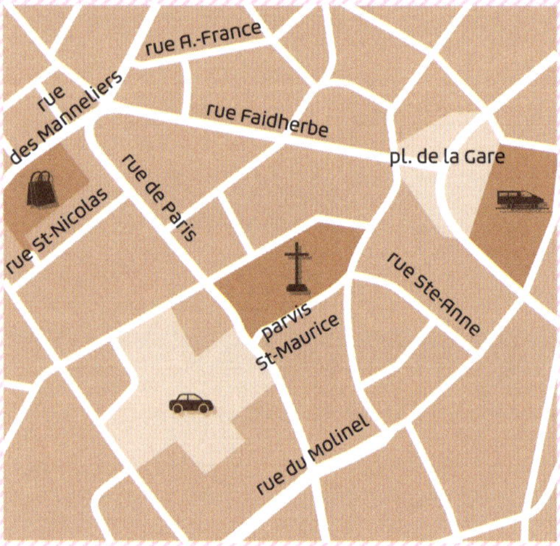

2. Vous désirez vous rendre de la gare au parking. Visualisez le plan à nouveau pendant 30 secondes. Éloignez maintenant le plan avant de dessiner rapidement, sur une feuille, deux trajets différents que vous pourriez prendre pour rejoindre le parking.

A) Vous dessinez sans peine deux chemins différents

B) Vous dessinez un premier chemin et un second qui en diffère très peu

C) Vous ne trouvez qu'un chemin

3. Sur le même plan, décrivez où se situe la gare par rapport au parking sans utiliser les mots « droite » et « gauche ».

A) Vous y parvenez sans difficulté

B) Vous n'y arrivez pas

C) Vous trouvez une formulation mais elle est peu claire

4. Lisez une seule fois ce texte.

« Prenez l'escalier en face de vous, montez d'un étage. Puis tournez à droite, avancez un peu et tournez encore à droite. Arrêtez-vous. » Au départ, le sujet est face à l'escalier du rez-de-chaussée. À l'arrivée, le sujet se retrouve en :

A) A

B) B

C) C

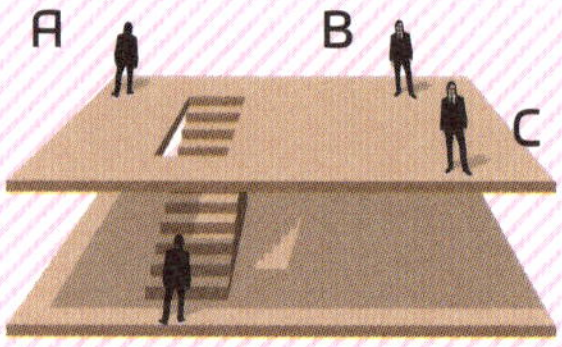

5. Lisez une seule fois ce texte.

« Prenez l'escalier en face de vous et montez d'un étage. Tournez à droite, avancez un peu et tournez encore à droite puis prenez l'escalier en face de vous, au sommet tournez à gauche avancez un peu puis tournez à droite. Avancez tout droit, tournez à gauche, descendez un étage et tournez encore à gauche. Arrêtez-vous. »

Au départ, le sujet est face à l'escalier du rez-de-chaussée. À l'arrivée, le sujet se retrouve en :

A) A

B) B

C) C

D) D

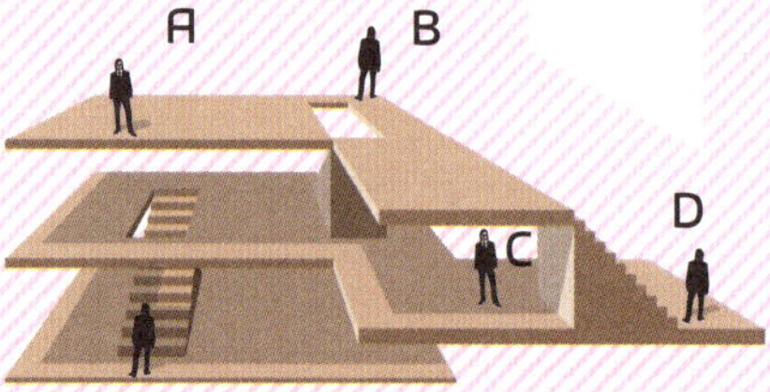

RÉSULTATS & ANALYSE

1

1/ C. Du fait de la courbure de la Terre, l'horizon, au niveau de la mer, se trouve à environ 5 km.

2/ C. À 10° de votre point de mire, pour avoir la même acuité visuelle que pour l'objet fixé sans déplacer les yeux, il faut multiplier la taille de l'objet par 5. On perçoit l'environnement comme une zone nette dans la direction du regard alors que le reste paraît davantage flou.

3/ C. Pour les distances courtes, la localisation d'un objet passe par deux phénomènes: celui de parallaxe binoculaire, qui fait que les images projetées sur chaque rétine sont différentes, et celui de la convergence oculaire, qui permet aux yeux de pointer en direction d'un objet proche. En fermant un œil, vous supprimez les informations binoculaires de distance. À hauteur des yeux, vous supprimez les indices monoculaires (textures…), et la tâche devient ardue…

4/ B. Au-delà d'une distance de 30 m, la parallaxe binoculaire est peu informative. La distance est évaluée par la luminosité et la couleur: plus un objet est éloigné, plus ces deux paramètres faiblissent du fait de la relative opacité de l'atmosphère.

5/ A. La nuit, la disparition de nombreux indices de distance nous fait percevoir un espace compressé. Un point lumineux sera perçu plus proche que sa position réelle.

6/ C. La perception que l'on a de notre espace 3D lors d'une observation furtive n'est pas exhaustive et conduit à sélectionner des centres d'intérêt évoquant des formes géométriques facilement mémorisables. En restituant les 12 points, vous avez sans doute simplifié la figure en créant des formes simples (carré, triangle, droite, trapèze…).

2

1/ B. La difficulté principale dans l'élaboration d'un itinéraire est l'évaluation des distances. Ceci explique pourquoi nous préférons fournir des points de repère successifs que des distances et des directions.

2/ B. Le codage directionnel d'un objet de l'environnement est très précis même les yeux fermés. Le fait que cette précision ne soit pas affectée par le changement de position indique que les objets sont perçus à leur vraie place dans l'environnement 3D.

3/ B ou C. Le niveau de précision chute considérablement, car il est difficile de se projeter dans une scène 3D imaginée. La représentation que nous avons de l'environnement 3D est directement reliée à nos possibilités d'action ou d'exploration.

4/ B. Vous avez réussi sans bouger les bras car imaginer l'action suffit à se représenter ce que l'on peut atteindre. Catégoriser l'espace en espace qu'on peut atteindre et espace hors de notre action met en relation dans notre cerveau le système visuel et le système contrôlant la posture et les mouvements du bras.

3

1/ B. Pour comparer des objets orientés différemment (en 2D), nous devons les placer dans une position similaire, par une rotation mentale. Le temps de cette rotation est proportionnel à l'angle de la rotation effectuée, comme si elle était vraiment réalisée.

2/ A. Effectuer une rotation mentale dans les trois dimensions de l'espace est plus difficile et plus long qu'en 2D.

3/ A. et 4/ C. En présence d'une image suggérant un espace tridimensionnel, on perçoit les objets automatiquement en 3D malgré la représentation graphique en 2D. Une ellipse est perçue comme un objet circulaire éloigné du point d'observation. À l'inverse, si le support graphique suggère une représentation plane verticale, alors la forme de l'objet est perçue telle qu'elle est représentée.

5/ A. Ce test est connu comme étant celui des « tables de Shepard ». Il confirme le test précédant: la composante tridimensionnelle joue dans l'illusion. En présence d'indices suggérant la profondeur spatiale (perspective linéaire, gradient de texture…), on ne peut s'empêcher de percevoir en 3D même si ce n'est pas le cas.

4

1/ B. Quand on suit un itinéraire sur un plan, on est aveugle à tout un ensemble d'informations visibles mais non pertinentes pour l'activité en cours. On ne voit dans un plan que ce que l'on y cherche!

2/ C. Pour retenir un trajet, nous faisons appel à notre mémoire à court terme. Le codage spatial s'appuie généralement sur un principe de simplification. On s'imagine aller droit au but, les courbures sont atténuées, les distances sont sous-estimées… Le trajet que vous avez sélectionné est certainement le plus court, et il est difficile d'évoquer un second trajet.

3/ A, B ou C. Il existe trois systèmes de référence pour décrire les relations spatiales entre les objets: un système relatif-égocentré (devant moi), un système intrinsèque aux objets (devant la voiture) et un système absolu (points cardinaux, par exemple). Pour localiser la gare, le système absolu (la gare est au nord-est du parking) est le plus efficace.

4/ B.

5/ D. Il est difficile de retenir plus de sept transformations spatiales successives. À la question 4, il est plus aisé de retenir le parcours. À la question 5, seule la position terminale du sujet peut être codée.

TEST N° 24

JUSQU'OÙ ÊTES-VOUS SUJET À L'ILLUSION?

Êtes-vous bien sûr de regarder la réalité en face? Ce que votre cerveau met en image est-il le juste reflet de ce qui se déroule sous vos yeux? De fait, notre système visuel rectifie sans cesse les informations reçues pour nous offrir des images cohérentes. Vues sous cet angle, les erreurs de parallaxe, déformations, fausses estimations, trompe-l'œil sont autant d'indices de son habileté… et de notre intelligence. Car rien n'est plus naturel que de se laisser duper. « *Les perceptions traitées par le cortex visuel primaire, comme celle de la couleur ou du mouvement sont difficilement influençables par l'observateur* », nous rassure Pascal Mamassian, du Laboratoire de psychologie de la perception CNRS-Paris 5. « *Au contraire, les perceptions de haut niveau, comme la reconnaissance des visages, peuvent varier en fonction des cultures ou du niveau de familiarité avec le phénomène.* » Toutefois, nous nous révélons capables de déjouer certains pièges. Les expériences menées au Laboratoire de physiologie de la perception et de l'action (CNRS-Collège de France) montrent ainsi comment nous avons une perception plus juste d'un objet en 3D lorsque nous nous déplaçons volontairement pour l'observer. « *Le fait de décider d'une action change notre interprétation des signaux sensoriels qui nous parviennent*, explique Mark Wexler, qui a dirigé ces travaux, *et nous permet de construire une image plus proche de la réalité.* » Peut-on, pour autant, croire tout ce que l'on voit? Mieux vaut ne pas s'illusionner. Ouvrez bien l'œil sur les images suivantes… et laissez-vous tromper.

Betty Mamane

Les perceptions dites de « bas niveau » comme celles des formes et des couleurs impliquent surtout le thalamus et le cortex primaire. Inutile de réfléchir, vous aurez du mal à ne pas vous laisser tromper.

BRILLANCE ILLUSOIRE

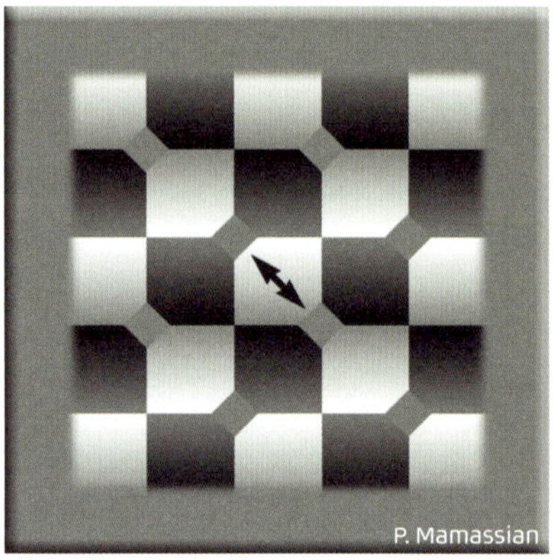

Tous les petits losanges sont du même niveau de gris! Alors que les cases du damier sont dégradées de haut en bas.

Explication: notre œil utilise le contexte pour déterminer la couleur ou la brillance d'un objet.

ET POURTANT ILS TOURNENT

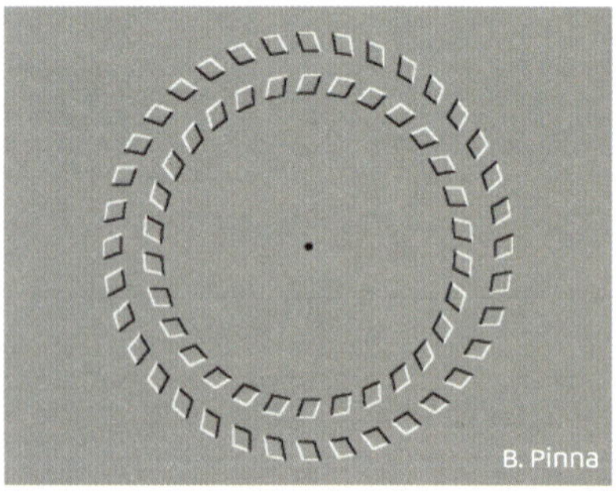

Approchez-vous ou éloignez-vous de cette figure en fixant son centre: les anneaux semblent tourner.

Explication: le mouvement des losanges, perçus comme autant de barres parallèles blanches et noires, semble ambigu. Nous leur assignons par défaut une direction orthogonale à leur orientation.

1 ÉLÉMENTAIRES ET INCONTOURNABLES

FASCINANTS ROUAGES

A. Kitaoka

Ces disques semblent tourner surtout quand on déplace son regard sur l'image.

Explication : une illusion en partie inexpliquée, sans doute liée aux petits tremblements de nos yeux quand nous fixons un objet.

SÉANCE DE COLORIAGE

Regardez l'image de gauche pendant 10 secondes (en fixant le point où les 3 couleurs se rejoignent), puis l'image de droite. Vous y verrez apparaître les couleurs complémentaires.

Explication : notre représentation de la couleur n'est pas bien localisée dans l'espace et les contours permettent de l'ancrer.

ON EFFACE ET ON RECOMMENCE

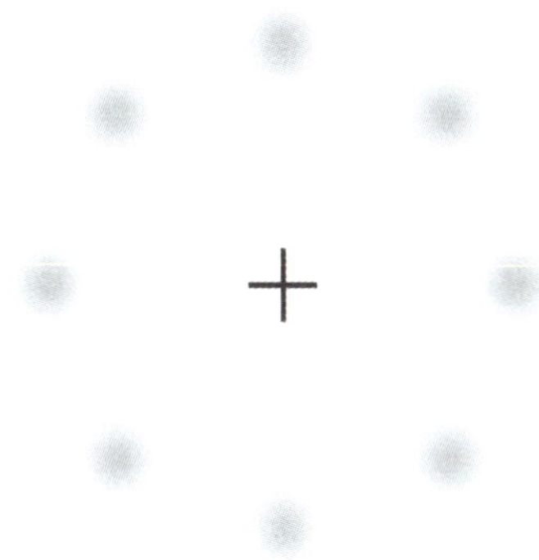

d'après I. Troxler

Fixez le centre de la croix pendant quelques secondes et vous verrez les objets flous s'estomper. Il suffit de regarder ailleurs pour les faire réapparaître.

Explication : notre vision se sent surtout concernée par les changements. Lorsqu'on fixe un certain temps cette image, chaque objet flou tombe toujours sur le même endroit de la rétine… et ne stimule plus notre vision. Une situation rare dans la vie courante où nous clignons de l'œil plusieurs fois par seconde.

CIRCULEZ

K. O'Regan

Prenez quelques secondes pour regarder cette image, puis regardez celle qui est située au même emplacement page 121.

2 CASSE-TÊTE EN PERSPECTIVE

La perception tridimensionnelle de l'espace, celle des formes ou des di tances (déterminée notamment par la position des ombres) est traité à « moyen niveau », dans des structures supérieures au cortex visuel p maire (structures corticales extrastriées).

PARTIE DE BOULES

P. Mamassian

Les boules que l'on voit à gauche semblent collées à la grille alors que les boules situées à droite semblent flotter en l'air.

Explication: c'est la position de l'ombre par rapport à un objet qui nous permet de déterminer sa position dans l'espace.

TOUR DE TABLES

d'après L'œil qui pense, R.N. Shepard (seuil 2000)

Ces tables ont les mêmes dimensions! Découpez-les avec des ciseaux, pour les comparer.

Explication: elles ont l'air si différentes parce qu'au lieu de voir l'image 2D, imprimée sur le papier, la vision extrapole automatiquement leur forme en 3D, en accord avec les lois de la perspective.

FLOTTEMENT ARTISTIQUE

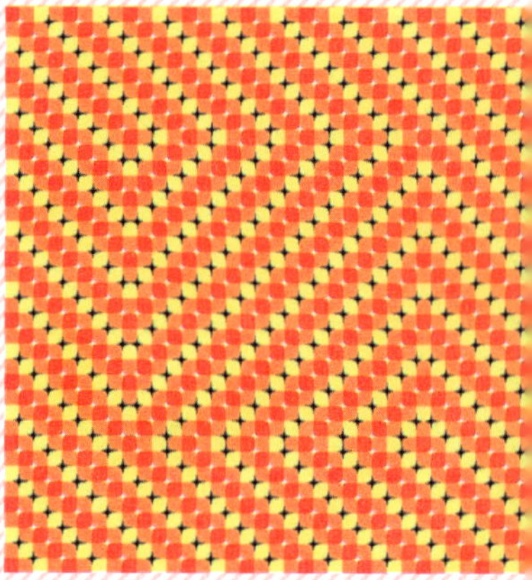

A. Kitaoka

Passez votre doigt de droite à gauche c l'image et suivez-le du regard. La part centrale se déplace verticalement.

Explication: en se déplaçant sur figure, notre œil a du mal à cerner mouvement de la partie central et l impose une direction orthogonale à so orientation (celle-ci est déterminée p les diagonales formées par les points c même couleur).

ERREUR DE TAILLE

Ces deux personnes ont la même taille.

Explication: leur taille semble différente parce que nous faisons l'hypothèse que la pièce a des coins rectangulaires. Or, le mur du fond part en profondeur et en biais vers la gauche: la femme de gauche est donc bien plus loin. la perspective faussée donne l'illusion qu'elles sont sur le même plan

Palais de la découverte / Illusions ça trompe énormément

OMBRES ET LUMIÈRES

P. Mamassian

Les croix apparaissent en relief ou bien apparaissent creuses selon que l'on regarde l'image normalement ou que l'on tourne la page de 180°.

Explication: nous faisons l'hypothèse que la lumière vient du dessus de notre tête.

GÉOMÉTRIE VARIABLE

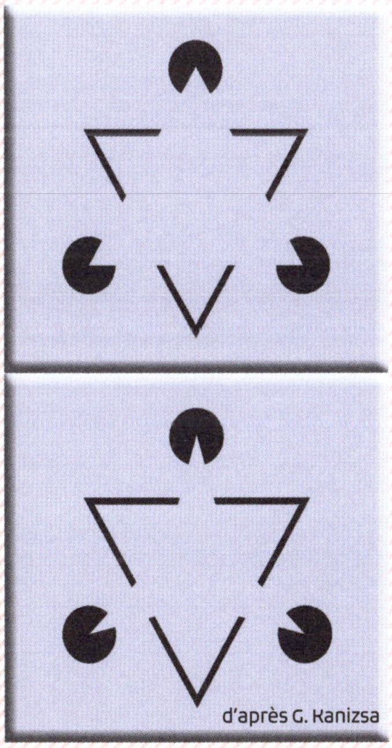

d'après G. Kanizsa

Il n'y a pas de triangles sans contour dans ces figures.

Explication: la vision n'est pas un miroir du monde physique, elle le reconstruit en se basant sur les informations optiques mais aussi sur les hypothèses *a priori* et les probabilités. Ces images seraient improbables sauf s'il y avait des triangles sans contour qui obstruaient les autres figures.

3 AVEC UN SOUPÇON DE RÉFLEXION

Les perceptions visuelles de haut niveau mises en œuvre ci-dessous suscitent des interactions entre le cortex visuel et d'autres structures impliquées dans nos fonctions cognitives. Nous pouvons influencer ces phénomènes.

JEU DE REGARDS

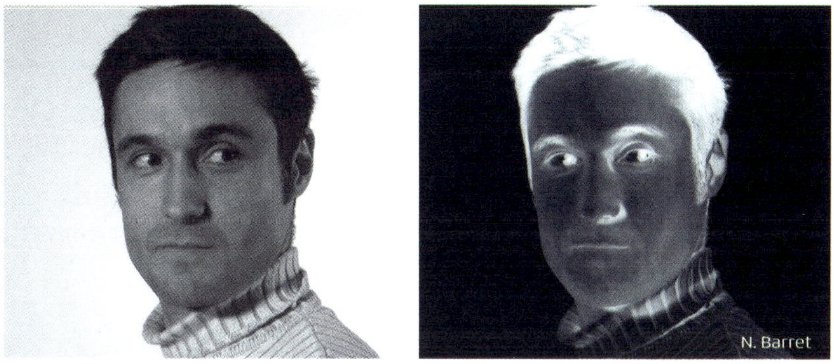

N. Barret

Ces deux personnages regardent-ils dans la même direction? Oui, même si vous avez l'impression du contraire.

Explication: face à un visage, nous fixons d'emblée la direction du regard, susceptible de nous avertir d'un danger ou d'attirer notre attention. Pour cela, notre système visuel cherche une zone sombre dans les yeux, qu'il considère immédiatement comme l'iris, même si l'on sait que l'image est un négatif ou si la courbure de cet « iris » est incorrecte.

LETTRES PIÉGÉES

« Non, la science n'est pas une illusion. Mais ce serait une illusion de croire que nous puissions trouver ailleurs ce qu'elle ne peut pas nous donner. »

Sigmund Freud

Comptez mentalement, et en une seule fois, le nombre de « s » que contient ce texte

Explication: il y en a 15, en comptant celui du prénom. Ne vous étonnez pas si certains vous ont échappé. Le regard a tendance à sauter les mots courts (« pas ») et a du mal à relever les lettres qu'on n'entend pas (« s » muets) ou qui ne se prononcent pas de la même façon (« s » de illusion).

FAUSSE ROUTE

K. O'Regan

Cette image est-elle la même que celle de la page 119?

Non. Regardez donc la ligne blanche.

Explication: vous n'avez sans doute pas vu la différence car notre regard ne relève qu'un nombre limité d'éléments d'une scène. Il ne repère pas les changements dans les endroits où n'est pas focalisée son attention. Un phénomène que Kevin O'Regan a largement exploré et qu'il appelle « la cécité au changement ».

TEST N° 25

QUEL EST VOTRE PROFIL ÉCOLOGIQUE?

Pour la première fois, la pollution arrive en tête des préoccupations des Français, devant le chômage et les inégalités sociales. Voilà ce qui ressort d'une enquête réalisée pour l'Agence de l'environnement et de la maîtrise de l'énergie (Ademe) par TNS Sofres[1]. Les campagnes de sensibilisation qui se sont succédé ces dernières années ont-elles porté leurs fruits? Jusqu'à un certain point seulement. Ainsi, quand on regarde de plus près les résultats de l'enquête, il ressort par exemple que 55,6 % des personnes interrogées considèrent que les gestes individuels pour lutter contre l'effet de serre ne sont pas efficaces. Ceci, alors même que 50 % des émissions de gaz carbonique (le principal gaz à effet de serre) sont liées aux usages privés de l'énergie. Comme si la protection de l'environnement était l'affaire de tous mais pas de chacun. Il est vrai qu'il est plus facile de porter un doigt accusateur sur l'industrie ou les transports que sur ses propres comportements. Partant du simple constat que *« pour sauver la planète, chaque geste compte »*, l'Ademe a lancé, en partenariat avec la Fondation Nicolas Hulot pour la nature et l'homme, l'opération Défi pour la Terre[2]. Et vous, êtes-vous bien informé sur ce que vous pouvez faire pour diminuer votre consommation d'énergie, préserver la ressource en eau, ou mieux gérer vos déchets? Conçue à partir des données de l'Ademe, voici une série de tests pour évaluer vos connaissances en la matière.

Marielle Mayo

1 Eurobaromètre (avril 2005).

2 www.defipourlaterre.org

A) Baisser la température de son appartement de 1 °C permet de réaliser une économie d'énergie de:

- ☐ 1 %
- ☐ 7 %
- ☐ 15 %

B) Un thermostat d'ambiance programmable permet de réduire sa consommation d'énergie de:

- ☐ 4 à 8 %
- ☐ 10 à 20 %
- ☐ 30 à 40 %

C) Dans une maison individuelle, les pertes de chaleur au niveau d'une toiture non isolée atteignent:

- ☐ 10 %
- ☐ 20 %
- ☐ 30 %

D) Par rapport à une ampoule classique, une lampe « basse consommation » (fluo compacte) permet de diviser sa consommation d'électricité par:

- ☐ 2 ou 3
- ☐ 4 ou 5
- ☐ 6 ou 7

A) Combien dénombrait-on de variétés de pommes au début du siècle en France?

- ☐ 560
- ☐ 3 600
- ☐ 16 400

B) Quelle est la proportion d'espèces de mammifères actuellement menacées en France métropolitaine?

- ☐ 12 %
- ☐ 24 %
- ☐ 36 %

C) Quelle espèce s'est officiellement éteinte en France en 2002?

- ☐ Le crétin des Alpes
- ☐ Le bouquetin des Pyrénées
- ☐ Le cabri d'Auvergne

1 VOUS ET L'ÉNERGIE

E) Trois ampoules de 75 W qui restent allumées inutilement pendant une soirée (4 heures) consomment autant d'énergie que:

- ☐ une lampe halogène pendant la même période
- ☐ une lessive à 60 °C
- ☐ un cycle standard de lave-vaisselle
- ☐ un nettoyage de four par pyrolyse

F) En France, par ménage et par an, les appareils électriques en veille (télévision, hi-fi…) consomment de:

- ☐ 15 à 50 kWh
- ☐ 150 à 500 kWh
- ☐ 1500 à 5000 kWh

G) Une couche de givre de plus de 3 mm d'épaisseur augmente la consommation d'énergie d'un réfrigérateur de:

- ☐ 5 %
- ☐ 30 %
- ☐ 70 %

H) Mettre un couvercle sur une casserole réduit la consommation d'énergie de:

- ☐ 5 à 10 %
- ☐ 15 à 20 %
- ☐ 25 à 30 %

I) Une voiture qui consomme en moyenne 5 l/100 km et qui démarre à froid consomme lors du premier kilomètre:

- ☐ 5 l /100 km
- ☐ 7,5 l /100 km
- ☐ 15 l /100 km

J) En voiture, pour limiter la consommation de carburant, je place les charges lourdes:

- ☐ Dans le coffre
- ☐ Sur la galerie
- ☐ Dans une remorque

K) Rouler à 90 km/h au lieu de 115 km/h réduit la consommation d'essence de:

- ☐ 2 %
- ☐ 20 %
- ☐ 40 %

L) La surconsommation de carburant liée à la climatisation d'une voiture peut atteindre:

- ☐ 35 %
- ☐ 45 %
- ☐ 55 %

M) Les usages privés de l'énergie (transport, chauffage et eau chaude, électricité domestique) sont responsables des émissions de CO2 pour:

- ☐ moitié
- ☐ un tiers
- ☐ deux tiers

N) Sur le trajet Paris-Marseille, le mode de transport le moins polluant pour une personne voyageant seule est:

- ☐ Le TGV
- ☐ La voiture
- ☐ L'avion

2 VOUS ET LA BIODIVERSITÉ

D) À quel rang mondial se situe la France, DOM-TOM compris, en termes de nombre d'espèces animales menacées?

- ☐ 5e
- ☐ 13e
- ☐ 37e

E) Au début des années 70, il y avait 2,5 millions d'éléphants en Afrique. Bien qu'interdit, le commerce de l'ivoire s'est poursuivi. Combien en reste-t-il aujourd'hui?

- ☐ 1 million
- ☐ 400 000
- ☐ 230 000

F) À quel matériau d'origine animale peut-on avoir recours sans accentuer la menace qui pèse sur l'espèce concernée?

- ☐ Écailles de tortue
- ☐ Coraux
- ☐ Cuir de crocodile du Nil
- ☐ Laine d'alpaga

G) Jusqu'à combien de pucerons une coccinelle dévore-t-elle chaque jour?

- ☐ 10 à 20
- ☐ 100 à 200
- ☐ 1000 à 2000

H) Quelle espèce d'arbre endémique en Corse est gravement menacée par les incendies?

- ☐ Le pin Laricio
- ☐ Le pin Parasol
- ☐ L'olivier
- ☐ Le cèdre

I) Différents habitats sont protégés en Europe au titre de la préservation de la flore et de la faune. Lequel ne figure pas dans la liste de ces habitats « prioritaires »?

- ☐ Mares temporaires méditerranéennes
- ☐ Tourbières
- ☐ Lagunes
- ☐ Bocage normand

J) Quelle fleur protégée a élu domicile dans le bassin méditerranéen?

- ☐ La violette Viola hispida
- ☐ L'ancolie de Bernard
- ☐ Le sabot-de-Vénus

K) Les usages d'un parc naturel national sont strictement réglementés. Quelle pratique est néanmoins autorisée?

- ☐ Faire du feu
- ☐ Les cueillettes et prélèvements
- ☐ Le camping
- ☐ La promenade

L) Quel écolabel n'indique pas qu'une essence de bois peut-être utilisée sans porter atteinte à la ressource?

- ☐ FSC
- ☐ PEFC
- ☐ NF Environnement

3 VOUS ET LES DÉCHETS

A) Les emballages représentent:
- ☐ 20 % des déchets ménagers
- ☐ 35 %
- ☐ 50 %

B) En France, chaque année, les sacs plastiques retrouvés dans les déchets pèsent au total:
- ☐ 100 000 tonnes
- ☐ 200 000 tonnes
- ☐ 300 000 tonnes

C) Par an, un Français boit en moyenne:
- ☐ 40 litres d'eau en bouteille
- ☐ 140 litres
- ☐ 240 litres

D) Pour produire une voiture, on utilise:
- ☐ 19 000 boîtes de conserve
- ☐ 29 000
- ☐ 39 000

E) La filière de recyclage des déchets la plus développée en France est celle du:
- ☐ papier
- ☐ plastique
- ☐ verre

F) Lorsqu'ils sont recyclés, les flacons et bouteilles en plastique peuvent être transformés en:
- ☐ Pièces pour ordinateur
- ☐ Fibre polaire
- ☐ Briques alimentaires

G) Le recyclage des canettes permet de fabriquer:
- ☐ Des wagons de TGV
- ☐ Des voitures
- ☐ Des vélos

H) Les Français rejettent à hauteur de 80 000 tonnes par an l'un de ces trois produits:
- ☐ Le mercure des thermomètres
- ☐ L'huile de vidange
- ☐ Le liquide des réfrigérateurs

I) La durée de vie d'un ticket de b dans la nature est de:
- ☐ 3 à 4 semaines
- ☐ 3 à 4 mois
- ☐ 3 à 4 ans

J) Pour « digérer » un chewing-gum, nature met:
- ☐ 5 à 6 semaines
- ☐ 5 à 6 mois
- ☐ 5 à 6 ans

K) L'un de ces déchets n'entre pas da la fabrication d'un compost:
- ☐ Les mouchoirs en papier
- ☐ La sciure
- ☐ Les coquilles d'œuf
- ☐ Les mégots de cigarette

L) Par an, le poids des déchets mén gers produits en France équivaut à
- ☐ 250 fois celui de la tour Eiffel
- ☐ 2 500 fois
- ☐ 25 000 fois

4 VOUS ET L'EAU

A) Un robinet qui fuit goutte à goutte gaspille par an environ: 3,5 litres d'eau
- ☐ 350 litres
- ☐ 35 000 litres

B) Chaque jour, une chasse d'eau qui coule pourrait remplir:
- ☐ Un seau
- ☐ Une baignoire
- ☐ Une petite piscine gonflable

C) Se brosser les dents pendant 3 minutes en laissant le robinet ouvert, c'est gâcher jusqu'à:
- ☐ 0,18 litre d'eau
- ☐ 1,8 litre
- ☐ 18 litres

D) Une lessive respectueuse de l'environnement se dégrade en moins de:
- ☐ 8 jours
- ☐ 18 jours
- ☐ 28 jours

E) En moyenne, un Français utilise chaque jour pour ses WC:
- ☐ 3 litres d'eau
- ☐ 30 litres
- ☐ 300 litres

F) Prendre une douche rapide au lieu d'un bain permet de diviser sa consommation d'eau par:
- ☐ 3
- ☐ 5
- ☐ 8

G) Quel équipement permet de réduire le débit d'eau de 50 %?
- ☐ Un robinet mitigeur
- ☐ Un aérateur (ou mousseur)
- ☐ Une pomme de douche « éco »

H) On estime que les jardiniers amateurs sont responsables:
- ☐ de la moitié de la pollution des eaux de surface et des nappes souterraines (produits phytosanitaires)
- ☐ du tiers
- ☐ du quart
- ☐ du dixième

I) Laver sa voiture au jet utilise gén ralement au moins:
- ☐ 15 litres d'eau
- ☐ 75 litres
- ☐ 150 litres

J) Un litre d'huile de vidange usagé peut polluer une surface d'eau équ valente à:
- ☐ 2 terrains de football
- ☐ 2 tables de ping-pong
- ☐ 2 terrains de handball

K) Au jardin, pour préserver la re source en eau, mieux vaut arroser:
- ☐ à la tombée du jour
- ☐ au petit matin
- ☐ à midi

L) Par rapport à la production de 2 kilogrammes de céréales, celle d'u kilo de bœuf utilise:
- ☐ 20 000 litres d'eau en plus
- ☐ autant d'eau
- ☐ 20 000 litres d'eau en moins

RÉSULTATS & ANALYSE

1

A) 7 %.

B) 10 à 20 % (25 % de crédit d'impôt pour l'achat d'un régulateur).

C) 30 %. (Murs : 25 %. Vitres : 13 % Une bonne isolation divise par 3 ou 4 le coût du chauffage).

D) Par 4 ou 5. (Et multiplie sa longévité par 10 !)

E) Une lessive à 60 °C. (0,9 kWh, contre 1,06 pour un cycle lave-vaisselle, 2 pour un halogène 500 W et 3 pour une pyrolyse.)

F) 150 à 500 kWh.

G) 30 %. (Dégivrez tous les 6 mois.)

H) 25 à 30 %. (Pensez à couper la plaque électrique 10 à 15 minutes avant la fin de la cuisson.)

I) 7,5 l/100 km (50 % en plus).

J) Dans le coffre. (Même à vide, la galerie augmente la consommation.)

K) 20 %. (700 000 t de carburant et 2 Mt de CO2 par an seraient économisées en France avec 10 km/h de moins sur autoroute.)

L) 35 % en ville (et 20 % sur route).

M) De moitié.

N) Le TGV (3 kg de CO2 émis/personne, contre 97 kg pour un avion plein et 178 kg pour une auto).

2

A) 3 600 (quelques dizaines aujourd'hui).

B) 36 %.

C) Le bouquetin des Pyrénées.

D) Au 5e rang mondial (263 espèces menacées, contre 831 aux USA, 499 en Australie, 388 en Indonésie).

E) 400 000.

F) Laine d'alpaga.

G) 100 à 200.

H) Le pin Laricio.

I) Bocage normand.

J) La violette Viola hispida. (L'ancolie de Bernard est endémique en Corse et le sabot-de-Vénus est une orchidée des Alpes.)

K) La promenade (sauf en zone de réserve intégrale, interdite au public).

L) NF Environnement.

3

A) 50 %. (Privilégiez éco-recharges, formats familiaux et produits en vrac)

B) 100 000 t. (Plus de 500 sacs/seconde, qui se dégraderont en un à quatre siècles)

C) 140 l. (2 fois plus en vingt ans, soit des tonnes de pétrole et des milliards de bouteilles plastiques.)

D) 19 000.

E) Verre (530 000 t/an récupérées).

F) Fibre polaire. (2 bouteilles pour une écharpe, 27 pour un pull. Mais 4 bouteilles sur 10 sont recyclées.)

G) Des vélos (670 canettes/vélo).

H) L'huile de vidange.

I) 3 à 4 mois.

J) 5 à 6 ans.

K) Les mégots de cigarette. (Ils se décomposent en un à deux ans.)

L) 2 500 fois (2 500 x 8 700 tonnes).

4

A) 35 000 l. (Les fuites forment 20 % de la consommation domestique d'eau).

B) Une petite piscine gonflable.

C) 18 l.

D) 28 jours.

E) 30 l.

F) Par 3. (60 à 80 l d'eau utilisés en 4 à 5 minutes.)

G) Une pomme de douche éco. (aérateur : 30 à 40 %, mitigeur : 10 %)

H) du quart.

I) 150 l d'eau.

J) 2 terrains de football.

K) Arroser à la tombée du jour. (Cela évite l'évaporation sous la chaleur du soleil, jusqu'à 60 % de l'eau).

L) 20 000 l d'eau en plus.

Total de bonnes réponses : ________.

Scores

→ Vous êtes éco-responsable…

… si vous avez plus de 35 points. Vous vous tenez régulièrement informé et connaissez les gestes qui aident à préserver la nature. Bravo ! Et si vous avez à cœur de mettre ces gestes en pratique au quotidien, c'est que le respect de l'environnement, chez vous, est une seconde nature ! Mais comme on peut toujours mieux faire, n'hésitez pas à vous renseigner sur les équipements fonctionnant aux énergies renouvelables, qui bénéficient depuis quelques mois de nouvelles mesures de crédit d'impôt.

→ Vous êtes éco-insouciant…

… si vous avez entre 20 et 35 points. Certes, vous avez pris conscience des enjeux liés à l'environnement et connaissez dans les grandes lignes les comportements à adopter pour aider à le préserver. Mais êtes-vous sûrs d'évaluer à sa juste mesure l'impact de vos gestes quotidiens ? Notre étape peut vous aider à identifier vos points faibles. Tri des déchets, économies d'énergie ou d'eau, il y a sans doute un domaine dans lequel vous pouvez agir.

→ Vous êtes éco-réfractaire…

…si vous avez moins de 20 points. Feriez-vous partie de ces personnes qui consomment des biens naturels pour leurs loisirs et leur confort sans se soucier des conséquences pour l'environnement ? Peut-être ne vous sentez-vous pas concerné ? Bien sûr, libre à vous de choisir votre mode de vie. Nous espérons que notre étape vous aidera à apprécier l'impact de certains gestes simples dont la mise en application ne coûte rien… et peut même vous faire réaliser certaines économies !

« Contre la pollution et l'effet de serre, les progrès scientifiques ne suffiront pas »

Interview de Matthieu Orphelin

Docteur en énergétique et conseiller à l'Ademe.

Notre test vous a révélé votre profil d'écocitoyen. Une prise de conscience plus que nécessaire, selon Matthieu Orphelin, docteur en énergétique et conseiller de la présidente de l'Ademe.

Science & Vie: À quoi servent les campagnes d'information?

Matthieu Orphelin: La sensibilisation du grand public est une priorité. Grâce à l'opération Défi pour la Terre, 260000 Français se sont engagés, entre mai et août 2005, à adopter des comportements plus propres et économes en énergie. Ce succès montre qu'il y a beaucoup à faire en matière de responsabilisation individuelle. Au travers de tests ludiques comme le test CLIMACT[1] ou comme le calcul de l'empreinte écologique, chacun peut prendre conscience de son impact sur l'environnement, de sa responsabilité dans l'émission de gaz à effet de serre.

S&V: Cette responsabilité individuelle peut-elle être chiffrée?

M.O.: Selon le rapport du Groupement intergouvernemental d'experts sur l'évolution du climat (Giec) de 2001, l'élévation de la température se situera entre +1,4 °C et + 5,8 °C d'ici à 2 100. Hormis l'incertitude liée aux modèles eux-mêmes, les modes de développement sont la principale variable. Les usages de l'énergie représentent la première pression sur le changement climatique. En France, 28 % des émissions de gaz carbonique sont dues aux déplacements des personnes, 18 % au chauffage des logements et 4 % à la production d'eau chaude et d'électricité domestique. Concrètement, il suffirait que chacun éteigne les veilles des appareils électriques pour économiser l'équivalent de la production d'une centrale nucléaire! À modèle équivalent, choisir un véhicule propre permet de limiter de 20 à 30 % ses émissions de CO2. D'autres actions sont plus implicantes: isoler son logement ou l'équiper d'un chauffe-eau solaire demande un investissement important. Un appui public peut aider à sauter le pas, comme le crédit d'impôt mis en place cette année pour soutenir les équipements performants en matière d'économie d'énergie.

S&V: Que peut-on attendre du progrès scientifique?

M.O.: Il ne peut se substituer à de meilleurs usages. S'il y a eu des gains importants au niveau de la consommation de carburant et des émissions polluantes des véhicules, on ne pourra guère descendre sous les 3 l/100 km pour les moteurs à essence ou diesel. Or, l'augmentation du parc de véhicules annule ce bénéfice. Les nouveaux véhicules à moteur hybride ne suffiront pas à inverser la tendance car les ventes restent encore assez limitées.

S&V: Quels sont les points forts de la France?

M.O.: Par rapport aux autres pays, les émissions de CO2 sont assez faibles en raison du développement de l'énergie nucléaire. Dans le domaine des énergies renouvelables, le chauffage au bois est bien implanté, de même que l'hydraulique. En revanche, la France a pris du retard en matière d'énergies solaire et éolienne, mais leur développement s'accélère. Nous produisons trois fois moins de déchets que les États-Unis mais les performances du recyclage sont à la traîne par rapport à l'Allemagne ou aux pays nordiques. Il reste aussi beaucoup à faire dans le domaine de l'eau.

1 www.ademe.fr